상식타파
세계사 1

상식타파 세계사 1

초판 1쇄 발행 2020년 11월 25일

지은이 이승엽
펴낸이 이기봉
편집 좋은땅 편집팀
펴낸곳 도서출판 좋은땅
주소 서울 마포구 성지길 25 보광빌딩 2층
전화 02)374-8616~7
팩스 02)374-8614
이메일 gworldbook@naver.com
홈페이지 www.g-world.co.kr

ISBN 979-11-6649-038-5 (03900)

• 가격은 뒤표지에 있습니다.

• 파본은 구입하신 서점에서 교환해 드립니다.

이 도서의 국립중앙도서관 출판예정도서목록(CIP)은 서지정보유통지원시스템 홈페이지(http://seoji.nl.go.kr)와 국가자료공동목록시스템(http://www.nl.go.kr/kolisnet)에서 이용하실 수 있습니다. (CIP제어번호: CIP2020048985)

이승엽 변호사의 역사 읽기

상식타파 세계사 1

이승엽 지음

좋은땅

목 차

일러두기

1. 본문의 대괄호 '[ ]' 부분은 글쓴이가 수정 · 보충한 내용입니다.
2. 인명 옆에 표기된 연도는 생몰 연도를 의미하며, 특별히 재위 · 재임 기간을 의미할 경우 해당 사항을 함께 표기해 두었습니다.
3. 책의 제목은 겹낫표 '『 』', 그림 · 논문 · 노래 · 영화 · 신문 기사 등의 제목은 홑낫표 '「 」'로 표기해 두었습니다.

머 리 말

저는 소개된 이력에서도 알 수 있듯이, 역사학을 전공하지도 않았고 역사 연구자로 활동하고 있지도 않습니다. 그리고 이 책은 학술적·전문 지식적 차원에서 역사 분야에 관하여 깊이 있게 접근했다거나 혹은 새로운 이론과 해석을 제안하기 위한 의도로 쓴 것도 아닙니다. 어쩌면 독자 여러분들 가운데 저보다 훨씬 더 해박한 지식을 보유하신 분들도 많으시겠지요.

그렇지만 저는 또한 과거에 일어난 수많은 사건들을 지속적으로 탐구하고, 그 시대를 살아간 사람들과 함께 호흡하며, 때로는 머릿속에서 역사라는 무대의 주인공이 된 여러 인물들의 삶을 열연熱演하는 배우도 되어 보면서, 그들을 둘러싼 환경과 더불어 그들의 복잡다난複雜多難한 일생을 조금이나마 이해해 보려 노력하는 사람입니다. 역사historia라는 단어 자체가 원래 '탐구'나 '탐구 활동을 통해 얻어낸 지식'을 의미하는 용어이니만큼, 저란 사람 역시 역사에 대해 이야기할 자격이 충분하지 않을까요?

시간과 국경, 민족과 종교를 넘나들며 세상에 강렬한 발자취를 남긴 인물들의 여정을 따라가다 보면, 다룰만한 이야기들이 참으로 많다고 느껴집니다. 사가史家의 우선순위에서 약간 밀려난 시시콜콜한 일화들로부터 시작하여 누가 보더라도 역사의 한 획을 긋는 주요 장면들까지……. 헌데 역사책의 각 페이지들을 찬찬히 들여다볼 때, 그중에는 당대인들의 또는 현대인들의 상식에 반하는 사례들도 종종 발견할 수 있답니다. 물론 과거의 상식이야 시대와 인식의 변화를 거치면서 부당한 것으로 판별되기도 하지만, 오늘날의 관점에 비추어 보더라도 왜 하필 그런 식의 역사가 펼쳐질 수밖에 없었는지 정말 의아한 경우도 많습니다.

만일 역사가 오롯이 우리들의 일반 상식에 부합하는 방향으로만 전개되었다면, 영국인은 으레 영국과 유럽 대륙인의 후손일 것이며 난데없이 아라비아 반도에서 누군가의 조상을 찾는 것은 너무 터무니없는 행위이겠지요. 또한 국제사회에서 영토 없는 국가가 용인될 리 없을 테고, 국가의 중대사를 관장하던 요인要人들이 서부 영화의 주인공처럼 무모하게 총 한 자루씩 들고 결투에 임하는 장면이 현실에서 일어나지도 않았으리라 봅니다. 게다가 신부를 경매한 고대 바빌론의 결혼 풍습 따위는 차마 눈 뜨고 볼 수 없는 부도덕하고 비인간적인 악습에 불과할 것입니다.

하지만 상식이라는 이름의 고정관념을 한 꺼풀 벗겨낼 때에, 비로소 우리는 역사적 사실historical fact들이 그 이면裏面에 내포하고 있는 의미와 본질을 객관적으로 바라볼 수 있을 것입니다. 더욱이 역사상 이례異例에 속하는 다양한 사건들을 편견 없는 시각으로 접근함으로써, 역사 전개 과정의 전체적이고 자연스러운 흐름과 맥락도 제대로 파악할 수 있을 것입니다. 이 책 『상식타파 세계사 1: 이승엽 변호사의 역사 읽기』에서도 현대 혹은 당대의 상식을 훌쩍 뛰어넘는 10가지 사안들을 소재로 하여 역사 이야기를 진행하고 있습니다.

자신의 생각과 목소리를 완결된 한 권의 책 형태로 출간하는 것처럼 커다란 성취감을 얻을 수 있는 일도 거의 없을 것입니다. 다만 이 책에는 아직 미흡하고 부족한 부분들이 곳곳에 남아 있을 것이며, 그것은 물론 전적으로 제 책임입니다. 그럼에도 제가 역사를 접하고 이해하면서 경험했던 감동과 환희, 비탄과 아픔 그리고 소박한 웃음거리들까지 독자 여러분들께 알려 드리고 또 공감받을 수 있다면, 더 나아가 역사에 대한 여러분들의 이해의 폭을 넓히는 데 작게나마 기여할 수 있다면 저는 그것으로 만족합니다.

2020년 10월

이승엽

1 영화 「10,000 BC」가 현실이 되다?: 터키 괴베클리 테페 유적

처음에는 신전이, 그다음에 도시가 왔다.

- 클라우스 슈미트Klaus Schmidt, 괴베클리 테페 유적 발굴자

빙하기의 끝자락. 눈으로 뒤덮인 척박한 산속에 살면서 살을 에는 추위를 꿋꿋이 이겨내고 털매머드woolly mammoth 무리를 사냥하는 선사 시대 인간 부족. 그들은 비문명화된 사람들을 잡아다가 팔아치우는 말 위의 노예 사냥꾼 무리의 위협에 노출되어 버립니다. 사랑하는 연인 에볼릿Evolet과 동료 부족원들을 구출하기 위해 기나긴 여정에 나선 남자 주인공 들레이D'Leh는, 인간들의 목숨을 노리는 거대 육식성 조류 포루스라코스Phorusrhacos와 검치호劍齒虎 스밀로돈Smilodon을 맞닥뜨리기도 하지요.

노예 사냥꾼들에게 가혹한 피해를 입은 여러 부족들은 자진하여 주인공 일행에 합류합니다. 그들과 함께 천신만고 끝에 사막을 건너 이윽고 '신'이라 불리는 강력한 권력자가 다스리는 문명의 땅에까지 도착한 주인공 일행. 이제 그들의 눈앞에는 세계 곳곳에서 잡혀 온 노예들과 털매

① 빙하기 말기까지 생존해 있던 육중한 몸집의 매머드

머드 무리에 의해 건설되는 대형 피라미드Pyramid가 등장합니다. 하지만 주인공은 난생처음 보는 웅장한 구조물의 위엄에 전혀 굴하지 않고, 오히려 붙잡힌 노예들까지 규합해 반란을 일으킴으로써 '신'의 폭정을 끝장내지요. 마침내 전부다 자유를 누리게 되자, 주인공 역시 사랑하는 연인과 동료들을 데리고 고향으로 되돌아갑니다. 다른 부족으로부터 받은 재배작물의 씨앗을 가지고서…….

숱한 고증 오류에도 불구하고……

이상의 내용은 선사 시대 영웅담을 주제로 하는 영화 「10,000 BC」(2008)의 간략한 줄거리입니다. '사악한 권력을 무너뜨리고 고통받는 사람들을 해방시킨다.'라는 직설적이고 간명하면서도 어쩌면 진부할지 모를 메시지를 담은 이 작품은, 아직까지 베일에 싸여 있는 선사 시대를 특별히 배경으로 삼았다는 점에서부터 흥미로운 설정이 매우 돋보였지요. 거기다 할리우드 초대형 블록버스터의 거장 롤랜드 에머리히Roland Emmerich가 감독을 맡았으며 제작비도 1억 500만 달러나 투입되었기 때문에, 관객의 눈을 사로잡을 만한 화려한 볼거리도 상당히 많았던 게 사실입니다. 고대생물 털매머드, 스밀로돈, 포루스라코스가 CG를 통해 생동감 넘치게 재현되었으며, 웅장한 피라미드의 모습도 가히 주목할 만한 부분이었지요.

②「10,000 BC」 포스터

그래서인지 「10,000 BC」는 2008년 미국 개봉 당시 첫 주에 약 3,500만 달러를 벌어들여 박스오피스 1위에 올랐으며, 우리나라에서도 첫 주 주말 관객이 44만 명으로 1위를 차지했습니다. 그러나 이와 같은 흥행 성적과는 별개로 이 영화는 상영과 동시에 평론가와 전문가 집단의 혹평을 감내해야만 했는데, 그 이유 중에는 숱한 고증 오류도 포함되었지요.

우리가 흔히 빙하기로 부르는 '플라이스토세Pleistocene Epoch: 약 258만 년 전~약 1만 년 전' 말기까지 털매머드와 스밀로돈은 생존하고 있었습니다. 그렇지만 한때 최강 포식자로서 남아메리카 대륙을 지배한 포루스라코스는 일반적으로 이 시기에 이르러 멸종 상태에 처했다고 알려져 있습니다. 물론 포루스라코스의 생존 연대를 빙하기 말기까지로 추정하는 연구 결과도 있지만, 이 경우에도 지리적 분포가 또 한번 문제되지요. 매머드는 유럽, 아시아, 북아메리카, 스밀로돈은 남북아메리카 전체가 서식지인 반면에, 포루스라코스는 주로 남아메리카에서 서식했다고 합니다. 그렇다면 이 세 종류의 동물들이 동일한 시기, 동일한 지역에서 공존했을 가능성은 거의 전무하며, 결국 털매머드나 스밀로돈을 만난 선사 시대 인간이 포루스라코스까지 조우할 가능성은 사실상 없다고 봐도 무방합니다.

게다가 이와 같은 고생물학 분야의 고증 오류뿐만 아니라, 훨씬 더 심각한 문제가 남아 있습니다. 기원전 1만 년 당시 사람들은 이제 겨우 개를 가축으로 기르기 시작했는데, 영화에서는 거대한 털매머드를 마치 소나 말처럼 공사장에서 무거운 돌을 끄는 데 써먹는 모습이 나오지요. 또한 말은 5천-6천 년 전에야 가축화되었음에도, 노예 사냥꾼들은 벌써부터 말과 한 몸이 되어 선사 시대 부족들을 차례로 습격합니다. 더군다나 노예 사냥꾼들에게 붙잡힌 포로들이 실제로는 약 4천 년 전에야 비로소 발명된 돛단배에 실려 가는 장면까지 나옵니다. 이렇게 우리가 알고 있는 인류의 역사 진행 과정과 판이하게 다른 내용들이 곳곳에 박혀 있는 이 작품은, 당시의 시대상에 대한 충실한 고증에 바탕을 두었다기보다는 오히려 영화적 상상력에 주로 의존한 판타지 영화로 파악하는 게 보다 적절할 것입니다.

이상의 숱한 고증 오류들을 뒤로 하고, 「10,000 BC」에서 가장 압권인 장면을 하나 꼽자면 무엇보다도 대형 피라미드를 쌓아 올리는 부분입니다. 그런데 이집트 기자Giza의 피라미드가 기원전 2,500년경에 건설되었으며, 영국의 스톤헨지Stonehenge는 기원전 3,000년경 유적이지요. 그러니 이보다 수천 년 앞선 기원전 1만 년경, 거대 석조물을 조직적으로 건축하는 모습만큼은 너무나 비현실적이어서 우리들에게 커다란 위화감을 불러일으키기에 충분합니다. 마치 아틀란티스Atlantis 문명, 무Mu 제국과 같은 신화 속 초고대 문명 이야기를 접할 때처럼 말입니다.

하지만 이처럼 상상 속에나 가능할 법한 장면이 현실로 드러났다면 여러분들은 정녕 믿으시겠습니까? 그 놀라운 흔적이 터키 남동 아나톨리아 지역의 대도시 샤르우르파Şanlıurfa 근처 게르무쉬Germuş 산맥에 자리하고 있습니다. 바로 괴베클리 테페Göbekli Tepe 유적입니다.

인류 최초의 신전, 괴베클리 테페

높이 15m, 지름 약 300m의 크기를 지녔으며, 해발고도 760m에 위치한 괴베클리 테페는 터키어로 '불룩한 언덕'을 의미하는데, 이 언덕은 자연발생적으로 형성된 언덕이 아니라 인공적으로 조성된 언덕이라는 특징이 존재합니다. 다시 말해, 누군가가 이 언덕에 올라서서 아래를 내려다보기 위한 의도로 쌓았다는 것이지요. 특히 오늘날에도 괴베클리 테페 유적 정상에 다다르면 사방으로 탁 트인 지평선을 볼 수 있습니다.

괴베클리 테페는 1963년 시카고 대학교와 이스탄불 대학교에서 실시한 발굴 작업에 의해 처음으로 모습을 드러냈습니다. 그런데 최초의 조사 당시 이곳에 흩어져 있던 부서진 석회암 석판들을 비석으로 취급했으며, 그리하여 이 장소를 단지 버려진 비잔틴 시대의 묘지로 지목할 뿐

③ 현존하는 세계 최고最古의 건축물, 괴베클리 테페 유적

이었지요. 그리고 수십 년간 이곳은 사람들의 관심에서 멀어져 있었습니다. 그런데 1994년, 독일 고고학 연구소의 클라우스 슈미트Klaus Schmidt는 이 유적지에 대한 시카고 대학의 보고서에 커다란 흥미를 느끼고 직접 방문하기에 이릅니다. 또한 이후 20년간 계속된 그의 발굴 작업을 통해, 이 언덕 속에 오래도록 감춰져 있던 인류의 비밀이 서서히 지표면 위로 드러나게 되었지요.

그 결과 현재까지 밝혀진 내용은 다음과 같습니다. **괴베클리 테페가 만들어진 시기는 '선-토기 신석기 시대Pre-Pottery Neolithic age'인 기원전 9,600년경부터 8,200년경 사이로, 지금으로부터 최대 1만 1,500년 이전으로 거슬러 올라갑니다.** 헌데 이 시점은 기자의 피라미드보다는 약 7,000년, 그리고 스톤헨지보다는 약 6,500년 이상 앞선 것으로서, **괴베클**

리 테페는 지금까지 알려진 그 어떤 건축물보다도 오래된 것이라 말할 수 있답니다.

그리고 이 유적은 아직까지 농경을 모르던 수렵채집인hunter-gatherers 집단에 의해 건설되었는데, 특히 둥근 타원형 및 직사각형 모양의 거석巨石, megalithic 구조물들로 구성되어 있습니다. 이러한 구조물을 제작하던 선사 시대 석공들은 금속제 끌이나 망치의 도움 없이도 부싯돌 도구, 불과 물같이 자연에서 얻을 수 있는 간단한 도구들을 활용하여 순조롭게 작업에 임했을 것입니다. 왜냐하면 이 근처의 기반암은 부드러운 석회암이기에, 주변 채석장에서 건조물들에 쓰일 돌을 가공하는 데에는 그 시대의 한정된 기술 수준만으로도 별 문제가 없었을 테니까요.

더욱이 'T자형 기둥'은 괴베클리 테페의 독특한 측면을 상징적으로 드러내고 있습니다. 이 유적에서 가장 오래된 시기, 즉 '선-토기 신석기 시대 A(PPNA)'에 세워진 원형 구조물의 석회암 벽 주위에는 여러 개의 돌기둥이 놓여 있지요. 또한 원형 중앙에도 2개의 큰 기둥이 박혀 있으며, 그 가운데 규모가 제일 큰 것은 무려 높이 6m, 무게 20톤에 달할 정도입니다. 그 밖에 이 주변에는 미처 완성되지 못한 돌기둥들도 발견되고 있답니다.

물론 괴베클리 테페 유적은 연대상으로 '선-토기 신석기 시대 A' 시기에 건설된 제1기와, '선-토기 신석기 시대 B(PPNB)' 시기에 건설된 제2기로 나눌 수 있습니다. 그런데 제2기의 구조물들은 이전 시대의 것보다 작은 직사각형 모양의 건물들로 구성되어 있으며, 제1기를 특징짓는 거대한 T자형 기둥도 이 시기가 되면 자취를 감추게 되지요. 그뿐만 아니라 기둥의 숫자와 크기도 상당히 축소되는 양상을 드러냅니다.

한편, T자형 돌기둥에는 왜가리, 오리, 두루미 등의 새와 가젤, 소, 멧돼지, 사자, 거미, 뱀, 여우, 그리고 전갈 등의 다양한 야생동물들의 모습이 부조로 형상화되어 있습니다. 그런데 이들은 부조 속에서 한결같이 생명력 넘치게 살아 숨 쉬고 있으며, 더군다나 독침을 지닌 전갈, 저돌적인 멧돼지, 으르렁거리는 사자처럼 매우 위협적이고 강력한 존재로 묘사되고 있지요. 마치 배고픔을 달래기 위해 어쩔 수 없이 사냥에 나서야만 하는 수렵인들의 공포심을 여과 없이 반영한 것처럼.

④ 황소, 여우, 두루미가 새겨진 돌기둥

게다가 괴베클리 테페와 관련해 또 한 가지 중요한 사항은 이곳에 사람이 살았던 흔적이 전혀 없다는 점입니다. 집, 화덕 그리고 보관용 구덩이처럼 인간의 영구적인 거주를 위해 필수적인 요소들은 이 유적에서 발견할 수 없습니다. 그러면서도 수만 개의 가젤 뼈를 비롯해 10만여 점 이상의 야생 사냥감과 새의 뼛조각들이 출토되었고, 특히 뼈에는 잘린 자국과 갈라진 가장자리도 확인되었지요. 이로써 괴베클리 테페가 다른 지역에서 사냥한 야생동물들을 가져와 도살하고 요리하는 장소로 쓰였음을 쉽게 짐작할 수 있답니다.

아래를 훤히 내려다볼 수 있는 높다란 지대, 거주지도 아닌 곳에 건설된 웅장한 석조물들, 무시무시한 맹수들의 모습이 정교하게 새겨진 거대한 T자형 돌기둥, 그리고 유혈이 낭자한 그곳에서 끊임없이 도살되는 사냥감들……. 언덕을 오르며 이곳을 직접 방문하던 선사 시대 사람들은 아마 시시각각 엄습하는 공포스럽고 섬뜩한 분위기에 압도당했을 것입니다. 게다가 그들이 만든 위대한 건축물을 올려다보며 외경심마저도 품었겠지요. 그렇다면 이상의 증거들을 통해 우리는 괴베클리 테페가 선사 시대 부족들의 사회적 행사나 장례의식 등 종교적 의식을 거행하는 장소, 즉 '인류 최초의 신전'이었음을 알 수 있습니다.

신앙이 먼저, 농경과 정주 공동체는 그다음

천 년이 넘는 오랜 세월 동안 순례객들을 맞이하던 괴베클리 테페는 이 근처 신앙 네트워크의 중심지 역할을 담당했습니다. 수렵채집인으로서 소규모 부족 단위로 흩어져 있던 선사 시대 사람들은 의식에 필요한 각종 사냥감과 제물들을 이곳에 바치러 오는 한편, 떠날 때에는 가슴속 깊이 차오른 신앙심과 더불어 상호 교류를 통해 획득한 다른 지역의 특산물들 그리고 새로운 기술과 정보를 한아름 안고 고향으로 되돌아갔겠지요.

더군다나 괴베클리 테페와 같은 건축물을 세우기 위해서는 수백에서 수천에 이르는 많은 사람들이 동원되었을 테고, 이들을 먹여 살리는 데에는 엄청난 식량이 소비되었을 것입니다. 거기다 종교 의식을 거행하고 이곳에 들르는 방문객들에게 나눠주는 데 필요한 음식의 양 또한 상당한 수준이었다고 판단됩니다. 이렇게 사람들이 한 지역에 밀집하게 되자, 이제 소규모 부족들이 수렵채집 생활을 통해 자체적으로 확보 가능한 정도보다 훨씬 더 많은 식량 수요가 발생했겠지요. 먹거리를 찾아 여기저기 이동하는 생활은 점차 한계에 부딪혔으며, 이런 상황을 타개할 수 있었던 사실상 유일한 해결책이 바로 농경이었던 것입니다. 특히 연구 결과에 따르면, 괴베클리 테페가 건설된 지 5세기 이후 인근 지역에서부터 밀을 재배함으로써 최초의 농경이 시작되었고, 1,000년 이내의 시점에 양, 소, 돼지와 같은 동물들도 사육되었다는 점이 밝혀졌습니다.

그러므로 이상의 내용을 종합하자면 다음과 같습니다. **일단 괴베클리 테페를 중심으로 한 원시적인 신앙 네트워크의 형성과 발달은 선사 시대 사람들을 한곳으로 모았지요. 이로써 더 많은 인구를 부양하기 위한 식량 확보가 절실해지자 수렵채집 생활에 익숙해 있던 그들은 주변에 흔하게 널려 있던 야생 밀을 재배하고 야생동물들을 가축화하기 시작했답니다. 이렇게 시작된 농업혁명은 이미 구축된 신앙 네트워크를 통해 지구상의 다른 지역으로까지 차츰 전파되었고, 그리하여 정주 생활도 가능해졌던 것입니다.**

특히 재레드 다이아몬드Jared Diamond가 『총, 균, 쇠Guns, Germs, and Steel』에서 '자가촉매적 과정autocatalytic process'으로 묘사했듯이, 인구 증가는 식량 생산과 정주 생활을, 식량 생산과 정주 생활은 다시 인구 증가를 야기했겠지요.[1] 인류는 이와 같은 점진적인 과정을 반복하고 가속화함에 따라 결국 본격적인 문명의 단계로 진입하게 되었답니다.

---

1) Jared Diamond, *Guns, Germs, and Steel: The Fates of Human Societies*, pp.111-112.

'상식'이라는 이름의 고정관념을 탈피해야

괴베클리 테페 유적은 이처럼 약 1만 1,500년 전 선사 시대 사람들의 생활양식과 신앙 그리고 인류 문명의 발달 과정에 대해 새로운 시각과 통찰력을 제공했습니다. 그리하여 고고학적 중요성과 가치가 인정됨으로써, 괴베클리 테페는 2018년 7월 유네스코UNESCO 세계유산위원회The World Heritage Committee의 지정에 힘입어 세계유산목록World Heritage List에 포함되었지요. 한편 발굴 작업을 총괄하던 클라우스 슈미트 교수가 2014년 사망한 이래, 그의 빈자리를 터키인 아내 치으뎀 쾩살-슈미트Çiğdem Kksal-Schmidt 교수가 대신하고 있습니다.

지금까지 우리는 수렵채집 단계에 머물러 있던 인류가 '비옥한 초승달 지대Fertile Crescent'에서부터 농업을 시작하고 정착 생활을 함으로써 도시의 형성과 문명의 발전을 이룩했다는 전통적 이론을 상식처럼 여기고 있었습니다. 물론 글쓴이 역시 학창시절에 그런 식으로 배웠던 사람 가운데 하나입니다. 하지만 괴베클리 테페의 존재는 이러한 기존의 이론을 뿌리째 뒤흔들고 있답니다. 즉, 농업이 사회문화적 변화를 이끈 것이 아니라, 반대로 사회문화적 변화가 농업을 촉발시켰다는 식으로 해석해야 한다고 말입니다.

또한 괴베클리 테페의 사례는 우리에게 매우 특별한 시사점도 던져 주고 있습니다. 우리는 교과서에 실린 이론들을 별다른 고민이나 의심 없이 마치 정답인 양 받아들이는 데 너무나 익숙하지요. 그렇지만 그것 역시 책상 위에서 만들어진 고정관념의 산물에 불과할 수 있다는 사실도 항상 염두에 둬야 합니다. 특히 존 스튜어트 밀John Stuart Mill은 『자유론On

Liberty』을 통해, 진리에 가장 확실히 도달하기 위해서는 지속적인 비판과 검증을 거치는 방법밖에 없다고 누차 강조하고 있습니다. 그러므로 통설을 맹목적으로 추종하거나 혹은 그 위세에 억눌려 스스로 생각의 한계를 설정하기보다는, 자유롭고 창의적인 사고를 바탕으로 이해의 폭과 깊이를 최대한 확장하는 한편, '상식'이라는 이름의 고정관념을 탈피하는 자세를 가져야 합니다.

그리고 제2장으로 넘어가기에 앞서, 진리의 성격에 대한 밀의 관점 하나를 추가적으로 소개하려 합니다.

> 오직 [기존의] 참된 의견을 고수하기만 하는 사람들은 생각하기 위한 고통을 스스로 감수하지 않기 때문에, 그들보다는 오히려 적절한 연구와 준비를 바탕으로 혼자서 사색하다가 실수를 저지르는 사람에 의해서 진리는 더 많이 달성된다.[2]

---

2) John Stuart Mill, *On Liberty*, p. 33.

2 바빌론의 결혼 시장: 가난한 젊은 남성에게도 기회를!

런던은 현대의 바빌론이다.
- 벤저민 디즈레일리Benjamin Disraeli, 『탄크레드』에서

키케로Marcus Tullius Cicero가 자신의 명저 『법률론De legibus』에서 '역사의 아버지'라는 영예로운 칭호를 수여한 헤로도토스Herodotos, 기원전 약 484-기원전 약 425. 그는 자신의 저서 『역사Historiai』를 통해, 당시 세계에서 가장 부유하고 풍요로운 바빌론Babylon 지역의 특이한 결혼 풍습에 관해 기술합니다. 고향 할리카르나소스Halikarnassos에서 추방당한 이래로 오랜 세월 세계 각지를 여행한 헤로도토스에게도 분명 바빌론의 사례는 범상치 않았나 봅니다.

① '역사의 아버지' 헤로도토스

'신부를 팝니다!' 바빌론의 결혼 시장

② 에드윈 롱Edwin Long, 1829-1891, 「바빌론의 결혼 시장The Babylonian Marriage Market」(1875)

바빌론의 모든 마을에서는 매년 1회씩 결혼 적령기에 이른 처녀들을 한곳에 모았습니다. 그리고 남자들이 그 주위를 둘러서면, 사회자는 처녀들을 한 사람씩 단상 위에 올려 세웠지요. 그렇게 경매가 시작되고, 그들 가운데 최고의 미녀가 맨 처음 등장합니다. 그녀의 아름다움에 매료된 남성들은 이제 너 나 할 것 없이 높은 가격을 불러댔습니다. 그리고 이 치열한 싸움의 결과는…… 예상대로 입이 떡하니 벌어질 정도의 어마어마한 거금을 내놓은 어느 부유한 귀족 자제의 승리로 끝을 맺습니다. 이제 두 번째로 아름다운 처녀가 소개됩니다. 물론 그녀에게도 첫 번째 처녀에 버금갈 만한 거액이 제시되었네요. 또 한 명의 젊은이가 막대한 돈을 지불하고도 웃음기를 도저히 감추지 못하는군요. 그리고 세 번째, 네 번째……. 남들보다 출중한 미모의 소유자인 그녀들은 자신의 아름다움에 비례해 보다 높은 가격이 매겨지고, 다른 여성들보다 훨씬 먼저 누군가의 아내로 팔렸습니다. 환호성과 탄식이 교차하는 이 흥미진진한 초반 혈투에, 가난한 평민 남성들이 뛰어들 엄두조차 못 내는 건 어쩌면 당연할까요?

시간이 지날수록 호가는 낮아지고, 처녀들의 외모도 평범해집니다. 경매 참가자들의 의욕도 점점 더 시들해지는군요. 그러다 어느 순간, 이제 돈을 내고 신부를 사가려는 남성이 단 한 사람도 남지 않게 되었습니다. 아직 수많은 처녀들이 단상 아래에서 대기 중인데 말이지요. 이제부터 바빌론 결혼 시장의 룰은 180도 바뀝니다. **남성이 돈을 받고 여성을 신부로 맞이하게 됩니다.**

예쁘지 않고 외모가 뒤처지는 처녀들이 단상에 오를 때마다, 사회자는 남성들에게 '누가 가장 낮은 금액으로 그녀와 결혼하겠는지'를 물어봅니다. 그리고 최저 금액을 부른 한 남성이 그녀의 남편으로 낙점, 아니 낙찰됩니다. 가난한 평민 남성들은 모두의 선망의 대상이던 아름다운 여성들을 포기하고 못생긴 여성을 신부로 맞이합니다. 그 대신 자기들의 빠듯한 생활에 큰 보탬이 될 지참금을 받는 것으로 만족했지요.

남성에게 지급되는 돈의 출처

그런데 고대 바빌론의 결혼 풍습에서 또 한 가지 중요한 내용은, 이때 남성에게 지급되는 돈이 늦게 선택받은 여성 측에서 나온 것이 아니라는 점입니다. 그 돈은 결혼 시장에 모인 자금입니다. 다시 말해, 일찍 선택받은 아름다운 처녀들을 팔아서 마련한 **공동 기금**이라는 소리이지요.

헤로도토스는 이를 두고, 아름다운 처녀들이 외모가 뒤처지는 처녀들을 시집보냈다고 표현할 정도였습니다.

여성의 최종 결정권

그리고 경매로 낙찰자가 결정되더라도 그것이 곧바로 법적 혼인으로 이어진다고는 볼 수 없었답니다. 왜냐하면 낙찰자는 그 여성과 혼인할 진정한 의사가 존재한다는 것을 입증하는 의미로 보증인을 내세워야 했으며, 만일 쌍방 간에 의견이 불일치하는 경우 돈을 돌려주는 대신 결혼하지 않을 수도 있었기 때문입니다. 이처럼 바빌론의 결혼 시장은 비록 신부 경매라는 형식을 취했지만, 실질적으로 여성의 최종적인 결정권이 배제되지 않은 상태라고 볼 수 있습니다.

그렇다면 비록 상당한 재력의 소유자라 할지라도 온 동네에 악평이 자자한 사람이거나 또는 외모가 도저히 마음에 들지 않았다면, 여자 쪽에서도 얼마든지 거부할 수 있었을 것입니다. 그뿐만 아니라 반대로, 어떤 가난한 젊은이가 자신이 가진 모든 재산을 경매에 쏟아붓고, 운 좋게 최종 낙찰자로 선정되어 평소 흠모하던 여성 앞에 모습을 드러내 고백하는 스토리도 있지 않았을까요? 물론 결말이 해피엔딩이 될지, 「백만송이 장미」처럼 비극으로 끝날지는 장담할 수 없겠지만…….[1)]

1) 「백만송이 장미」(1982)는 프랑스 출신의 배우 마르가리타Margarita에게 반해 자신의 전 재산을 털어 셀 수 없이 많은 꽃을 선물한 그루지야 출신의 화가 니코 피로스마니Niko Pirosmani, 1862-1918의 일화를 기반으로, 안드레이 보즈네센스키Andrey Voznesensky가 작사하고, 알라 푸가체바Alla Borisovna Pugacheva가 부른 노래입니다. 우리나라에서는 가수 심수봉 씨가 개사하여 불렀습니다.

타락의 상징, 바빌론

바빌론의 결혼 시장에 대해 헤로도토스는 자신의 시대에 이르러 사라졌지만, 가장 현명하고 훌륭한 풍습이었다고 칭찬하고 있습니다. 물론, 그러한 평가에도 불구하고 신부 경매 관습은 '외모지상주의'와 '배금주의'가 짙게 배어 있다는 도덕적 비난으로부터 분명 자유로울 수 없을 것 같네요. 그런데 헤로도토스의 『역사』에는 바빌론의 부도덕하고 타락한 이미지에 쐐기를 박는 또 하나의 결정적인 내용이 소개되어 있습니다.

바빌론의 모든 여성들에게는 평생에 한 번은 꼭 아프로디테Aphrodite 신전에 들러 대기하다가 낯선 남성과 동침해야 한다는 소위 '신전 매춘' 관습이 부여되어 있었습니다. 낯선 남성이 신전에 앉아 있는 그녀들을 찬찬히 살피다가, 마음에 드는 여성의 무릎에다 밀리타Mylitta 여신[2)]의 이름을 거론하면서 은화를 던집니다. 이제 그녀는 여신의 축복을 받은 돈을 절대 거부할 수 없습니다. 그녀는 자신에게 은화를 던진 남성과 성관계를 치르고 나서야 신전을 빠져 나올 수 있었지요. 결혼 시장에서와 마찬가지로, 아름다운 여성은 빨리 선택받았으나 그렇지 못한 여성은 상당히 오랜 기간 동안 기다릴 수밖에 없었답니다. 어떤 이들은 3년에서 4년 가까이 집으로 못 돌아간 경우도 있었다고 전해집니다.

헤로도토스는 신전 매춘 관습이 키프로스에도 유사하게 존재한다고 언급하면서도, 이를 두고 가장 수치스러운 행위라고 비난합니다. 자유연애와 개방적인 성문화로 대표되는 현대 문명의 관점에서도, 바빌론에서 벌어진 신전 매춘에 대한 거부감만큼은 헤로도토스의 반응과 별반

2) 밀리타 여신은 아시리아Assyria 지방에서 아프로디테 여신을 부르는 다른 이름.

차이가 없을 겁니다.

게다가 알렉산더 대왕Alexander the Great, 기원전 356-기원전 323의 일대기를 쓴 1세기 로마 역사가 퀸투스 쿠르티우스 루푸스Quintus Curtius Rufus도 바빌론의 타락상과 문란함에 관해 다음과 같이 서술하였습니다.

③ 샤를 르 브룅Charles Le Brun, 1619-1690, 「알렉산더 대왕의 바빌론 입성L'Entrée d'Alexandre le Grand dans Babylone」(1665). 알렉산더 대왕은 기원전 331년 바빌론을 점령합니다.

알렉산더 대왕은 다른 어느 곳보다 이 도시[바빌론]에 오래 주둔하였고, 그 어디에서도 여기보다 그가 자기 병사들의 군율에 더 크게 해를 끼친 곳은 없었다. 그 무엇도 그 도시의 습관보다 부패한 것은 더 없고, 그 어떤 것도 방탕한 욕망을 불러일으키고 유혹하는 경향은 더 없다. 아버지와 남편은 수치스러운 일에 대한 대가가 지불된다면 그들의 딸과 아내가 그들의 손님에게 매춘을 하도록 허락한다. 페르시아 전역에 걸쳐 유쾌한 축제는 왕들과 궁정 관리들이 매우 좋아한다. 그러나 바빌로니아 사람들은 특히 와인과 취기醉氣를 실컷 탐닉한다. 이러한 향연에 참가하는 여자들은 처음에는 단정하게 차려입지만, 그다음에는 겉옷을 하나하나씩 벗어 던지며 서서히 부끄러움을 날려 버리고, 마침내 -외람된 말이지만- 완전히 벌거벗은 채 나체가 된다. 이 수치스러운 행위는 창녀들에게만 국한된 것이 아니라, 부인들과 처녀들까지 하였다. 그들은 천한 매춘 행위를 친절함으로 간주했다. 그런 방탕한 환경에서 34일 동안 환락을 만끽한 후, 아시아를 정복한 그 군대가 만일 적이 있었다면, 뒤따르는 위험에 직면해서 의심할 여지없이 훨씬 더 약해졌을 것이다.[3]

바빌론은 성서Bible 「요한계시록Book of Revelation」 제17장, 제18장을 통해서도 음행과 타락의 상징, '창녀 바빌론Whore of Babylon'으로 형상화되기에 이릅니다. 그리고 바빌론에 대한 이런 인식은 기독교가 지배하던 중세 유럽 사회를 거치며 확대·재생산되었지요. 특히 르네상스와 종교개혁의 시기에도 바빌론의 악명은 변함없이 지속되었는데, 이탈리아의 시인 프란체스코 페트라르카Francesco Petrarca, 1304-1374도, 95개조 반박문으로 유명한 독일의 마르틴 루터Martin Luther, 1483-1546도 당시 부패한 로마 교황청을 공격하면서 어김없이 바빌론에 비유할 정도였습니다. 그리고 그렇게

3) Quintus Curtius Rufus, [*History of Alexander*], With an English Translation by Rolfe, John C., Book V. i. 36-39.

추악한 이미지가 오늘날까지 내려져 오고 있는 것입니다.

결혼 시장의 현실성

그런데 바빌론의 결혼 시장 이야기를 접하면서 그로부터 무언가 배울 점은 없을까요? 결혼 시장 역시 단지 부와 풍요에 취해 타락한 바빌론 사람들의 추악한 모습을 반영하는 수많은 사례들 중 하나일 뿐이라고 비난해야 할까요? 그리고 외모, 가격 등 눈에 보이는 척도로만 인간을 판단하고, 일생일대의 중대사인 결혼조차도 마치 물건 매매하듯이 다루는 그들의 비윤리적 행태를 질타하는 것만이 우리들에게 의무적으로 요구되는 내용일까요? 만일 그렇다면 헤로도토스는 왜 하필 신전 매춘 같은 관습에 대해서는 비난하면서, 유독 결혼 시장만큼은 훌륭한 풍습이라고 회상했을까요? 이에 대해 적절한 답을 찾으려면, 먼저 결혼에 대한 우리의 관점부터 재확인해야 할 것입니다.

운명적인 만남, 두근두근 첫 데이트. 낭만과 열정으로 가득한 뜨거운 로맨스, 불현듯 찾아오는 시련과 극복. 그리고 모두의 축복 속에 치러지는 성대한 결혼식까지……. 우리가 흔히 생각하는 결혼의 공식화된 이미지란 바로 이런 것이겠지요. 순수한 사랑의 감정만으로 주위의 모든 고난과 역경을 헤쳐 나갈 수 있는 두 사람 사이의 결혼, 이 얼마나 아름다운 이야기인가요!

모든 이들이 (적어도 한 번 이상은) 이런 이상적인 결혼의 주인공이 되기를 꿈꾸는 것도 사실입니다. 그렇지만 개인의 자유로운 의사에 기초한 연애와 결혼이 보편화된 현대 사회에서도 현실은 꽤나 냉정한 편입니다. 자신과 상대방의 조건뿐만 아니라 서로의 집안 환경까지, '스펙'의 힘은 결혼 시장에서 여전히 맹위를 떨치고 있습니다. 그리고 일반적으로 남성에게는 경제력, 여성에게는 외모를 요구한다는 점에서도 고대 바빌론과 별반 차이가 없네요.

여기서 중요한 점은, 결혼은 의사결정에 고비용high-cost이 요구되는 제도라는 것입니다. 결혼은 중간에 헤어지지 않는 한 종신계약終身契約이며, 결혼의 파탄 내지 종료는 그에 따르는 커다란 물질적, 정신적 (때로는 신체적) 위험을 수반한다는 점에서, 서로에게 결혼이 이익이 될 것인지 손실이 날 것인지를 세심히 따져 보는 일은 현실적으로 불가피합니다. 또 이러한 원칙을 충실히 따르는 것이 행여나 속물처럼 보인다고 해서 완전히 그만둘 수도 없는 일이지요. 그러므로 결혼을 탐색·준비하는 과정에서부터 소요되는 시간과 비용은 막대할 수밖에 없으며, 궁극적으로 쌍방간에 이익이 된다고 최종적으로 판단하는 경우에 한하여 -설령 그것이 오판일지라도- 비로소 두 사람 사이에 결혼이 성립할 수 있습니다.

외모와 경제력이 상대에게 이익이 될 만한 개개인의 특성이라는 사실은 분명합니다. 부유한 누군가의 재산을 함께 이용·소비할 수 있다는 것, 아름다운 누군가와 함께 시간을 보내고 자신의 2세들에게 보다 멋진 외모를 물려줄 수 있다는 것은 분명 우리에게 이익이 되는 일입니다. 물론, 외모와 경제력 이외에 지능, 교육수준, 건강, 성격, 화술, 명성, 가문 등도 상대에게 이익이 될 만한 특성들이지요. 다만 외모와 경제력 이외의 특성들은 고려되지 않는다는 전제하에, 만일 미래 배우자 중 한쪽의 경제력이 다른 쪽보다 우위에 있다면, 다른 쪽에서는 자신의 돋보이는 외모를 경제력과 교환할 수 있을 것입니다. 그리고 통상 남성의 잠재적 소득이 여성보다 높다는 것을 상기한다면, 결혼을 위해 남성에게는 경제력이, 여성에게는 외모가 요구되는 현실이 딱히 이상할 게 없지요.

가난한 젊은 남성들에게도 절실한 지원책

이처럼 남녀 간에 상이한 조건을 요구하는 결혼 문화는 수천 년 전의 바빌론에서나, 오늘날의 문명 세계에서나 지속되고 있습니다. 그렇다면 굳이 여기서 그 잘잘못을 당장 가리기보다는, 일단 있는 그대로의 현실을 수긍하면서 우리 사회가 나아갈 바람직한 방향을 모색하는 일이 더욱 중요하다고 생각합니다.

바빌론의 결혼 시장의 작동 원리를 간단히 요약하자면 다음과 같습니다. 경쟁자들의 도전을 물리치고 가장 아름다운 처녀를 신부로 맞이할 정도로 재력을 갖춘 남성으로부터 돈을 거둬들여, 가난한 젊은 남성들에게 부를 이전시킴으로써 경제력(남성), 외모(여성)와 같은 주요 자원이 부족한 사람들도 흔쾌히 결혼할 수 있도록 지원하는 체계입니다. 그리고 그 과정에서 **결혼을 목적으로 하는 부의 재분배 기능**을 수행하는 것이지요. 물론, 바빌론의 결혼 시장에서 행해진 신부 경매와 같은 형태·방식만큼은 오늘날의 관점에서 도저히 받아들일 수 없겠지만, 적어도 부의 이전을 통한 혼인의 증가라는 그 제도적 함의含意는 현대 사회에서도 충분히 되새길 필요가 있을 것입니다.

더욱이 우리나라는 2018년 합계출산율(여성 1인당 평생 동안 낳을 것이라 예상하는 평균 출생아 수)이 1명에도 못 미치는 0.98명에 불과할 정도로 심각한 저출산 현상을 겪는 중입니다. 이는 전 세계에서도 그 유래를 찾기 힘든 상황이지요. 그런데 우리나라의 저출산 문제는 청년층의 비혼·만혼, 즉 혼인율의 저하로부터 초래된 바가 큽니다.

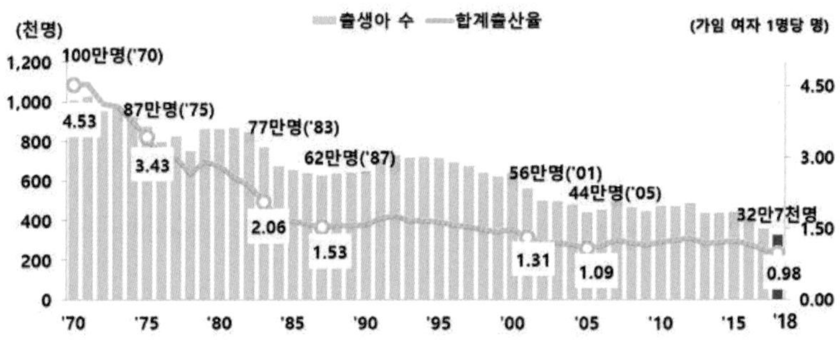

④ 1970-2018년 출생아 수와 합계출산율 추이
(자료: 통계청, 「2018년 출생통계(확정) 보도자료」, 2019. 8. 28., 4면.)

더군다나 남성은 임금수준이 높을수록 기혼자의 비율이 정비례로 늘어나는 양상을 띱니다. 2016년 3월 기준 우리나라 20-30대 남성 임금노동자들의 경우, 임금수준이 가장 낮은 계층인 1분위(하위 10% 구간)는 기혼자의 비율이 6.9%, 2분위는 15.2%로 극히 저조했으나, 임금수준이 상승할수록 그 비율은 점차 높아져 8분위는 67.3%, 9분위는 75.7%, 10분위(상위 10% 구간)는 무려 82.5%에 달했습니다. 이는 여성의 경우와 확연히 대비되는데, 여성은 기혼자의 비율이 4분위에서 28.1%로 가장 낮다는 특징이 있습니다. 그리고 그보다 임금수준이 하락하거나 상승할수록 혼인율이 U자형으로 완만하게 높아지다가, 임금수준이 매우 높은 9분위는 68.1%, 10분위는 76.7%로 그 비율이 급격하게 높아집니다.

〈표 1〉 우리나라 20-30대 임금노동자 남성과 여성의
임금수준별 기혼자 비율(2016년 3월 기준, 단위: %)

성별	임금수준				
	1분위	2분위	3분위	4분위	5분위
남성	6.9	15.2	20.2	20.3	32.3
여성	42.1	43.3	30.8	28.1	32.6
	6분위	7분위	8분위	9분위	10분위
남성	39.0	49.0	67.3	75.7	82.5
여성	35.5	38.9	46.4	68.1	76.7

자료: 김유선, 「저출산과 청년 일자리」, KLSI ISSUE PAPER 제8호, 한국노동사회연구소, 2016. 11. 8., 11면; 박선권, 「저출산 관련 지표의 현황과 시사점」, NARS 현안분석 58호, 국회입법조사처, 2019. 6. 4., 10-11면.

이러한 상황에서 빈곤층 청년 남성들은 연애나 결혼을 아예 포기해 버리는 경우도 적지 않습니다. 그렇다면 혼인율의 증가를 통한 저출산 문제의 해소를 위해서는 기존의 기혼부부 위주 출산장려정책의 사각지대에 놓였던 소외된 계층, 즉 경제적 여건 때문에 결혼을 못하는 가난한 젊은 남성들에 대한 맞춤형 지원책도 절실히 요구된다고 할 것입니다.

현실과 인간 본성에 대한 긍정

우리는 동서고금을 막론하고 종교적 경건함과 도덕적 엄숙주의라는 미명하에 개인의 선호와 가치, 내면의 본능과 욕망을 함부로 재단하고 억압하는 사회를 끊임없이 접했습니다. 반면에 바빌론에서는 그것들을 자유분방하게 표출·발산하는 쪽을 택했습니다. 그 때문인지 이미 폐허

⑤「바빌론의 공중정원Hanging Gardens of Babylon」, 19세기경 판화. 공중정원 뒤로 왼쪽 상단에 바벨탑이 보입니다.

가 되어 버려 유적지로만 확인되는 지금 이 시점에도, 바빌론은 많은 이들에게 타락한 도시의 전형으로 손가락질 받고 있지요. 물론 어느 정도는 자초한 면도 없지 않습니다.

그렇지만 바빌론은 그렇게 평가절하되기만 할 존재가 아니라고 봅니다. 수없이 많은 악평에도 불구하고, 역사 속의 바빌론은 우리에게 일정한 교훈을 제공하고 있지요. 그것은 바로 현실을 있는 그대로 직시하는 자세가 언제나 필요하다는 점, 그리고 사회제도와 정책은 인간 본연의 특성에 적합하도록 설계되어야 한다는 점입니다. 바빌론의 결혼 시장도 언뜻 보기에 거부감이 들지 모르겠으나, 우리의 고정관념이라는 껍질을 한 꺼풀 벗기고 나면 비로소 바빌론 사람들이 그러한 관습을 오래도록 전승하면서 추구했던 진정한 목적과 가치가 눈에 보일 것입니다. 그리고 그때쯤이면 헤로도토스가 바빌론의 결혼 시장을 그토록 칭찬해 마지않던 이유를 이해할 수 있을 것입니다.

메소포타미아 한복판에서 수천 년 동안 풍요와 번영의 공간으로 자리매김하던 바빌론. 이 위대한 국제도시에 매혹된 수많은 이방인들은 무역상으로서, 여행자로서, 그리고 때로는 군인이나 정복자로서 이 도시에 물밀듯이 유입되었습니다. 바빌론을 자신의 광활한 새 제국의 수도로 삼으려던 알렉산더 대왕 역시 그들 가운데 하나였지요. 그렇게 무수히 다양하고 이질적인 사람들을 끌어들였던 비법은 그리 멀리서 찾을 필요가 없어 보입니다. 개인의 감정을 자유롭게 표현하고 현실을 긍정하는 개방적이고 활력 넘치는 사회 분위기, 이것이야말로 바빌론을 오랜 기간 역사의 주 무대로 만들어 준 원동력이었습니다.

3 황실 여인의 은밀한 복수?: 위나라 패망사와 동진 사마예의 출생의 비밀

만약 공이 말한 대로라면, 진晉 황조가 어찌 오래갈 수 있겠소?

- 진 명제晉 明帝 사마소司馬紹, 299-325, 동진東晉 제2대 황제

젊은 시절 친구이자 일생일대의 라이벌 원소袁紹, 약 154-202를 관도官渡에서 격파하고 이후 원씨 일가를 몰락시켜 중원의 패자霸者로 군림한 지도 벌써 10여 년. 하북을 통일한 영웅 조조曹操, 155-220는 213년 위공魏公, 216년 위왕魏王의 자리에 차례차례 오르면서 한漢을 대신할 새로운 나라의 기틀도 탄탄히 다져갔고, 218년 정월 수도 허창許昌에서 경기耿紀,

① 위 무제魏 武帝 조조曹操

위황韋晃 등이 일으킨 반란까지 진압했습니다. 물론, 파촉巴蜀의 유비劉備, 161-223, 동오東吳의 손권孫權, 182-252이 여전히 걱정스럽기는 했으나, 이미

후한 13주州 가운데 9개 주를 차지한 만큼 대세는 기울었다고 생각해도 좋을 만한 시점이었습니다.

그즈음에는 조비曹丕, 187-226와 조식曹植, 192-232의 후계 다툼도 명확히 정리된 상태였습니다. 이제 자신은 천하의 3분의 2를 차지했음에도 신하로 남았던 주 문왕周 文王의 고사를 본받아 대의명분을 획득하고, 태자 조비가 다음 대에 제위에 등극할 날만 그리고 위나라의 압도적인 힘에 천하가 무릎 꿇을 날만 기다리면 되는 것이었지요.

그러던 어느 날, 조조는 참으로 기분 나쁜 꿈을 꾸게 됩니다. **'세 마리의 말'이 '한 구유槽'에서 먹이를 먹고 있던 것이었지요.** 이것이 예지몽豫知夢이었음을 직감했던 것일까요? 그는 조비를 불러 이렇게 당부합니다.

> 사마의司馬懿, 179-251는 신하가 될 사람이 아니다. 필시 너의 집안일에 관여하게 될 거다.[1]

영민하고 경계심 많던 조비도 아버지의 경고를 허투루 듣고 넘기지 않았지만, 사마의는 특유의 신중한 처신으로 조조와 조비의 의심을 용케 피해 갔습니다. 그리고 훗날 사마씨 삼부자, 즉 사마의와 그의 두 아들 사마사司馬師, 208-255, 사마소司馬昭, 211-265는 구유槽가 의미한 조씨曹氏 황실을 몽땅 먹어 치워 버립니다.

---

1) 房玄齡,『晉書』卷一「宣帝紀」.

예정된 운명을 피하지 못한 조비

220년 정월 조조가 사망하자, 조비는 위왕과 승상丞相 직을 물려받습니다. 그리고 그해 10월, 한 헌제漢 獻帝 유협劉協, 181-234으로부터 양위를 받아 드디어 황제의 자리에 오릅니다. **한나라 400년 역사가 막을 내리고 위나라로 대체되는 순간이었지요.** 그리고 12월에는 낙양洛陽으로 천도遷都합니다.

② 위 문제魏 文帝 조비曹丕

또한 그해에는 진군陳群, ?-236의 제안으로 관리를 9품으로 나누어 등용하는 **'구품관인법**九品官人法, 혹은 구품중정제(九品中正制)'이 시행됩니다. 이 제도는 지방에다 관리 및 그 후보자를 평판 내지 재덕才德에 따라 심사하는 중정中正이라는 직책을 두어, 중정이 내리는 향품鄕品 9품을 기준으로 삼아 중앙 조정에서는 직무의 중요성에 따라 관리를 9품의 등급으로 나눈 관품官品에 임명했습니다. 그리고 관품은 향품보다 약 4등급 낮게 책정되었지요. 이러한 구품관인법은 한·위 교체기에 한나라 관료들을 위나라 조정에 흡수·편입시키기 위한 목적으로 탄생했으며, 그 목적 달성 이후에는 초임 관료들의 자격을 심사하는 제도로서 정착되었습니다.[2)]

2) 그러나 구품관인법은 초기의 성과를 뒤로한 채, 시일이 지날수록 점차 단점이 두드러지게 나타납니다. 향품이 개인의 자질보다는 가문과 헛된 명성에만 기댄 경우가 많았으며, 특히 위나라 중기 이후 지배계층의 풍토 자체가 창업 초기의 상무정신尙武精神이 쇠퇴하고 지나치게

한편 조조의 사망 직전, 형주荊州를 공략한 손권에 의해 관우關羽, 160-219가 처형되자 유비와 손권의 사이가 극도로 험악해지고, 결국 유비가 촉한蜀漢의 국력을 총동원하여 동오와 전쟁을 벌입니다. 그러다 222년 이릉夷陵에서 유비의 군대가 동오의 대도독大都督 육손陸遜, 183-245에 의해 격파되는 상황이 발생하자, 조비는 촉과 오가 대결하는 이러한 정세야말로 아버지가 못다 이룬 꿈을 실현시키기 위한 최적의 기회로 판단하여 친히 동오 정벌에 나섭니다. 하지만 그의 대규모 원정은 번번이 실패로 끝이 났지요.

226년 정월, 원정에서 되돌아온 조비는 허창에 입성하려다가 허창성의 남문이 별다른 이유도 없이 무너져 내리는 일을 겪게 됩니다. 불길함을 느낀 그는 성안으로 들어가지 않고 진로를 낙양으로 바꾸게 되지요. 이것은 또 다른 암시였을까요? 그해 5월, 조비는 병세가 위독하게 되자 조예曹叡, 205-239를 황태자로 삼고, 조진曹眞, ?-231,[3] 진군, 조휴曹休 그리고 사마의에게 조예를 보필할 것을 지시합니다. 그리고 5월 17일 위 문제魏文帝 조비는 40세의 이른 나이에 사망하게 됩니다.

사실 조비가 이렇게 단명하리라는 예언은 이전에도 몇 번 있었습니다. 그는 211년 오관중랑장五官中郞將에 오르자, 30명의 손님들을 초청해

귀족화되어 가는 경향 속에서 구품관인법도 공정하고 재능 있는 인재 선발이라는 본래의 취지가 무색해지고 폐단이 속출했던 것입니다. 그럼에도 이 제도의 혜택을 입는 문벌귀족들은 개혁에 미온적이었고, 그 결과 위진남북조 시대 300여 년간 구품관인법은 생명력을 유지합니다. 그러다 수 문제隋文帝 양견楊堅 시대에 들어 과거제가 시행됨으로써 구품관인법은 공식적으로 폐지됩니다. 그렇지만 9등급의 관품은 청나라 말기까지 존속했으며, 오늘날 1급부터 9급까지의 계급으로 구분된 우리나라의 공무원제도에도 그 영향이 남아 있습니다.

3) 조진은 조조의 거병에 참여했다가 살해당한 조소曹邵, 또는 조백남(曹伯南)의 아들입니다. 다만 조진은 원래 진秦씨인데, 그의 부친이 조조를 위기에서 구해주고 대신 죽은 공을 기리기 위해 조조가 특별히 조씨 성으로 바꾸었다는 이야기도 있지요.

놓고 연회를 베풀었지요. 그때 관상을 잘 보기로 유명했던 주건평朱建平이 조비에게 "당신은 수명이 80세이지만, 40세 때 작은 재난이 있을 테니 좀 더 조심하시기 바랍니다."라고 충고합니다.[4] 그 말이 염려가 되었던지 태자가 되고 나서도 조비는 고원려高元呂라는 관상가에게 같은 질문을 던졌으나, 역시 "수명은 40세 때 작은 고난이 있겠으나, 이 시점을 지나면 우려할 것이 없습니다."라는 대답이 되돌아옵니다.[5] 그런데 마흔 살에 중병에 걸린 조비는 낮과 밤을 각각 하루로 계산하면 주건평이 말한 80살이 된다는 점을 깨닫게 되지요. 그리고 결국 그는 예언 속의 '작은 위기'를 넘기지 못했던 것입니다.

찬란한 빛 속에 짙게 드리워진 어두운 그림자, 조예

비교적 젊은 나이에 즉위한 명제明帝 조예는 친모 문소견황후文昭甄皇后, 182-221[6]가 조비의 총애를 잃고 사사賜死되었기 때문에 장남이었음에도 오랫동안 황태자에 책봉되지 못했으며, 더욱이 신하들과의 교류도 거의 전무했습니다. 하지만 **빼어난 외모와 명석한 두뇌 그리고 풍부한 학식을 갖춘 그는 확실히 명군의 자질을 품고 있었으며, 즉위 후 위나라를 매**

4) 陳壽, 『三國志』 卷二十九 「魏書 · 方技傳」.

5) 魚豢 撰, 張鵬一 輯, 『魏略輯本』 卷第一 「文帝紀」(十九条).

6) 문소견황후(또는 견후甄后)는 조예와 동향공주東鄕公主의 어머니로, 그녀는 원래 원소의 둘째 아들 원희袁熙의 처였습니다. 원희가 유주자사幽州刺史로 파견되자 그녀는 원씨 일가의 본거지인 업성鄴城 -원씨의 패망 후 조씨 황실의 본거지로 전환된 곳- 에서 시어머니를 모시고 살았지요. 그러다 204년 8월 조조가 업성을 점령할 당시 조비가 견후를 차지하여 정실부인으로 맞이했습니다.

우 안정적으로 통치했습니다. 과거 대여섯 살밖에 되지 않던 조예의 인물됨을 보고서도 조조는 칭찬을 아끼지 않았었는데, 조예는 그런 할아버지의 기대를 저버리지 않았던 것입니다. 특히 촉한과 동오의 지속적인 침입을 성공적으로 방어했을 뿐만 아니라, 스스로 전략을 세우고 작전을 지휘하는 등 발군의 군사적 재능을 보여주기까지 합니다.

234년, 촉한의 제갈량諸葛亮, 181-234이 제5차 북벌을 감행하여 오장원五丈原으로 진출했으나, 사마의의 군대와 대치 중 병사病死합니다. 그러자 외부의 위협 요소가 사라진 군주가 통상적으로 보이는 행동처럼, 조예는 이듬해 백성들을 동원하여 낙양궁을 전면 개축하고 이에 반대하는 양부楊阜와 고당륭高堂隆 같은 신하들의 간언을 외면하는 등 심리적으로 다소 해이해진 면을 보입니다. 그렇지만 그가 이로써 명군의 자질을 완전히 잃은 것도 아니었는데, 진군의 거듭된 상소를 받아들여 궁궐 개축 작업을 줄이기도 합니다. 또한 237년 요동의 골칫거리 공손연公孫淵이 일으킨 반란에 대응하여, 조예는 투입 병력이 너무 많다는 대신들의 반대를 과감하게 물리치고 238년 사마의를 총대장으로 하는 4만 명의 진압군을 파견하여 토벌에 무난히 성공합니다. 그의 총명함과 결단력은 여전히 건재했지요.

그러나 문제는 전혀 예상치 못한 곳에서 발생합니다. 바로 **조예에게 제대로 된 후사가 없다는 것이었지요.** 그가 낳은 5명의 자식(아들 셋, 딸 둘) 가운데 오직 제장공주齊長公主 단 한 명을 제외하고는 모두 어린 나이에 요절하고 말았던 것입니다. 특히 232년 딸 조숙曹淑이 사망하자 슬픔에 못 이긴 조예는 그녀에게 평원의공주平原懿公主라는 시호諡號를 내리는 한편, 그녀를 자신의 친모 문소견황후의 종손從孫으로 이미 사망한 견황

甄黃과 아예 영혼결혼까지 시켜 버립니다. 그뿐만 아니라 예법에도 어긋나게 조정 대신들에게 상복을 입히고 밤낮으로 통곡하게 할 정도였습니다. 오죽하면 어린아이에게 너무 과한 처사라며 진군이 말리기까지 했지만, 이때만큼은 조예는 말을 듣지 않았지요.

그러다 **235년 8월, 갑작스럽게 황자 조방**曹芳, 232-274**이 제왕**齊王**으로, 조순**曹詢, 231-244**이 진왕**秦王**으로 책봉됩니다.** 아들을 모두 잃고 이 둘을 양자로 들인 조예. 그들을 도대체 어디서 데려왔을까요? 친부는 누구일까요? 진수陳壽, 233-297의 『삼국지三國志』 위서魏書 「삼소제기三少帝紀」에는 딱 이렇게만 기록되어 있답니다.

> 궁중의 일은 비밀이므로, 그들이 어디에서 왔는지 아는 자가 아무도 없었다.[7]

더 이상 알려고 하지 말라는 뜻인가요?

허나 **군주국에서 군주의 정통성**은 -창업군주가 아닌 다음에야- 무엇보다도 **'혈통적 연속성'**에 기반합니다. 하물며 창업군주라 하더라도 선대로부터 이어져 내려오는 '고귀한 혈통'을 내세우는 일이 허다합니다. 위나라 조씨 황실도 한나라의 명재상 조참曹參의 후예를 자처했지요. 그러므로 군주의 자리는 직계 후손이 선순위 승계권자이고, 직계 후손이 없다면 후순위로 방계 친족 중에서 적당한 인물이 선정되는 것입니다. 만일 거기에 조금이라도 어긋나는 군주가 즉위하는 날에는 끊임없이 정통성 시비에 시달려야만 했지요. 특히 그러한 사실이 실제 존재하는 경

---

7) 陳壽, 『三國志』 卷四 「魏書 · 三少帝紀」.

우뿐만 아니라, 더 나아가 단순히 그것이 의심된다는 사정만으로도 동서고금을 막론하고 궁중음모와 반란의 더할 나위 없는 명분이 되기도 했습니다. 더군다나 동양에서 양자를 들이는 전통적인 예법에 부합하기 위해서는 같은 성씨 내에서 항렬을 맞춰야 하며, 그중에서도 가까운 친족 내에서 선택해야 했지요.[8] 그리고 만일 입양 문제가 황제의 후사를 결정짓는 국가적 중대사와 관련된다면, 그러한 원칙은 더욱 철저히 지켜져야만 했습니다. 그런데 **조예는 전통과 예법을 송두리째 무너뜨린 것입니다.**

어린 자녀들의 잇따른 요절에 절망하는 아버지의 비통한 심정을, 그리고 그런 고통을 조금이나마 달래주고 먼저 떠난 자식들의 빈자리를 대신하는 고마운 아이들을 지극히 아끼는 마음을 결코 이해 못할 일은 아닙니다. 그럼에도 불구하고 조예는 후계 문제에 있어서만큼은 자신이 중국의 3분의 2를 지배하는 제국의 통치자라는 사실을 완전히 망각한 듯 행동했으며, 또한 그의 뛰어난 식견과 통찰력은 이 부분에서 전혀 발휘되지 못했습니다.

조방과 조순의 출생에 관해서는 조비의 동복동생 조창曹彰, 189-223의 아들인 임성왕任城王 조해曹楷의 아들이라는 이야기가 『위씨춘추魏氏春秋』에 나와 있으나, 이 또한 그리 신빙성이 높지 않습니다. 만일 조방과 조순의 친부가 정말 조해라면, 항렬에 따라 조비의 아들인 조예가 그들을 공식적으로 입양하는 데 별다른 문제가 없습니다. 그럼에도 그러한 절차를 전혀 밟지 않았다는 점에서 그들의 친부가 조해라는 주장에 대한 반

8) 조조와 조비의 아들들에 관해 기록한 『삼국지』 위서 「무문세왕공전武文世王公傳」에서는 봉국封國을 잇기 위해 예법에 따라 사후양자死後養子를 들인 내용들이 자세히 나와 있습니다.

증反證이 성립될 수 있겠지요. 그러므로 역사적으로 그들의 정확한 출신은 오리무중五里霧中일 뿐입니다. 그들의 생부가 누구인지, 심지어 그들이 조씨의 핏줄인지 여부도 전혀 검증되지 않았습니다.

다만 고려 공민왕恭愍王과 모니노牟尼奴, 우왕禑王의 아명兒名의 관계처럼, 그들이 조예가 민간에서 낳아 궁중에 데려온 친자식일 가능성도 생각해 볼 수 있겠지요. 그렇지만 이 경우에도 혈통이 검증되지 않은 황자를 세우는 일에 대한 황실과 신하들의 엄청난 반발은 불을 보듯 뻔한 일입니다. 우리나라의 역사에서도 확인되듯이, 우왕은 이로 인해 즉위 과정에서 심각한 진통을 겪었고, 훗날 신하들에 의한 폐가입진廢假立眞: 가짜 왕을 몰아내고 진짜 왕을 옹립한다으로 말미암아 그의 아들 창왕昌王과 함께 신돈辛旽의 자손들로 규정된 다음 처형되는 비참한 결말을 맞게 됩니다. 조예가 만약 여기까지 예상하고 그런 상황을 우려했다면, 그들의 정확한 출신에 대해 철저히 함구緘口했던 것도 어느 정도 수긍되기는 합니다. 어찌되었든 이처럼 **정상적인 절차를 거치지 않은 채 후계 구도에 갑자기 진입한 그들에게 제대로 된 권위가 있을 리 만무합니다.**

더군다나 어린 황자들이 황실에서 자리를 잡기도 전인 238년 12월, 조예는 중병으로 위독한 상태에 처합니다. 그는 부인夫人 곽씨郭氏를 황후로 세우는 한편,[9] 조조의 아들이자 조예가 총애하던 연왕燕王 조우曹宇를 대장군大將軍으로 임명하고 하후헌夏侯獻, 조상曹爽, ?-249: 조진의 아들, 조조曹肇: 조휴의 아들, 진랑秦朗이 보좌하도록 했지요. 하지만 황제의 최측근이자 비

9) 이때 황후가 된 명원곽황후明元郭皇后, ?-263는 일찍이 자기 지역에서 일어난 반란에 연좌되어 신분을 박탈당한 채 관비로 입궁했는데, 조예의 총애를 받아 부인이 됩니다. 조방 즉위 이후 그녀는 황태후가 되며, 비록 정치에 직접 관여하지는 않았지만 삼소제三少帝: 조방, 조모, 조환 기간 동안 국가의 중대사는 그녀의 명을 받들어 시행됩니다.

서 역할을 맡던 유방劉放과 손자孫資[10]는 진랑과 사이가 나빴기에 조우 일파를 비난하면서 조상과 사마의를 추천하였고, 그 결과 조예는 조서를 내려 요동 원정에서 되돌아오던 사마의를 급거 수도 낙양으로 귀환시킵니다. 그런데 사마의에게는 장안長安으로 가라는 정반대 내용의 조서도 하후헌 측으로부터 보내졌던 것입니다. 사마의는 변고가 발생했음을 직감하고 가장 빠른 수레를 타고 그 길로 곧장 낙양으로 향했고, 400여 리나 되는 거리를 단 하룻밤만 묵고 나서 그대로 도착합니다.

궁성 바깥에 대군을 거느린 사마의의 귀환에 권력의 저울추는 한쪽으로 기울었지요. 결국 조우는 나흘 만에 대장군에서 면직되었고, 하후헌, 조조曹肇, 진랑 역시 마찬가지로 쫓겨납니다. 이러한 우여곡절 끝에 **조상과 사마의**는 임금의 유지遺志를 받드는 **고명대신**顧命大臣이 될 수 있었지요. 그리고 239년 정월 1일, 조예는 조방을 황태자로 세우고, 겨우 때를 맞춰 당도한 사마의에게 뒷일을 부탁한 다음, 그날 35세의 나이로 숨을 거두게 됩니다. 그리하여 **고작 8살에 불과한 조방이 위나라 황제로 즉위합니다.**

밝게 빛난 조예의 치세 마지막 순간에 벌어진 궁중 암투와 혼란상은 단지 위나라 권력 투쟁의 서막에 불과했습니다. 이어서 거대한 폭풍우가 쉴 새 없이 몰아칠 예정이었으니까요.

10) 유방과 손자가 소속된 중서성中書省은 황제의 비서실에 해당하는 기구로서, 명령의 출납, 기밀 취급 등을 담당했습니다. 당시 유방은 중서감中書監, 손자는 중서령中書令을 맡고 있었습니다.

조예의 사망 시 나이와 소위 '원희 친부설'에 대해

진수의 『삼국지』 위서 「명제기明帝紀」에서는 조예의 사망 시 나이를 36세로 적시했습니다. 그런데 이 나이를 역산할 경우 조예는 204년생이 되며, 조조가 건안 9년(204년) 8월 업성을 점령하기 이전 내지 그 직후에 태어났다는 말이 됩니다. 이는 곧 조예의 친부 역시 조비가 아니라 견후의 전 남편인 원희라는 해석으로까지 이어질 수 있으며, 노필盧弼의 『삼국지집해三國志集解』, 그리고 국내에서는 대표적으로 장정일/김운회/서동훈의 『삼국지 해제』가 이러한 견해를 채택하고 있지요.

하지만 『삼국지』의 주석을 단 배송지裴松之의 경우, 조예는 건안 10년(205년)생으로 봐야 한다는 점에서 조예의 사망 시 나이는 34세가 정확하며, 조예 시대(237년)에 역법이 개정됨으로써 전년 12월을 그해 정월로 삼았다는 것을 감안한다면 35세가 된다고 말했습니다. 그리고 36세는 계산을 잘못해서 생긴 문제로 보고 있지요. 그런데 위서 「명제기」에서는 조예가 15세에 무덕후武德侯에 봉해졌으며, 「문제기文帝紀」에서는 그해를 220년으로 적시하고 있습니다. 그렇다면 조예는 206년생일 수도 있겠네요. 이에 대해 노필은 조예가 무덕후가 된 해를 220년 이전으로 볼 수 있는 자료도 있다고 언급하는 바, 그 경우에는 조예의 출생 연도는 206년보다 이른 시기가 되겠지요.

한편, 237년 3월에 개정된 새로운 역법에 의거하여 조예의 사망 연도는 239년으로 설정하면서, 나이는 만연히 기존의 역법에 의거하여 34세로 잘못 계산했다고 가정하여 역산하는 경우, 「문제기」와 「명제기」의 내용과 충돌되지 않고 조예가 220년에 15세였다는 기록이 사실에 부합할 수 있습니다.[*] 특히 조예의 사망일이 우연찮게 신新역법상 '정월 초하루' -즉, 구舊역법상 '12월 1일'- 라는 점에서도 이러한 실수가 유발될 가능성을 더욱 높입니다. 예를 들어 아직까지 '세는 나이'(이른바 '한국식 나이')를 일상에서 사용하는 우리로서도, 새해가 지나고도 얼마간은 전년도를 기준으로 한 나이를 언급하는 상황을 흔히 경험하지요. 그러므로 이상의 내용들을 종합해 볼 때, 조예의 사망 시 나이는 구역법상 34세, 신역법상 35세로 파악하는 것이 보다 적절하다고 판단합니다. 그렇다면 진수의 '36세'라는 표현은 계산상의 오류를 가정하더라도 도출되기 힘든 명백한 오기誤記에 속하겠지요. 이러한 글쓴이의 해석은 배송지의 주석과도 맥락을 같이 합니다.

더군다나 소위 '원희 친부설'에 대해서는 다음과 같이 반박할 수 있습니다. 교통수단이 발달하지 않은 그 시절, 한나라의 변방 유주幽州: 오늘날의 북경, 요동 등을 포괄하는 지역로 파견된 원희가 업성에 있는 견후를 직접 만나러 오는 일은 결코 쉽지 않았겠지요. 그리고 202년 원소 사후 원씨 일가는 조조와 항시 전쟁상태였다는 점에서, 원희로서는 함부로 움직일 수 있는 처지도 아니었을 것입니다. 또한 조비가 조예를 별로 좋아하지 않았고, 경조왕京兆王 조례曹禮를 황태자로 세울 생각이 있었다는 이유만으로 조예가 조비의 친자가 아니라고 주장하는 것은 설득력이 매우 떨어지는 논리입니다. 특히 조방이나 이후에 확인할 사마예司馬睿의 경우처럼, 군주와 관련된 출생의 의혹이라 해도 일정 수준 이상의 신빙성이 확보된다면 정사正史에서도 충분히 다뤄지는 데 반해, 조예의 경우는 그런 내용이 명시적으로 언급되지 않습니다.

결론적으로 조예는 조비의 친자라고 판단합니다. 그럼에도 불구하고 국가 공인 역사서를 편찬하면서 보통 사람도 아니고 황제의 나이를 이런 식으로 오기했다는 점은 분명 납득하기 어려운 면도 있습니다. 그러므로 '36세'라는 표현을 진수의 '실수'로 받아들일지, 아니면 '고의'로 볼 것인지 여부는 후대의 해석자들의 몫이겠지요.

* 해당 내용을 보다 구체적으로 도식화시켜 정리한다면, 다음과 같습니다.(밑줄 친 부분: 계산상의 오류 가정)

배송지의 주석에 근거한 조예의 사망 연도(나이): 구역법상 238년(34세), 신역법상 239년(35세).
「문제기」와 「명제기」에 근거한 조예의 무덕후 책봉 연도(나이): 220년(15세).

(신역법상 사망 연도) - (무덕후 책봉 연도) = 239 - 220 = 19
(<u>구역법상 나이</u>) - (신역법상 사망 연도와 무덕후 책봉 연도의 차이) = 34 - 19 = 15

고평릉 사변, 사마의의 정권 탈취

고명대신이 된 조상과 사마의는 초기에는 함께 정사를 처리했으며, 또한 조상이 사마의를 부친 대하듯이 존중하였기에 별다른 문제가 발생하지 않았습니다. 그렇지만 조상은 이내 조희曹羲, 조훈曹訓, 조언曹彥 등 자신의 동생들을 주요 직책에 '낙하산'으로 배치시켰으며, 사치스럽고 실속이 없는 자들이라고 하여 조예 시대에 이미 쫓겨나기까지 했던 하안何晏, 등양鄧颺, 이승李勝, 정밀丁謐, 필궤畢軌 등을 대거 등용하여 심복으로 삼았답니다. 이렇게 등용된 하안 등은 조상에게 사마의를 견제하도록 설득하였고, 그 결과 **조상은 태위太尉[11] 사마의를 태부太傅라는 명예직에 오르게 하는 대신 실권을 빼앗아 버립니다.** 이제 위나라는 조상 일파의 세상이 되었지요.

③ 진 선제晉 宣帝 사마의司馬懿

그런데 특히 십상시의 난(189) 때 환관들에게 살해당한 대장군 하진何進의 손자 하안은 조상 일파의 성향이 어떠했는지를 단적으로 드러내는 인사입니다. 그는 자신의 모친 윤씨尹氏가 조조의 부인이 되자 조조의 양자로서 궁궐에서 자랐으며, 조조의 딸 금향공주金鄉公主를 아내로 맞이하

11) 재상인 삼공三公 가운데 군사 부문을 담당하는 직책입니다. 보통 문관 출신이 임명되었습니다.

여 부마가 된 '금수저', 아니 '다이아몬드 수저' 출신이었지요. 그는 뛰어난 지적 능력을 바탕으로 『논어집해論語集解』를 비롯한 수많은 학문적 성취를 달성하여 청담淸談 세력의 상징이 되었지만, 사치와 기행으로도 크게 주목받았고 거기다 지속적으로 물의를 일으키고 다녔습니다.

아름다운 외모에 백옥 같은 새하얀 피부를 자랑하던 꽃미남 하안은 오늘날에도 찾아보기 힘든 '화장하는 남자'였으며, 또한 여장을 즐겨하는 등 위나라 중기 파격적인 '크로스 섹슈얼cross sexual' 패션의 선두주자였답니다. 더군다나 오석산五石散이라는 일종의 마약을 상습 복용하기까지 했지요. 게다가 그는 태자의 복식까지도 서슴없이 따라했는데, 조비는 그런 하안을 두고 '가짜 아들假子'이라 칭하면서 증오하고 경멸했습니다. 조예 역시 성적으로 문란한 그를 전혀 중용하지 않았으며, 귀족적 · 향락적 풍조의 청담 사상을 배척하고 그 일파들을 조정에서 대거 퇴출시킵니다. 하지만 조방 시대에 이르자 그동안 행실에 심각한 문제를 보인 하안을 비롯하여, 헛된 명성만 추구하고 실무 능력과는 무관한 현학적 담론에만 능통한 금수저 귀족 자제들이 조상의 신임을 등에 업고 위나라 정치의 전면에 나섰던 것입니다. 물론, 대장군 조상 자신부터가 황족이자 대사마大司馬[12]였던 조진의 장남으로 금수저들의 핵심이었지요.

244년 등양, 이승 등의 권유를 받은 조상은 사마의의 반대에도 불구하고 백성들과 이민족들로부터 물자까지 총동원하여 6-7만의 대군을 이끌고 촉한 정벌을 감행합니다. 그러나 낙곡에서 참패를 당하고 겨우 되돌아옵니다. 그럼에도 불구하고 조상 일파는 과오를 반성하고 국정을 쇄신하기는커녕, 권력을 독점하면서 부정부패를 일삼았지요. 특히 조상의

12) 위나라 시대 군을 총괄하는 최고 직책으로, 대장군보다 더 높은 지위에 해당합니다.

경우 그가 누리는 음식, 수레, 의복 등이 황제의 그것과 같을 만큼 엄청난 사치를 누렸다고 합니다. 그 정도가 얼마나 심했던지, 보다 못한 동생 조희마저 조상을 말릴 지경이었다고 하네요.

사마의는 때를 기다렸습니다. 병을 핑계로 조상을 피했고, 특히 248년 겨울 염탐하러 온 이승에게 거짓으로 심각하게 쇠약해진 모습을 보여줌으로써 조상 일파를 안심시키지요. 그러다 **249년 정월, 조방이 조상 형제들과 함께 선황제 조예가 안장된 고평릉高平陵에 참배를 하러 떠나자, 사마의는 수도 낙양이 빈틈을 놓치지 않고 사마사, 사마소 두 아들과 함께 쿠데타를 일으킵니다.** 곧바로 궁으로 들어가 곽태후郭太后의 윤허를 받아낸 그는 군대를 이끌고 나가 황제를 모시고 있는 조상 일파와 낙수洛水에서 대치합니다. 난리 통에 가까스로 낙양을 빠져 나간 조상의 측근 환범桓範은 조상을 만나서 황제를 허창으로 옮긴 다음 군대를 모아 사마의와 결전을 치를 것을 주문하지만, 조상은 그 말을 듣지 않고 우유부단한 대처로 시간만 허비했지요. 환범은 이번에는 조희를 다그칩니다.

> 지금에 이르러, 경들의 가문이 다시 가난하고 천한 처지로 되돌아가려 한들 그것이 가능하리라 여기십니까? 또한 필부조차도 인질 한 사람 붙잡고 살기를 원하는 바인데, 지금 경들은 천자와 함께 다니고 있으니, 천하에 영令을 내린다면 누가 감히 응하지 않는단 말입니까?[13)]

그럼에도 여전히 **조상 형제들**은 결정을 내리지 못했습니다. 그러다 관직에서 단지 쫓겨나기만 할 뿐이라는 허윤許允, 진태陳泰, ?-260, 윤대목尹

13) 陳壽,『三國志』卷九「魏書 · 諸夏侯曹傳」.

大目 등의 설득에 저항 의지를 완전히 상실한 조상은, 환범의 간곡한 만류에도 불구하고 **사마의에게 병권을 스스로 반납한 다음 가택연금 상태에 처해집니다.**

그러나 며칠 뒤, 환관 장당張當에 대한 심문 결과 조상 일파에게 **반역죄가 인정**됩니다. 부잣집 노인(부가옹, 富家翁)으로 여생을 안락하게 보내겠다는 조상의 희망 섞인 기대가 산산조각 부서지는 순간이었지요. 그리하여 **정월 10일, 조상, 조희, 조훈, 하안, 등양, 정밀, 필궤, 이승, 환범, 장당 등은 모조리 체포되어 처형당합니다.** 더군다나 사마의는 남녀노소를 불문하고, 또한 출가한 여성들까지 가리지 않고 그들의 삼족을 멸합니다. 이때 하안은 자기 혼자만 살아남기 위해 동료들을 배신하고 그들의 죄를 낱낱이 조사하는 역할을 자임하지만, 사마의는 그런 그를 비웃듯이 마지막에 하안까지 역적 명단에 포함시켜 처형해 버립니다. 다만, 하안의 대여섯 살짜리 아들만큼은 그의 모친 윤씨의 구명 노력 덕분에 목숨을 건졌다고 합니다.

이로써 위나라 정권은 조씨에게서 사마씨의 손으로 완전히 넘어갑니다. 한편, 고평릉 사변이 발생한 249년부터 태위 왕릉王淩은 나이 어린 황제 조방을 폐위하고 조조의 아들 초왕楚王 조표曹彪를 옹립하여 수도를 허창으로 옮기려는 음모를 꾸미지만, 2년 후인 251년 이 또한 발각되어 사마의에게 간단히 진압됩니다.

그리고 그해 8월, 사마의는 사망합니다. 하지만 그는 이미 사마씨의 권력 기반을 확고히 다진 뒤였습니다.

황실 친위 세력의 몰락과 조방의 폐위

고평릉 사변으로 조상이 처형되자 황실 일원들은 크나큰 위협을 느낍니다. 그중에서 하후연夏侯淵의 둘째 아들 하후패夏侯霸[14]의 경우, 아예 촉한으로 망명해 버립니다. 비록 자신의 아버지가 조조의 처제와 혼인한 동서지간으로서 위나라를 위해 평생토록 전장에서 수많은 공적을 세웠음에도 말이지요.

그리고 사마씨 일족은 사마의의 사망 이후에도 계속 전권을 잡고 있었습니다. **사마의의 장남 사마사는 252년 대장군에 임명되었고, 위나라의 정치·군사 부문 전반을 장악했답니다.** 하지만 여전히 조씨 황실에 충성하는 친위 세력은 남아 있었지요. 그 중심에 하후현夏侯玄, 209-254이 있었습니다.

어린 시절부터 뛰어난 재주로 명성을 떨친 하후현은 원래 조상 일파에 속했으며, 또한 조상과 고종사촌이기도 했습니다. 그런데 그는 다른 조상 일파들의 행실과는 완전히 상반된 면을 보여줍니다. 엄격하고 올바른 처신으로 많은 이들의 신뢰를 얻고 칭송받았으며, 또한 구품관인법의 문제점을 지적하고 시정을 요구하는 등 개혁적인 면모까지 갖췄습니다. 그리하여 그는 조상이 처형된 이후에도 여전히 조정에서 중책을 맡았으며 승진까지 하게 되지요. 물론, 그는 사마사와도 인척 관계였는데, 요절한 여동생 하후휘夏侯徽, 211-234가 사마사의 첫 번째 부인이었습니

14) 조조의 아버지는 환관 조등曹騰의 양자가 된 태위 조숭曹嵩으로, 약간 논란이 있기는 하지만 조숭은 훗날 조조를 도와 한나라의 대장군에 오른 하후돈夏侯惇의 숙부라 전해집니다. 즉, 조조와 하후돈은 사촌 관계라는 것이지요. 또한 하후돈과 하후연은 같은 집안 출신입니다. 그리하여 위나라에서는 조씨와 하후씨 모두 황족으로 대우받습니다. 『삼국지』 위서 「제하후조전諸夏侯曹傳」에서도 하후씨와 조씨의 인물들을 하나로 묶어서 다루지요.

다.[15] 그렇지만 조상과의 관계가 발목을 잡았기 때문에, 내심 바라는 바를 이루지 못하고 있던 것도 사실이었지요.

그러던 와중에 -조예의 유일하게 남은 딸 제장공주와 혼인한 이도李韜의 아버지- 중서령 이풍李豊은, 254년 2월 황후의 부친 장집張緝과 힘을 합쳐 사마사를 제거하고 하후현에게 조정을 맡길 계획을 세웁니다. 하지만 사전에 그들의 계획을 알아챈 사마사는 이풍을 따로 불러내었고, 아무것도 모른 채 이풍은 사마사를 만나러 갔다가 이내 모든 것이 탄로 났다는 사실을 알게 되지요. 그는 사마사의 면전에서 악담을 퍼붓다가 살해당하며, 또한 이 사건에 가담한 하후현, 장집, 악돈樂敦, 유현劉賢 등도 모조리 체포됩니다. 그리고 이풍을 포함하여 그들의 삼족을 멸하는 처분이 내려졌습니다.[16] 이때 하후현은 안색 하나 바뀌지 않고 담담히 최후를 맞이합니다.

결국 황실 친위 세력은 사실상 완전히 사라집니다. 장집의 딸인 황후 장씨張氏가 3월 폐출되고, 이어서 9월 사마사는 곽태후에게 조방의 폐위를 요구하여, 그 결과 조방은 23세의 나이에 제왕齊王으로 강등됩니다. 그리고 새로운 임금에는 곽태후의 추천으로 조예의 이복동생 조림曹霖의 아들, 고귀향공高貴鄕公 조모曹髦, 241-260가 즉위하지요.

15) 사마사와 하후휘 사이에는 딸이 다섯 있습니다. 그런데 하후휘는 남편의 역심을 미리 알아챘고, 결국 그녀는 24세의 나이에 독을 먹고 죽게 됩니다. 이에 대해 사마사가 그녀를 독살했다는 것이 일반적인 해석입니다. 이러한 사정을 하후현이 눈치챘다면, 결코 사마사와 관계가 좋을 수는 없었겠지요.

16) 다만 이도와 제장공주 사이에서 난 세 아들만큼은 다행히 목숨을 보전합니다.

최후의 저항, 시해당한 조모

조정 내부에서 황실을 보위하는 세력은 이제 사라졌습니다. 그렇지만 고평릉 사변으로 조상 일파들을 무참히 살해하고, 명망 높은 황실 친위 세력도 모조리 제거한 것으로도 부족해 이제 황제까지 제멋대로 갈아치우는 사마씨 일족들에 대해, 숱한 전쟁으로 잔뼈가 굵은 지방 사령관들이 순순히 따를 리가 없었습니다.

255년 정월 관구검毌丘儉[17]과 문흠文欽은 곽태후의 영을 참칭僭稱하여 사마사에게 반란을 일으키고, 오나라에 도움까지 청합니다. 이때 사마사가 직접 나서 반란을 토벌하였고, 그 과정에서 관구검이 살해당하고 문흠은 오나라로 도피하지만, 사마사 역시 이때 지병이던 눈병이 악화되어 그다음 달인 윤달閏月에 48세의 나이로 허창에서 사망합니다.

위나라의 전권은 이제 사마사의 동생 사마소에게 넘어갑니다. 하지만 지방에서 맹렬하게 타오르는 불길은 그칠 줄 몰랐지요. 관구검과 문흠을 진압하는 데 공을 세우고 수춘壽春으로 들어온 제갈탄諸葛誕의 경우에도, 자신이 과거 하후현·등양과 친밀한 관계였을 뿐만 아니라 왕릉·관구검이 차례차례 패망한 것을 되새기며 스스로 위기감을 느끼고 있었습니다. 더욱이 조정에서 자신을 의심하고 있다는 사실을 깨닫자, 257년 5월 제갈탄은 기존의 10여만 병사와 신병 4-5만 명을 모아 반란을 일으켰지요. 이때 그는 오나라에 구원병을 요청했고, 오나라의 3만 병사와 더불어 일전에 망명한 문흠도 되돌아옵니다. 그러자 사마소는 황제 조모

17) 그는 고구려를 공격해 일시적으로 수도 환도성丸都城까지 점령한 장군으로, 우리 역사상으로도 잘 알려져 있습니다.

와 함께 26만 대군을 직접 이끌고 그들을 진압하러 출정하였고, 곧 수춘성을 포위합니다. 제갈탄과 오나라의 병사들은 포위망을 뚫어 보려고 안간힘을 썼지만, 모든 노력이 허사가 되었습니다. 결국 장군들을 포함하여 성 밖으로 항복하는 이탈자가 속출하였고, 극도로 불리해진 전황 속에서 반란군의 주요 인사들 사이의 내분도 심각한 수준에 이르렀습니다. 그러다 제갈탄이 문흠을 죽이고, 문흠의 아들 문앙文鴦과 문호文虎마저 사마소에게 귀순하자 결국 수춘성은 더 이상의 항전 의지를 완전히 잃어버립니다. 제갈탄은 하는 수 없이 성 밖으로 탈출을 시도하나 죽음을 피할 수는 없었으며, 제갈탄의 일족 역시 반역죄로 연좌되어 삼족을 멸하는 처벌을 받게 됩니다.

258년 2월을 기점으로 제갈탄의 반란까지 완전히 토벌되자, 이제 **위나라에서 사마씨에게 대항할 세력**은 하나도 남아 있지 않은 것처럼 보였습니다. 하지만 아직 단 한 사람이 남아 있었습니다. 그는 바로 **황제 조모 자신**이었지요.

조모가 황제로 즉위할 당시, 사마사는 사적으로 종회鍾會, 225-264에게 조모의 인물됨을 물었습니다. 그러자 종회는 "재능은 진사왕陳思王: 조식과 같고, 무예는 태조太祖: 조조와 비슷하다."라는 평을 남겼지요.[18] 그만큼 조모는 뛰어난 군주로서의 가능성이 엿보이던 인물이었습니다. 특히 즉위하자마자 궁중에서의 낭비를 줄이고 근검절약을 실천했으며, 신하들과 학문 토론에 매진하는 모습도 보였지요. 그가 만일 통치자로서 제대로 된 권위를 확보할 수 있었다면, 얼마든지 위나라를 중흥시킬 만한 성군이 될 수도 있었으리라 생각합니다.

---

18) 陳壽,『三國志』卷四「魏書 · 三少帝紀」, 裴松之 注『魏氏春秋』.

그러나 위나라의 전권은 이미 사마씨의 손에 넘어간 상태였기 때문에, 조모 자신이 정치적으로 어떠한 실질적인 역할을 할 수 있는 처지는 전혀 아니었습니다. 그는 **명목상으로만 제위에 앉아 있었을 뿐, 실제로는 사마씨의 허수아비**나 다를 바 없었습니다. 게다가 이러한 상황은 255년 사마사가 사망한 이후 오히려 더 심화되었는데, 전횡을 일삼던 사마소는 제갈탄의 반란까지 진압한 이후에는 대놓고 황제의 명령을 무시하기에 이릅니다. 조모는 258년 5월과 260년 4월 대장군 사마소를 상국相國으로 임명하고 진공晉公에 봉했으며 구석九錫의 예까지 내렸음에도, 사마소는 이를 계속 거부했지요. 사마소도 일전에 조모가 지은 「잠룡潛龍」 시를 읽고 매우 불쾌하게 생각했는데, 왜냐하면 그가 단순히 사마씨의 꼭두각시 노릇이나 할 그릇이 전혀 아니라는 것을 간파했기 때문입니다. 조모 역시 황제의 권위를 끊임없이 떨어뜨리는 사마소의 행태에 분노를 표출하였고, 특히 지금처럼 정치적으로 할 수 있는 게 아무것도 없는 상태에서 자신이 사마소에게 폐위당할 운명임을 예상했지요. 그리하여 **조모는 결국 선수를 치기로 마음먹습니다.**

> 사마소의 마음은 길가는 사람도 다 알고 있소. 나는 앉아서 폐위되는 치욕을 받을 수는 없소. 오늘 경들과 함께 직접 나서서 사마소를 토벌하러 가려 하오.[19]

왕경王經은 조모를 극구 만류했으나, 그는 결심을 전혀 바꾸지 않았습니다. 그 자리에 함께 있던 왕침王沈, 왕업王業은 이 사실을 사마소에게 곧

19) 陳壽,『三國志』卷四「魏書 · 三少帝紀」, 裴松之 注『漢晉春秋』.

바로 일러바치고, 그리하여 사마소는 미리 공격에 대한 대비를 해 놓지요. 260년 5월 7일, 이윽고 조모는 수백 명의 군사를 이끌고 사마소를 치러 갔는데, 사마소의 동생 사마주司馬伷, 227-283가 그를 제지하지만 황제의 측근들이 꾸짖는 데 놀라 병사들이 모조리 달아납니다. 이어서 사마소의 최측근인 가충賈充, 217-282과 싸우게 되는데, 황제 스스로 칼을 휘두르며 나서는 바람에 아무도 쉽사리 막아설 엄두를 내지 못합니다. **급박한 상황에 몰리자 가충은 부하 성제成濟를 부추겨 조모를 창으로 찌르게 만듭니다. 칼날이 등을 뚫고 나오고, 조모는 수레를 탄 채로 그 자리에서 사망합니다.**

황제가 백주대낮에 시해당했다는 소식에 궁중은 발칵 뒤집힙니다. 사마소는 조정 대신들을 급히 불러 모아 사태 수습을 논의했는데, 그의 측근인 진태마저도 최소한 가충을 죽여야 한다고 요구할 정도였답니다. 하지만 사실상 자신의 명을 수행한 것이나 다름없는 가충을 벌할 수 없던 **사마소는, 황제를 시해한 죄를 모조리 성제 그리고 함께 가담한 그의 형 성쉬成倅에게 뒤집어씌워 버립니다.** 가충만 믿고 있다가 졸지에 삼족을 멸하는 죄를 받게 된 성제는 지붕 위로 올라가 욕설을 퍼붓다가 화살에 맞아 죽고, 성쉬는 참수형을 받게 됩니다. 또한 이 사건을 조모가 병사들을 이끌고 직접 곽태후와 대장군 사마소를 해치려다가 변을 당한 것으로 조작하는 한편, 사태를 막지 못하고 조모를 오히려 부추겼다는 명목으로 왕경에게 책임을 물어 가족들과 함께 처형합니다.

마지막으로 시해당한 황제 조모를 죄인으로 취급하여 처음에는 평민의 예로 매장하려다가, 그다음 날인 8일 왕의 예로 장사지내도록 결정되었습니다. 백성들은 볼품없는 운구 행렬에 "이분이 살해당한 천자이시다."라고 소리치며 울부짖었고, 비통함에 어찌할 바를 모르는 자들도 있었습니다.[20] 사마소는 황제 시해 사건의 전모를 숨기기에 급급했으나, 문무백관을 비롯하여 백성들까지 누구 하나 그날의 실상을 모르는 자가 없었던 것입니다.

마지막 저항의 주체 조모마저 시해당함으로써, 사마씨의 천하는 드디어 완성 단계에 진입합니다. **그러나 사마씨 정권의 정당성은 이날의 폭거로 인해 완전히 땅바닥에 떨어졌지요.** 그리고 훗날 피의 업보를 고스란히, 아니 그보다 몇 배, 몇십 배로 되돌려 받습니다.

위나라의 천하가 끝을 맺다

260년 6월 2일, 연왕 조우의 아들 상도향공常道鄕公 조환曹奐, 246-302이 황제로 즉위합니다. 그의 원래 이름은 조황曹璜이었는데, 피휘避諱[21]를 위해 개명하지요.

조환은 사마씨 정권의 허수아비 역할을 충실히 수행합니다. 어차피 그 시점에 이르러서는 대신들 모두가 사마씨의 편이었으니, 딱히 저항할 만한 방법도 없었지요. 남은 것은 오직 선양을 위한 절차였습니다. 그런데 전황제의 '사실상의' 시해범 사마소에게 있어서 문제는 선양을 정당화할 명분이 여전히 부족했다는 점입니다. 조조처럼 하북을 통일하여 천하의 상당 부분을 안정시킨 것도 아니었으니까요. 그리하여 이제

20) 陳壽, 『三國志』 卷四 「魏書 · 三少帝紀」, 裴松之 注 『漢晉春秋』.

21) 임금이 쓰는 이름자를 피하게 하는 것.

그는 **'촉한 정벌'**이라는 새로운 목표에 온 힘을 집중합니다.

263년 5월이 되자, 사마소는 자신의 지휘하에 등애鄧艾, 197-264, 종회, 제갈서諸葛緖를 파견하여 촉한 정벌을 시작합니다. 중간에 종회의 고발로 인해 송환된 제갈서를 제외하고, 등애와 종회는 파촉의 주요 거점들을 차례차례 함락시키지요. 그리고 그해 11월, 등애는 유비의 아들 유선劉禪, 207-271의 항복을 받아내 촉한을 멸망시킵니다. 그러다 264년 정월, 야심가 종회는 등애를 체포하고 지난달에 사망한 곽태후의 유조遺詔를 참칭하면서 항복한 장수 강유姜維, 202-264와 더불어 사마소에 대항하는 반란을 일으키지만, 그들은 곧바로 토벌되어 살해됩니다. 그 혼란의 와중에 반역 혐의로 압송되던 등애, 등충鄧忠 부자 역시 마찬가지의 운명에 처합니다. 그리고 등애의 나머지 아들들도 모두 낙양에서 살해당합니다.

이렇게 **촉한 정벌의 공적을 세운 장수들이 자멸한 상황에서, 그 공이 모두 사마소에게 돌아간 것**은 어쩌면 당연한 일인지도 모릅니다. 그동안 여러 차례의 거절 끝에 263년 10월 드디어 진공의 작위를 받은 사마소는, 촉한 정벌의 공을 인정받아 264년 3월 진왕晋王에 오릅니다. 이제 황제의 자리까지 한 발짝만 남겨둔 상태였지요. 264년 10월 사마소의 아들 사마염司馬炎, 236-290이 진왕의 세자로 임명되며, 이듬해 5월 그는 세자에서 태자로 격상됩니다. 그리고 265년 8월 사마소가 죽자, 사마염이 사마소의 왕위와 관직을 계승합니다. 마치 한·위 교체 직전처럼 말이지요.

265년 12월 13일,[22] 조환은 선양의 예에 따라 사마염에게 제위를 넘겨

22) 양력으로는 266년.

주고 진류왕陳留王으로 강등됩니다.[23] 그리고 이틀 후인 15일, 20세의 조환은 금용성金墉城으로 자리를 옮겼고, 이후에는 조씨 황실의 본거지였던 업성의 관사에서 기거합니다. **이렇게 위나라의 천하는 끝을 맺습니다.**

그 후 280년, 폭정을 일삼던 오나라의 손호孫皓, 242-284가 진나라 군대에 항복함으로써 삼국시대가 완전히 마감됩니다.

하후씨 일족의 한 여성, 진나라 황실을 무너뜨리다?

다시 조비의 운명을 예언했던 주건평의 이야기로 되돌아가 보겠습니다. 주건평은 하후연의 4남 하후위夏侯威에게 말하기를, 당신은 49세에 액운을 당하지만, 만일 그 고비만 잘 넘긴다면 70세까지 살고 관직은 공보公輔[24]에 이른다고 알려 줍니다. 그런데 하후위는 49세가 되던 해 12월 상순에 병을 얻자, 주건평의 말처럼 자신이 죽을 거라 예상하고 유언을 남기고 상을 치를 준비까지 시킵니다. 그런데 하순에 병이 호전되자 12월 30일(음력 말일) 아예 잔치까지 벌이지요. 남은 하루 정도는 무사히 넘기리라 확신하면서……. 하지만 바로 그날 밤 하후위는 잠을 자다가 병이 도져서 세상을 떠납니다.

이 하후위의 손녀 하후광희夏侯光姬가 바로 동진東晉의 초대 황제 사마예司馬睿, 276-322의 모친이지요. 그녀는 태어날 때부터 빛이 나고, 총명할

23) 다른 조씨 황족들도 진나라가 들어서면서 한 단계씩 작위가 강등됩니다. 대표적으로 폐위된 조방의 경우, 이때 소릉공邵陵公으로 다시 한번 격하되지요. 다만, 조환은 사망한 지 1년 후인 303년, 원황제元皇帝라는 시호가 추서追敍됨으로써 죽고 난 다음 제위에 복귀합니다.

24) 공보는 임금을 보좌하는 '삼공과 사보四輔', 즉 재상급 관직을 의미합니다.

뿐만 아니라 지혜로웠다고 합니다. 또한 그녀의 아버지 하후장夏侯莊은 부인 양씨羊氏가 사마사의 세 번째 부인 경헌황후景獻皇后 양휘유羊徽瑜와 사촌자매였기 때문에 집안도 매우 홍성했다고 전해집니다. 그런데 그런 그녀에게 **진나라 황실을 '실질적으로' 무너뜨렸다는 혐의**가 씌워져 있습니다. 도대체 이게 무슨 일일까요?

공손연의 반란을 진압하던 무렵, 사마의는 함께 참전한 장군 우금牛金을 경계했는데, 왜 그랬냐면 바로 **'말 다음에 소가 온다.'**라는 이야기가 퍼지고 있었기 때문입니다. 이를 꺼림직하게 여긴 사마의는 우금을 아예 독살해 버립니다. 사마의로서는 이로써 예언이 방지되었다고 판단했겠지요.

그런데 오랜 세월이 흐르고, 사마주 -조모를 처음으로 막아섰던 사마소의 동생- 의 아들이자 하후광희의 남편인 낭야공왕琅邪恭王 사마근司馬覲, 256-290에게 똑같은 이름의 하급관리 우금牛金이 있었습니다. **그리고 하후광희가 이 우금과 바람을 피워 사마예를 낳았다는 것입니다!**

그리고 제2대 진 혜제晉 惠帝 사마충司馬衷, 259-307 시대에 이르러 사마씨 황족들은 그동안 자신들의 적을 무자비하게 베는 데 썼던 칼날을 이제 서로를 향해 겨누게 되지요. 황후 가남풍賈南風, 256-300의 전횡 그리고 팔왕의 난(291-306)까지 터지자 진나라의 통치 기반 자체가 붕괴 수준에 처합니다. 더욱이 황실 내부의 권력 투쟁에 이민족까지 끌어들인 결과, 중원은 완전히 그들 손에 넘어가지요(영가의 난). 그리하여 사마씨 황족들은 황제들까지 잇따라 처형될 정도로[25] 거의 남아나지 않게 되었고, 그나마

25) 제3대 황제 회제懷帝 사마치司馬熾는 313년, 제4대 황제 민제愍帝 사마업司馬鄴은 318년 처형됩니다.

혼란의 틈바구니 속에서 강남으로 탈출한 사마예에 의해 진나라는 동진으로 재건된 것입니다.

지금까지의 내용은 곧, **진나라 황실의 실제 혈통은 동진 시대에 이르러 사마씨에서 우씨로 넘어갔다는 뜻이지요.** 그런데 이게 과연 믿을 만한 이야기일까요? 문제는 이 내용이 엄연히 국가 공인 역사서인 『진서晉書』나 『위서魏書』에 버젓이 수록되었다는 것입니다. 특히 『위서』에서는 사마예를 두고 '참진사마예僭晉司馬叡', 즉 '진나라 황실을 참칭하는 자'라고 명시적으로 표현할 정도이지요.

이러한 사마예의 출생의 비밀에 관해서는 오랜 세월 논의가 분분한데, 특히 우리나라에서도 제법 흥미로운 역사적 논쟁거리로 자리 잡게 되었습니다. 그중 대표적으로 이익李瀷, 1681-1764은 『성호사설星湖僿說』에서 이러한 내용이 전혀 사실이 아니라고 주장한 반면, 정약용丁若鏞, 1762-1836은 『여유당전서與猶堂全書』를 통해 사마예가 실제로는 우씨가 맞다고 판단하지요.

그 시절에 유전자 검사가 있던 것도 아니고, 결국 사마예의 출생의 비밀은 기록과 추론에 의존할 수밖에 없습니다. 그리고 글쓴이는 개인적으로 '말 다음에 소가 온다.'라는 이야기처럼 사마예의 친부는 우금이라고 판단합니다. 그에 대한 가장 강력한 증거는 물론 사서에 적힌 기록이지요.

그뿐만 아니라 하후광희의 입장을 고려하더라도 그것은 충분히 가능한 이야기입니다. 그녀로서는 어린 시절 분명히 위나라가 어떤 식으로 멸망하였고, 그 와중에 조씨, 하후씨 황족들이 사마씨의 폭정으로 얼마나 많은 희생을 치르고 고초를 겪어야만 했는지를 익히 들어서 정확히 인식하고 있었을 것입니다. 그녀는 매우 총명하고 지혜로운 여성이었으니까요. 더군다나 자신의 고모뻘 되는 하후휘가 사마사에게 독살당했다는 사실까지 인지했다면, 비록 자신은 배경 덕택에 진나라에서 매우 유복한 삶을 누리고 있었다 하더라도 결코 사마씨 황족들을 신뢰하지 않았을 것입니다. -팔왕의 난 당시 배신에 배신을 거듭한 사마씨 황족들의 행태는 너무나도 유명하지요.- 또한 『군주론The Prince』을 통해 "새로운 은혜가 주어졌다고 위대한 인물이 해묵은 원한을 잊어버릴 수 있다고 믿는 자는 기만당한 것이다."라고 지적한 니콜로 마키아벨리Niccolò Machiavelli의 말처럼,[26] 그녀 역시 겉으로 내색하지만 않았지 그들에 대한 증오와 복수심에 사로잡혀 있었을지도 모를 일입니다. 아무리 자유연애 개념이 전혀 없던 시절이라 하더라도, 그녀가 원수의 집안인 사마씨 황실 청년에게 적개심이 아니라 호감을 갖고 있었으리라 가정하는 것이 오히려 더욱 이상하지 않을까요? 만일 그런 심정으로 혼인 생활을 시작했다면, 남편이 봉국을 비운 틈을 타 가까이서 자신을 모시는 관리와 스캔들을 일으키는 것이 전혀 얼토당토 않는 추측에 불과할까요?

역사의 인과응보

유혈이 낭자한 권력 투쟁 끝에 제위를 강탈한 진나라 사마씨 황실. 그들의 결말은 '**인과응보**因果應報'라는 단어밖에 생각나지 않게 합니다.

집안 내력인 주체할 수 없는 권력욕과 특유의 잔혹함으로 말미암아 사

---

26) Nicolo Machiavelli, *The Prince*, p.36(Chapter VII).

마씨 황실은 스스로 멸문에 가까운 참화를 입었으며, 강남으로 도피한 이후에도 황제들은 거의 대부분이 단명했고, 권신들의 횡포에 끊임없이 휘둘렸습니다. 거기다 만일 사마예에 대한 『진서』나 『위서』의 기록이 정확하다면, 황조로서의 그들의 계통은 실제 서진西晉 4대로 이미 종식돼 버린 것이나 마찬가지입니다. 그리고 이는 5대까지 갔던 위나라보다도 못한 실적이라 말할 수 있습니다. 더군다나 동진이 망할 때부터 중국 역사상 '선양한 황제는 모두 죽는다.'라는 무시무시한 선례까지 시작되었지요.[27] 이는 한 헌제 유협과 위 원제 조환이 선양 이후에도 천수天壽를 누렸다는 사실과도 극단적으로 비교되는 모습입니다.

결국 사마씨 일족들은 역사 속에서 자신들이 저지른 잔악 행위에 대한 대가를 철저히 치르게 되었던 것입니다.

27) 선양한 전황제를 죽이는 선례는 송나라 조광윤趙匡胤이 선양받을 때 비로소 끝이 납니다.

4 영국 여왕 엘리자베스 2세는 예언자 무함마드의 후손인가?

인간을 다스려왔거나 다스리고 있는
모든 국가들, 모든 통치체들은 공화국이거나 군주국이다.
- 니콜로 마키아벨리Niccolò Machiavelli, 『군주론』 제1장 첫머리

오늘날 대부분의 주권 국가들은 공화국을 천명하고 있습니다. 20세기 초까지 대세였던 군주제는 제1·2차 세계대전과 공산주의의 확산 그리고 제3세계 식민지들의 잇따른 독립의 결과로, 2020년 현재 44개국에서만 채택되고 있지요.

① 영국 여왕 엘리자베스 2세. 뉴질랜드 군주의 휘장을 패용한 모습처럼, 그녀는 다른 영연방 왕국 15개국의 국왕도 겸합니다.

현존하는 군주제 국가들 중에서 가장 두드러진 나라를 지목한다면, 단연 영국을 꼽을 수 있습니다. 일단 영국은 최전성기에 지구상의 육지

면적의 4분의 1가량을 차지하기도 했던 나라이니만큼, 이미 제국주의 시절이 끝난 지금에 있어서도 영국 여왕 엘리자베스 2세Elizabeth II, 1926. 4. 21.생는 본국뿐만 아니라 다른 영연방 왕국Commonwealth realms 15개국의 국왕까지 겸하고 있답니다.

〈표 2〉 영연방 국가Commonwealth of Nations 목록

지역	영연방 국가(총 54개국)*	합계
아프리카	가나, 감비아, 나미비아, 나이지리아, 남아프리카 공화국, 레소토, 르완다, 말라위, 모리셔스, 모잠비크, 보츠와나, 세이셸, 시에라리온, 에스와티니 왕국(이전 명칭: 스와질랜드 왕국), 우간다, 잠비아, 카메룬, 케냐, 탄자니아	19개국
아시아	말레이시아, 몰디브, 방글라데시, 브루나이, 스리랑카, 싱가포르, 인도, 파키스탄	8개국
아메리카	가이아나, **그레나다**, 도미니카 연방, **바하마**, **바베이도스**, **벨리즈**, **세인트루시아**, **세인트빈센트 그레나딘**, **세인트키츠 네비스**, **앤티가 바부다**, **자메이카**, **캐나다**, 트리니다드 토바고	13개국
유럽	몰타, **영국**, 키프로스	3개국
오세아니아	나우루, **뉴질랜드**, 바누아투, 사모아, **솔로몬 제도**, 키리바시, 통가, **투발루**, **파푸아뉴기니**, 피지, **호주**	11개국
* 굵은 글씨체의 국가들은 엘리자베스 2세를 국왕으로 삼고 있는 나라입니다.		

또한 엘리자베스 2세는 1952년 2월 6일 즉위한 이래, 현재까지 생존해 있는 군주들 가운데 가장 오랜 기간인 68년 동안 국왕으로 재위하고 있으며, 만 94세로 최고령의 국왕이기도 합니다. 게다가 수백 년 전 중세 시대까지 그 연원을 거슬러 올라갈 수 있는 유서 깊은 여러 유럽 왕가들과 마찬가지로, 영국 왕실과 엘리자베스 2세의 혈통도 오랜 역사를 자랑하지요.

튜더 왕조의 창시자 헨리 7세의 후손

엘리자베스 2세의 뿌리를 추적하기 위해서는 일단 영국 왕실의 계보에 대해 간략히 설명할 필요가 있습니다.

② 튜더 왕조의 창시자 헨리 7세

랭커스터 왕가House of Lancaster에서 사실상 유일하게 살아남은 방계 후손 헨리 7세Henry VII, 1457-1509. 그는 보스워스 필드 전투Battle of Bosworth Field를 통해 폭군 리처드 3세Richard III, 1452-1485를 패사敗死시키고 잉글랜드 왕위에 등극하여 **튜더 왕가**House of Tudor를 창시합니다. 곧이어 에드워드 4세Edward IV, 1442-1483의 딸 요크의 엘리자베스Elizabeth of York와 혼인하여 랭커스터 왕가와 요크 왕가House of York 사이에 30년 동안 지속된 장미전쟁Wars of the Roses을 종식시키지요.

헨리 7세의 사후, 6번의 결혼과 영국 국교회의 창설로 유명한 헨리 8세Henry VIII, 1491-1547가 즉위하지요. 그의 적자녀嫡子女 셋은 왕위에 오르지만, 엘리자베스 1세Elizabeth I, 1533-1603의 치세를 끝으로 헨리 8세의 직계는 끊어집니다.

이제 잉글랜드의 왕위는 스코틀랜드의 **스튜어트 왕가**House of Stuart로 넘어갑니다. 헨리 7세의 장녀 마거릿 튜더Margaret Tudor로부터 튜더 왕가의 혈통을 이어받은 스코틀랜드의 제임스 6세James VI, 1566-1625는 1603년 잉글랜드 국왕 제임스 1세James I로 즉위하지요. 이때부터 잉글랜드와 스코틀랜드는 독립된 국가들이 동일한 군주를 섬기는 국가형태인 '동군연합同君聯合' 상태에 들어가고, 스튜어트 왕가의 마지막 국왕 앤 여왕Queen Anne, 1665-1714이 통치하던 1707년 5월 그레이트브리튼 왕국Kingdom of Great Britain이라는 이름으로 통합될 때까지 그러한 상태는 계속됩니다.

한편, 스튜어트 왕조 시절은 전제군주와 의회 사이의 극심한 대립이 바야흐로 절정에 달했던 시기입니다. 이 책의 다른 부분에서 다시 살펴보겠지만, 양측의 대결은 명예혁명Glorious Revolution을 통해 의회의 최종적인 승리로 막을 내리게 되고, 그 결과 영국에서는 입헌군주제가 정착됩니다.

그런데 문제는 명예혁명으로 제임스 2세James II, 1633-1701를 쫓아내고 공동으로 왕위에 오른 메리 2세Mary II, 1662-1694와 윌리엄 3세William III, 1650-1702, 그리고 그다음에 왕위를 승계한 앤 여왕까지 모두 후사가 없었다는 점입니다. 일반적인 계승원칙에 따르면 이제 왕관은 제임스 2세의 적자嫡子 제임스 프랜시스 에드워드James Francis Edward에게 돌아가야 마땅하겠지만, 명예혁명의 전복과 가톨릭 왕조의 부활을 방지한다는 목적으로 1701년 왕위계승법Act of Settlement 1701이 통과되어 그의 왕위 계승권이 원천적으로 배제됩니다. 이로써 1714년 앤 여왕의 사후, 제임스 1세의 외손녀 조피Sophie의 아들인 하노버 선제후 조지가 조지 1세George I, 1660-1727로서 즉위하여 **하노버 왕가**House of Hanover를 시작합니다.

물론, 하노버 왕가는 지속적으로 제임스 2세의 남계 후손을 지지하는 자코바이트Jacobite[1] 세력의 도전을 받았답니다. 특히 1715년과 1745년에는 대규모 반란이 발생하기도 했지요. 그렇지만 1746년 제임스 프랜

1) 자코바이트라는 명칭은 제임스 2세의 라틴어 이름 야코부스Jacobus에서 유래합니다.

시스 에드워드의 아들 찰스 에드워드Charles Edward가 스코틀랜드 컬로든Culloden에서 완패하고 프랑스로 도주함에 따라, 스튜어트 왕가의 복위를 꾀하던 자코바이트 운동은 정치적 운명을 다하게 됩니다.

자코바이트의 반란 이후에는 영국 왕실의 후계 구도가 비교적 순탄하게 진행되지요. 하노버 왕가는 네 명의 조지 왕을 거쳐 윌리엄 4세William IV, 1765-1837 그리고 하노버 왕가의 마지막 국왕이자 대영제국의 전성기를 구가한 빅토리아 여왕Queen Victoria, 1819-1901으로 이어집니다. 빅토리아 여왕은 작센-코부르크-고타의 앨버트Prince Albert of Saxe-Coburg and Gotha와 혼인하였는데, 이 둘 사이에서 태어난 장남 에드워드 7세Edward VII, 1841-1910가 부계 쪽 성을 따름으로써 그는 **작센-코부르크-고타 왕가**House of Saxe-Coburg and Gotha의 초대 국왕이 되었답니다. 그리고 에드워드 7세의 첫째 아들 앨버트 빅터Albert Victor가 28살의 나이에 일찍 사망했기 때문에 둘째 조지 왕자가 조지 5세George V, 1865-1936로 즉위하게 된 것입니다.

조지 5세는 현 국왕 엘리자베스 2세의 할아버지입니다. 그런데 엘리자베스 2세는 **윈저 왕가**House of Windsor이지요. 사실 윈저 왕가는 원래 독일계 뿌리를 지닌 작센-코부르크-고타 왕가가 명칭만 바꾼 것입니다. 이렇게 가문명이 바뀌게 된 계기는 제1차 세계대전의 발발과 국내의 반독反獨 감정으로 인해 1917년 조지 5세가 왕가의 이름을 영국식으로 변경했기 때문이지요.

1936년 1월 조지 5세의 사후, 엘리자베스 2세의 큰아버지 에드워드 8세Edward VIII, 1894-1972가 즉위합니다. 하지만 미국 출신 이혼녀 윌리스 심프슨 부인Wallis Warfield Simpson과의 결혼 문제로 인해 그는 그해 12월 결국 왕위에서 물러나고, 엘리자베스 2세의 아버지 조지 6세George VI, 1895-1952

가 즉위합니다. 그리고 1952년 이래, 엘리자베스 2세가 영국의 국왕으로 재위하고 있습니다.

결론적으로 튜더 왕조의 창시자 헨리 7세는 그 이후에 즉위한 모든 영국 왕들의 조상이 됩니다.[2] 현 국왕 엘리자베스 2세도 당연히 그의 후손이지요. 물론, 헨리 7세보다도 계보를 더 거슬러 올라가면 역사적으로 유명한 여러 군주들을 만날 수가 있답니다. 예를 들어, 9세기 잉글랜드 통일의 기틀을 마련한 알프레드 대왕Alfred the Great, 11세기 노르만Norman의 정복왕 윌리엄William the Conqueror 등이 대표적이지요.

다만, 이들은 모두 영국사의 주역들이라는 점에서는 공통적입니다. 그런데 **엘리자베스 2세가 영국과는 거리상으로 머나먼 아라비아 반도에서 7세기 초에 이슬람을 창시한 예언자 무함마드**Prophet Muhammad, 약 570-632**의 직계 후손이라는 이야기**는 도대체 어떻게 등장했을까요? 사실 이 이야기를 처음 접하시는 분들이라면, 선뜻 이해하고 수긍하기보다는 오히려 당혹스러움을 느끼실 것이라 생각합니다. 그렇지만 이는 아무런 근거도 없이 함부로 제기되는 주장이 아닙니다. 그리고 이 내용을 보다 자세히 다루기 위해서는 이슬람과 기독교가 혼재하던 중세 스페인으로 우리의 시선을 옮겨야 합니다.

---

2) 다만, 메리 1세Mary I와 혼인하여 공동왕(재위: 1554-1558)이 된 스페인의 펠리페 2세Felipe II는 여기에서 제외됩니다.

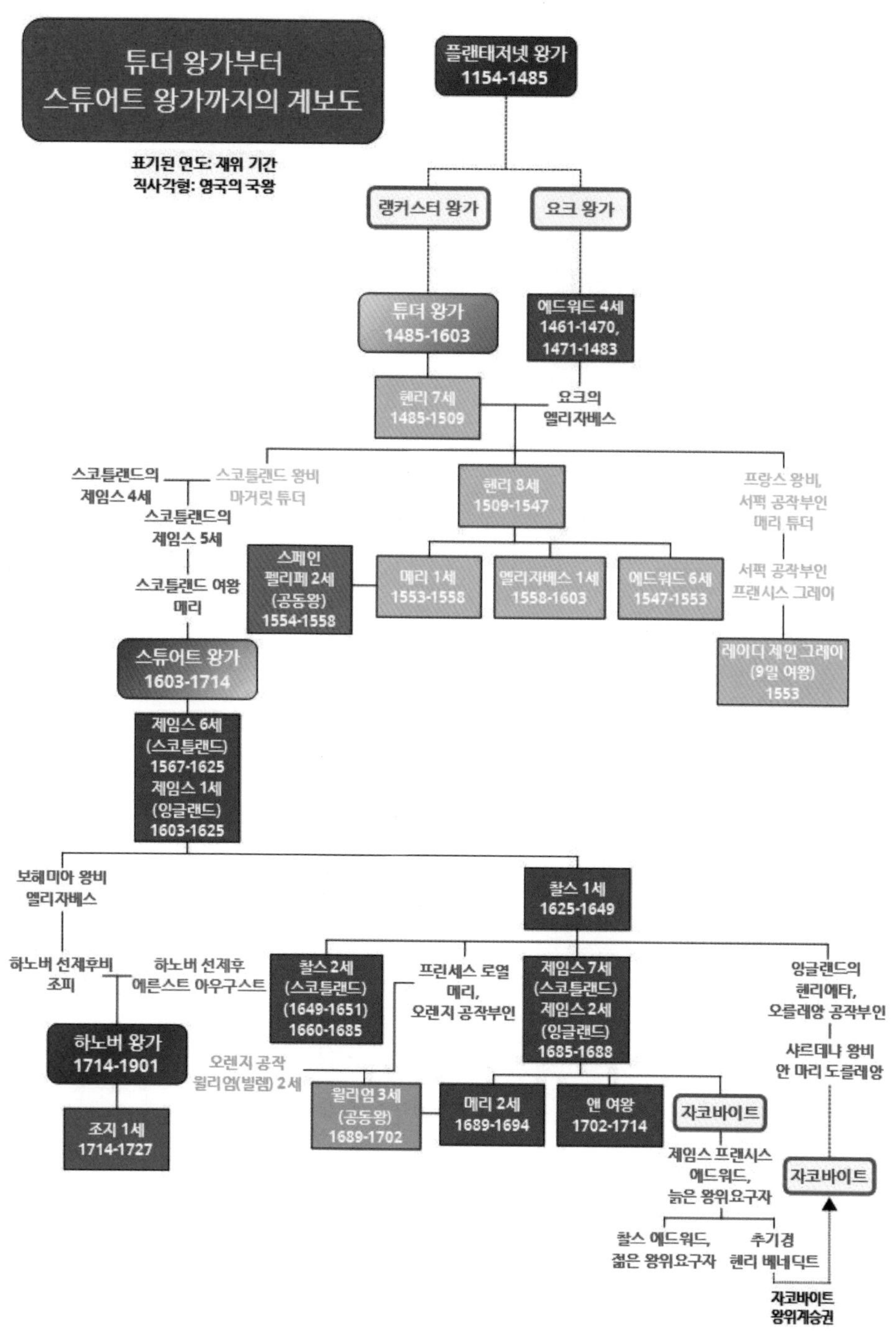

튜더 왕가부터
스튜어트 왕가까지의 계보도
표기된 연도: 재위 기간
직사각형: 영국의 국왕
플랜태저넷 왕가
1154-1485
랭커스터 왕가
요크 왕가
튜더 왕가
1485-1603
에드워드 4세
1461-1470,
1471-1483
헨리 7세
1485-1509
요크의
엘리자베스
스코틀랜드의
제임스 4세
스코틀랜드 왕비
마거릿 튜더
헨리 8세
1509-1547
프랑스 왕비,
서퍽 공작부인
메리 튜더
스코틀랜드의
제임스 5세
스페인
펠리페 2세
(공동왕)
1554-1558
메리 1세
1553-1558
엘리자베스 1세
1558-1603
에드워드 6세
1547-1553
서퍽 공작부인
프랜시스 그레이
스코틀랜드 여왕
메리
스튜어트 왕가
1603-1714
레이디 제인 그레이
(9일 여왕)
1553
제임스 6세
(스코틀랜드)
1567-1625
제임스 1세
(잉글랜드)
1603-1625
보헤미아 왕비
엘리자베스
찰스 1세
1625-1649
하노버 선제후비
조피
하노버 선제후
에른스트 아우구스트
찰스 2세
(스코틀랜드)
(1649-1651)
1660-1685
프린세스 로열
메리,
오렌지 공작부인
제임스 7세
(스코틀랜드)
제임스 2세
(잉글랜드)
1685-1688
잉글랜드의
헨리에타,
오를레앙 공작부인
하노버 왕가
1714-1901
오렌지 공작
윌리엄(빌렘) 2세
샤르데냐 왕비
안 마리 도를레앙
윌리엄 3세
(공동왕)
1689-1702
메리 2세
1689-1694
앤 여왕
1702-1714
자코바이트
조지 1세
1714-1727
제임스 프랜시스
에드워드,
늙은 왕위요구자
자코바이트
찰스 에드워드,
젊은 왕위요구자
추기경
헨리 베네딕트
자코바이트
왕위계승권

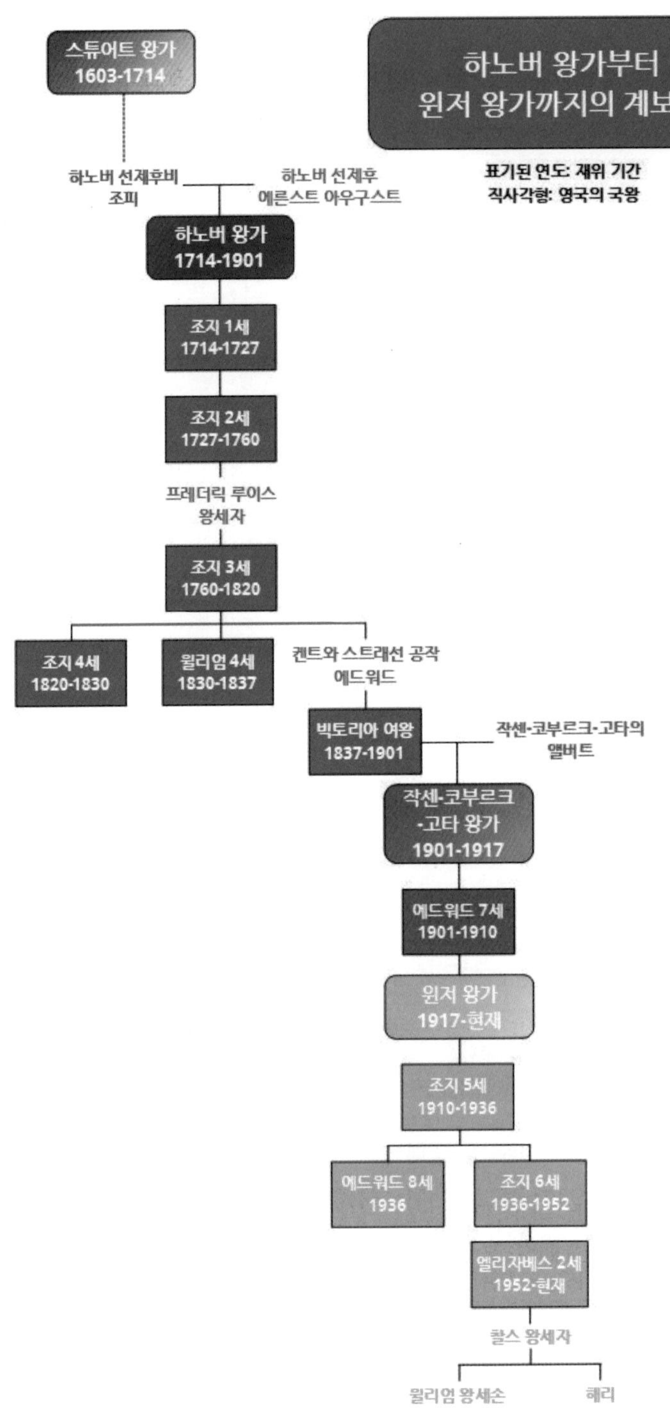
하노버 왕가부터
윈저 왕가까지의 계보도
표기된 연도: 재위 기간
직사각형: 영국의 국왕
스튜어트 왕가
1603-1714
하노버 선제후비
조피
하노버 선제후
에른스트 아우구스트
하노버 왕가
1714-1901
조지 1세
1714-1727
조지 2세
1727-1760
프레더릭 루이스
왕세자
조지 3세
1760-1820
조지 4세
1820-1830
윌리엄 4세
1830-1837
켄트와 스트래선 공작
에드워드
빅토리아 여왕
1837-1901
작센-코부르크-고타의
앨버트
작센-코부르크
-고타 왕가
1901-1917
에드워드 7세
1901-1910
윈저 왕가
1917-현재
조지 5세
1910-1936
에드워드 8세
1936
조지 6세
1936-1952
엘리자베스 2세
1952-현재
찰스 왕세자
윌리엄 왕세손
헨리

중세 스페인, 공존과 대립이 교차하던 입체적 공간

오늘날 스페인은 대표적인 가톨릭 국가 중 하나이며, 역사적으로도 레콩키스타Reconquista,[3] 아즈텍Aztec · 잉카Inca 제국의 정복, 악명 높은 종교재판Inquisición, 네덜란드 · 영국 등 개신교 국가들과의 전쟁을 거치면서 가톨릭 세계의 수호자 이미지가 강하게 남아 있습니다. 그러나 중세 스페인은 우리가 머릿속으로 흔히 그리는 이런 획일적인 모습과는 확연히 다른 공간이었습니다.

711년 아랍의 우마이야 왕조Umayyad Caliphate의 원정대가 지브롤터 해협을 건너와 비시고트Visigoth: 서고트, 고대 게르만족의 일파 왕국을 정복한 이래로, **약 3세기 동안 스페인 대부분 지역은 이슬람의 지배하에 놓여 있었습니다.** 그리고 우마이야 왕조의 멸망 이후, 몰살당한 왕가의 몇 안 남은 후손으로서 시리아를 극적으로 탈출하고 아바스 왕조Abbasid Caliphate의 추적을 피해 스페인에까지 도피한 아브드 알-라흐만 1세Abd al-Rahman I, 731-788가 756년 코르도바Córdoba에서 왕조를 새롭게 계승하고(후우마이야 왕조), 또한 929년부터 그의 후예들이 칼리프Caliph[4]를 칭할 정도로 번성하면서 이베리아 반도는 이슬람 세계의 또 하나의 중심지가 되었답니다.

특히 알-안달루스al-Andalus: 이슬람 지배하의 이베리아 반도 남부 지방에 위치한 코

---

3) 레콩키스타는 직역하자면 '재정복'이라는 뜻으로, 8세기 초 이슬람의 이베리아 반도 지배 이래 이베리아 반도 북부에 위치한 기독교 국가들이 남부에 터를 잡은 이슬람 세력을 몰아내는 지속적인 과정을 의미합니다. 콜럼버스Christopher Columbus가 아메리카 대륙을 발견한 1492년, 스페인 연합왕국이 이슬람 최후의 거점이었던 그라나다 왕국을 정복함으로써 레콩키스타는 완수됩니다.

4) 칼리프는 이슬람 세계의 정치 · 종교적 최고지도자로서, 예언자 무함마드의 공식적인 후계자를 의미합니다.

르도바 칼리프국Caliphate of Córdoba은 9-10세기에 이르러 중동의 선진적인 지식과 문명을 계승·발전시키고, 이슬람 세계 전역에 걸친 무역망을 구축함으로써 경제와 문화, 학문과 예술의 전성기를 구가합니다. 그리고 이 시기 수도 코르도바는 인구 50만 명 이상, 최대 100만 명의 거대도시로 성장하였고, 더욱이 지식의 보고寶庫로서 80개에 달하는 도서관에는 무려 40만 권이 넘는 장서를 소장하고 있었지요. 오죽했으면 서유럽의 기독교도들조차 그리스 고전, 수학·과학·천문학 등 앞선 학문과 기술을 연마하기 위해 이슬람 도시인 이곳으로 유학하러 왔겠습니까? 이런 탄탄한 사회경제적 기반이 조성된 코르도바였기 때문에, 화려하고 세련된 궁정문화도 아름답게 꽃필 수 있었겠지요.

이베리아 반도의 약 4분의 3에 달하는 지역은 이처럼 발달된 이슬람 문화의 혜택을 누렸습니다. 반면에 718년 비시고트의 잔존 세력이 이슬람 측의 공세를 막아내고 스페인 북서부에 아스투리아스 왕국Kingdom of Asturias을 세운 이래로, 경제·문화적으로 낙후되고 세력도 미약하던 기독교 국가들은 이베리아 반도 북부 지방의 험준한 산악 지대에 기대어 끈질기게 버티고 있었습니다. 그들의 성장은 매우 점진적이고 더디게 진행되었으며, 때로는 남쪽에서 쳐들어 온 이슬람 약탈자들의 손에 커다란 피해를 보기도 했답니다. 그럼에도 불구하고 그들의 영역은 시간이 지날수록 점차 남부 지방으로 확대되는 추세였지요.

한편, **중세 스페인은 공존과 대립의 양상이 끊임없이 교차하던 입체적 공간**으로 정의할 수 있을 것입니다. 일단 공존의 측면으로는, 이슬람 지배하의 알-안달루스에서 기독교도나 유대인이 아랍어를, 아랍인이 기독교도가 사용하는 중세 로망어를 유창하게 사용할 수 있을 정도로 다중

언어 생활에 능숙했다는 점을 들 수 있습니다. 또한 이슬람교도가 와인을 즐기고, 모사라베Mozárabe: 아랍인의 생활 방식과 문화를 받아들인 기독교도들은 이슬람의 축제에 함께 참여하는 등, 서로의 문화가 상호 침투되는 상황도 연출되었답니다. 게다가 모사라베들과 유대인들이 아랍인의 궁정에서 고관대작의 자리에도 오르는 경우도 종종 발생했지요. 이러한 당시의 모습을 두고, 아브라함Abraham 계통의 세 종교가 관용의 정신으로 융합된 평화로운 공존의 사회, 즉 '**콘비벤시아**Convivencia'로 부르기도 합니다.

하지만 공존의 측면만을 강조하여 대립의 양상을 부정하거나, 또는 중세 스페인에서 이른바 '다문화 유토피아Multicultural Utopia'가 실현되었다고 단정 짓는 것은 매우 섣부른 결론일 뿐입니다. **당시 알-안달루스의 기독교도나 유대인들의 종교적 자유는 제한된 수준에 불과했지요.** 새로운 교회를 건축하는 일, 교회의 종을 울리는 일, 그리고 공식적으로 종교 행렬을 거행하는 일은 모두 금지되었답니다. 이로써 이교도가 자신들의 종교를 대중들에게 적극적으로 포교하는 행위는 원천 봉쇄됩니다. 또한 기독교도나 유대인은 이슬람교도와 확연히 구분되는 의상을 착용해야만 했으며, 게다가 이슬람 서적을 기독교도나 유대인에게 팔거나, 기독교도나 유대인 의사가 이슬람교도를 진료하는 일도 허용되지 않았지요. 그리고 이슬람교도는 피지배층인 기독교도나 유대인의 하인이 될 수도 없었습니다.

이렇듯 종교는 법적 지위를 가르는 중요한 척도가 되었으며, 그리하여 알-안달루스에서 이슬람교도와 이교도 사이의 법적 차별은 엄연히 존재했습니다. 그리고 심한 경우 종교적 갈등이 극단적으로 분출한 사례도 있었는데, 그 대표적 사건이 바로 1066년 그라나다Granada에서 발생한 유대인 학살입니다. 그럼에도 불구하고 11세기 알-안달루스 사회는 유대인에게 비교적 관대한 분위기가 조성되었고, 특히 기독교 세계나 북아프리카 모로코의 경우와 비교해서는 확실히 우호적이었다고 평가될 수 있지요. 그 밖에 기독교 스페인 사회에서 무데하르Mudéjar: 이베리아 반도 내 기독교 지배하의 이슬람교도나 유대인들도 최소한 그들이 쓸모 있는 존재로 남아 있는 한 용인될 수 있었습니다.

결국 중세 스페인에서 나타난 콘비벤시아의 실체란 다음과 같이 정리할 수 있습니다. 일단 현대적인 평등 관념을 중세 스페인에 일의적으로 적용시키는 것은 확실히 무리이며, 상호 대립과 차별은 어느 쪽에서나 상당한 수준으로 존재했지요. 그렇지만 이를 새뮤얼 헌팅턴Samuel Phillips Huntington식의 '문명의 충돌'이라는 관점으로 파악하는 것도 지나친 해석입니다. 즉, **상대방을 완전한 배척과 타도의 대상으로 삼기보다는, 오히려 종교와 문화의 경계를 넘나드는 '이해'와 '신뢰'를 바탕으로 서로가 서로에게 '필요'한 만큼 상대방을 '용인'해 주는 사회**였다고 판단하는 것이 바람직할 것입니다.

물론, 이러한 관용과 공존의 배경에는 아랍인 정복자가 아무래도 수적으로 열세였으며, 같은 이슬람교도들이라 하더라도 출신 성분에 따라 제각기 분열된 집단으로 남아 있었다는 지극히 현실적인 이유도 작용했으리라 봅니다. 그렇지만 중세 스페인 사회에서 콘비벤시아의 전통이 오래도록 유지되었기 때문에, 기독교와 이슬람 세력 사이의 역사적으로 흔치 않은 협력 관계도 이곳에서 자연스럽게 형성될 수 있었던 것입니다.

칼리프 체제의 종말

한편, **이베리아 반도에서의 이슬람 세력의 우위는 11세기 초 알-안달루스에서 벌어진 정치적 격변들로 인하여 극적으로 뒤바뀌게 되었습니다.** 1008년부터 1010년 사이에 북아프리카 출신 베르베르인Berbers들이 대대적인 반란을 일으켰지요. 베르베르인들은 아랍인 집권자들과 이슬람을 믿는다는 점에서는 동일했지만, 사실 이 두 집단 사이에는 인종·언어·문화적 측면에서 상당한 이질성이 존재했습니다. 특히 이슬람의 스페인 정복 과정에서 아랍인들은 지배계급으로서 남부 노른자위 땅을 차지한 반면에, 주로 하층 군인 계급을 형성한 베르베르인들은 피레네 산맥 인근의 변경 지역을 하사받는 식이었지요. 더욱이 아랍인들은 예언자 무함마드와 혈연적으로 가까운 관계라는 점을 강조하면서, 자신들보다 역사적·문화적으로 뒤처졌다는 이유로 베르베르인들을 멸시하고는 했답니다.

게다가 둘 사이의 거리감은 종교적 측면에서도 존재했습니다. 이슬람은 원래 아라비아 반도에서 발원했지만, 정작 그곳 출신인 아랍인들은 물질적으로 풍요롭고 이교도들이 뒤섞여 있는 알-안달루스의 지배자로서 보다 개방적이고 관용적인 자세로 통치에 임했지요. 허나 베르베르인들은 북아프리카의 척박한 사막에서 훨씬 더 보수적이고 엄격한 신앙심을 가슴에 품고 이베리아 반도로 건너온 사람들이었으며, 훗날 스페인에 침입하게 될 베르베르족 출신 알모라비드Almoravid, 알모하드Almohad 역시 근본주의적인 종교적 열정으로 똘똘 뭉친 군사조직으로부터 출발한 왕조였지요. 그랬기 때문에 베르베르인들은 당시 통치자들의 세속주

의적 행태를 매우 못마땅하게 여겼던 것입니다.[5)]

베르베르인들의 반란을 기점으로, 칼리프의 권위는 땅바닥에 떨어지고 이베리아 반도 남부는 극도의 혼란에 빠집니다. 그리고 약 20년에 걸친 내전 이후 **1031년 후우마이야 왕조의 마지막 칼리프 히샴 3세**Hisham III, 973-1036**가 폐위되면서, 칼리프 체제는 종말을 고합니다.**

절대강자가 사라진 알-안달루스에서는 이제 독립된 군소 제후국들이 난립한 채로 생존을 위한 처절한 경쟁을 펼칩니다. 마치 고대 그리스의 도시국가들 또는 이후 르네상스 시대 이탈리아의 도시국가들에게서 볼 수 있던 모습처럼 말이지요. 그 숫자가 많게는 23개가 넘었던 이 군소 제후국들은 이른바 '**타이파**taifa'라고 불렸는데, 이 단어는 '분파' 또는 '파당'을 뜻하는 아랍어에서 유래한 말로 과거 알렉산더 대왕 사후 그의 후계자들을 가리킬 때 사용된 적이 있었답니다.

타이파 국가들은 알-안달루스의 패권을 장악하기 위해 수십 년 동안 서로 물고 물리는 권력 투쟁을 계속하지요. 하지만 협소한 영토와 빈약한 군사력에 허덕이던 그들은 북부 기독교 국가들에 손을 벌립니다. 사실 베르베르인들의 반란 당시에도 기독교 국가들은 대립하던 두 이슬람 세력을 모두 지원한 전례가 있었으며, 이제 타이파 국가들에게 군사원조를 제공하면서 **파리아스**parias라는 보호금 명목의 금화를 조공으로 받아 챙기는 수완까지 발휘하지요.

타이파 국가들의 분열과 전쟁은 시간이 지나면 지날수록 북부 기독교

5) 어떠한 종교 또는 사상이 발원지보다 비교적 후기에 도입된 국가나 집단에서 훨씬 더 교조적이고 근본주의적인 성격을 띠는 경우는 자주 볼 수 있는 일입니다. 우리 역사상으로도 12세기 남송의 주희朱熹가 집대성한 성리학이 고려에 전파되고 조선의 지배 이념으로 채택된 다음, 수백 년을 거치면서 이념적으로 교조화된 사례가 있지요.

국가들의 이익이 되었습니다. 특히 기독교 군주들은 이슬람교도들에게서 뜯어낸 보호금을 통해 주변 귀족들에 대한 지배력을 공고히 하고 군비를 재확충하는 한편, 피레네 산맥 너머 프랑스의 클뤼니 수도원Abbaye de Cluny에 지원할 자금까지 마련했답니다. 그리고 이 와중에 두각을 나타낸 인물이 있었으니, 그는 바로 레온León과 카스티야Castile의 국왕 알폰소 6세Alfonso VI, 약 1040-1109입니다.

■ **1065년 스페인** 북부 기독교 왕국과 남부 이슬람 타이파

두 종교의 황제, 알폰소 6세

③ 레온과 카스티야의 알폰소 6세

카스티야와 레온의 왕 페르난도 1세Fernando I, 약 1015-1065의 차남으로 태어난 알폰소 6세는, 1065년 부왕父王의 사후 서고트족의 전통인 **'분할상속제'**에 따라 레온 왕국Kingdom of León을 물려받습니다. 한편 알폰소 6세의 형 산초 2세Sancho II, 1036/1038-1072에게는 카스티야 왕국Kingdom of Castile이, 동생 가르시아 2세García II, 1041/1043-1090에게는 갈리시아 왕국Kingdom of Galicia이 각각 분배됩니다. 그리고 파리아스를 상납받을 권리도 영토에 수반하여 상속되었는데, 레온 왕국은 톨레도 타이파Taifa of Toledo로부터, 카스티야 왕국은 사라고사 타이파Taifa of Zaragoza로부터, 그리고 갈리시아 왕국은 세비야 타이파Taifa of Seville로부터 상납받게 되었지요.

그런데 세 아들이 상속받은 왕국들에 관해 간략히 설명하자면 다음과 같습니다. 일단 레온 왕국은 아스투리아스 왕국의 후신後身으로, 910년 아스투리아스 왕국의 수도가 레온으로 이전되면서 이름이 변경된 것입니다. 레온 왕국은 카스티야 왕국과 동군연합 상태를 거쳐 이후 1230년 공식적으로 카스티야에 병합됩니다.

한편 레온 왕국의 동쪽, 이베리아 반도의 중북부 지방에 위치한 카스티야 왕국의 경우, 스페인 북동부·피레네 산맥 아래에 자리 잡은 아라곤 왕국Kingdom of Aragon과 더불어 현대 스페인의 기초를 건설한 나라입니다. 카스티야라는 명칭은 성채를 뜻하는 스페인어 '카스티요castillo'에서 유래했으며, 이름에서도 짐작할 수 있듯이 이슬람 세력의 침공을 막아내기 위해 변경에 성채를 쌓고 방어를 담당하던 지역이었지요. 그리고 카스티야의 경우 처음에는 레온 왕국의 백작령으로부터 출발했답니다. 그러다 북부 기독교 스페인을 일시적으로 통일하는 위업을 달성한 나바라 왕국Kingdom of Navarre: 바스크 지방에 위치한 국가의 산초 대왕Sancho the Great, 약 992-1035이 이곳을 차지한 뒤, 그의 아들 페르난도 1세 시대에 이르러 왕국으로 승격됩니다.

한편 갈리시아 왕국은 오늘날의 스페인 북서부·포르투갈 북부 지역을 포함하는 국가로, 그 가운데 일부 지역은 알폰소 6세의 외손자 알폰소 7세Alfonso VII, 1105-1157 시대에 포르투갈로 분리됩니다. 가르시아 2세는 공식적으로 '갈리시아와 포르투갈의 국왕King of Galicia and Portugal'을 칭했답니다.

그런데 고대 게르만족의 분할상속제의 운명이 보통 상속인들끼리의 내분으로 귀결되듯이, 이들 국가들을 나누어 받은 세 형제간의 대결도 피할 수 없었습니다. 사실 북부 기독교 국가들을 통합한 아버지 산초 대왕이 네 명의 자식들에게 왕국을 분할상속하는 바람에 페르난도 1세도 레온 국왕이던 처남 베르무도 3세Vermudo III, 약 1017-1037, 그리고 나바라 국왕이던 형 가르시아 산체스 3세García Sánchez III, 약 1012-1054를 각각 전쟁터에서 죽인 끝에 비로소 스페인 북부의 패권을 다시 손에 넣었답니다. 허나 그런 페르난도 1세조차도 동일한 실수를 반복했지요. 그리하여 페르난도 1세의 아들들 역시 지난 세대의 전철을 고스란히 밟게 되었습니다.

알폰소 6세와 산초 2세는 1071년 갈리시아를 침공하여 동생 가르시아 2세를 쫓아냅니다. 그러나 둘 사이의 연합은 순식간에 깨어졌는데, 1072년 1월 알폰소 6세는 산초 2세의 공격을 받아 포로가 되었던 것입니다. 얼마 뒤 큰누나 사모라의 우라카Urraca of Zamora, 1033/1034-1101의 도움으로 감옥에서 탈출한 알폰소 6세는 톨레도 타이파의 통치자 알-마문Yahya ibn Ismail al-Ma'mun의 보호 아래 들어가지요. 이 시기에 그는 톨레도의 궁정에서 이슬람 군주 알-마문과 개인적인 친분을 쌓게 됩니다.

하지만 위기는 곧 기회로 전환되지요. 산초 2세는 두 동생들의 몫을 빼앗은 데 이어, 이번에는 누나 우라카의 영지 사모라Zamora까지도 욕심낸 것입니다. 그러나 지나친 욕심은 언제나 화를 불러오는 것처럼, 1072년 10월 산초 2세는 거짓 귀순한 사모라의 귀족 벨리도 돌포스Bellido Dolfos에게 암살당합니다. 그리하여 알폰소 6세는 9개월 동안의 일시적인 망명 생활을 청산하고 레온의 왕위를 되찾을 수 있었답니다. 더군다나 형의 뒤를 이어 공석이 된 카스티야의 국왕 자리까지 손에 넣을 수 있는 상황이었지요.

문제는 산초 2세의 암살에 알폰소 6세가 개입되었다는 의혹이 제기되었던 것입니다. 물론, 우라카가 이 사건의 배후라는 점은 기정사실이나 다름없습니다. 그런데 우라카는 알폰소 6세를 감옥에서 빼내어 주기도 했고, 산초 2세와 대립하면서 그를 지지했을 뿐만 아니라, 심지어 둘은 근친상간 관계라는 루머까지 공공연히 퍼지고 있었지요. 게다가 산초 2세의 죽음으로 누구보다도 가장 큰 이득을 얻는 사람은 바로 알폰소 6세였답니다. 이런 그에게 의심의 눈초리가 쏠리는 것은 어쩌면 당연한 일이었을 것입니다. 전장에서 혁혁한 공을 세웠으며 산초 2세의 심복이기도 했던 -그리고 우리에게 엘 시드El Cid로 더 잘 알려진- 로드리고 디아스 데 비바르Rodrigo Díaz de Vivar, 약 1043-1099[6]는 아예 알폰소 6세에게 이 사건에 가담하지 않았다고 선언할 것을 요구합니다.

알폰소 6세는 즉위식에서 성서에 손을 얹고 자신이 형을 해치지 않았다고 맹세합니다. 이렇게 하여 알폰소 6세는 카스티야 측 인사들의 거부감을 극복하고 국왕으로 즉위할 수 있었던 것입니다. 사실 엘 시드는 알폰소 6세에게 해명의 기회를 주기 위해 이런 제안을 했던 것이었지만, 알폰소 6세로서는 이를 매우 굴욕적인 처사로 받아들였고, 결국 이때의 일은 두고두고 두 사람 사이에 불신의 골이 깊어지게 한 원인이 되었습니다.

하지만 골육상쟁骨肉相爭의 비극은 아직 하나 더 남았답니다. 알폰소 6세는 이듬해인 1073년 2월, 동생 가르시아 2세를 회의에 초청했다가 그대로 체포해 버립니다. 안 그래도 세비아 타이파로 피신했다가 돌아온지 얼마 되지도 않은 그로서는 정말 날벼락 같은 일이었지요. 그렇게 가르시아 2세는 1090년 죽을 때까지 평생 유폐 신세를 벗어나지 못합니다. 그리고 이로써 알폰소 6세는 부왕 페르난도 1세가 남긴 유산을 모조리 독차지하게 되었습니다.

---

6) 엘 시드는 현존하는 스페인어 문학 작품 가운데 가장 오래된『엘 시드의 노래El Cantar de mio Cid』의 주인공으로, 그의 이름 '시드Cid'는 아랍어로 주군 내지 군주를 뜻하는 말입니다. 그는 오랫동안 이슬람의 침략으로부터 기독교를 수호한 위대한 기사, 스페인의 국민적 영웅으로 묘사되었지요. 그렇지만 실제 역사에서 나타난 엘 시드의 행적은 기독교 세력이든 이슬람 세력이든 간에 자신을 써주는 사람을 위해 군사 업무를 제공하고 커다란 수익을 올리는 용병대장에 훨씬 가까웠습니다. 특히 그는 이슬람 사라고사 타이파를 위해 기독교 바르셀로나와 아라곤 왕국과도 맞서 싸웠답니다.
한편, 프랑스의 극작가 피에르 코르네유Pierre Corneille의 희곡『르 시드Le Cid』의 경우에도 엘 시드를 모티브로 했으며, 찰턴 헤스턴Charlton Heston과 소피아 로렌Sophia Loren이 주연한 할리우드 영화「엘 시드El Cid」(1961)도 역시 그의 일대기를 다룬 작품입니다.

④ 알폰소 6세의 카스티야 국왕 즉위식. 그는 엘 시드 앞에서 자신의 결백함을 맹세한 다음에야 비로소 카스티야 왕위에 오를 수 있었습니다.

내부의 일을 정리한 알폰소 6세는 이제 시선을 외부로 돌렸습니다. 리오하Rioja: 스페인 북부에 위치한 지역으로, 오늘날 와인의 주산지와 바스크 지방을 점령하고, 아라곤 국왕 산초 라미레스Sancho Ramírez, 약 1042-1094와 협상하여 나바라 왕국을 분할합니다. 그리고 산초 라미레스가 나바라의 왕위를 겸하는 것을 인정하는 대신에 알폰소 6세는 그에게서 충성서약까지 받아 내지요.[7] 이처럼 스페인 북부 기독교 국가들의 맹주로 군림한 알폰소 6세는 1077년 **'임페라토르 토티우스 히스파니아에**Imperator totius Hispaniae', 즉 **'전 스페인의 황제'**를 칭합니다.

알폰소 6세의 대외 확장은 기독교 세계에만 국한된 게 아니었습니다. 1074년 그는 긴밀한 친구이자 동맹인 톨레도의 알-마문이 코르도바를

7) 이때를 기점으로 나바라 왕국은 카스티야와 아라곤이라는 두 강대국 사이에 끼어 좁은 산지에 갇힌 신세가 되어 버렸기에, 남부 지대로의 영토 확장이 효과적으로 저지되었습니다. 그 결과 이베리아 반도의 패권 경쟁에서 사실상 탈락합니다.

공략할 때 힘을 보태주었지요. 칼리프국의 옛 수도 코르도바는 다음해 알-마문에게 함락됩니다. 또한 강력한 세력을 보유하고 있던 세비야 타이파의 왕 알-무타미드Al-Mu'tamid ibn Abbad, 1040-1095도 알폰소 6세에게 파리아스를 상납해야 하는 처지였지요.

알폰소 6세의 군사적 성공은 톨레도 정복으로 절정에 달합니다. 사실 그로서는 막대한 파리아스를 지불하면서 자신에게 협조적이기까지 한 **'황금알을 낳는 거위'**의 배를 굳이 가를 필요는 없었습니다. 그럼에도 타이파에 대한 정책이 근본적으로 변경된 계기는, 1075년 코르도바 점령 이후 알 마문이 독살당하고 그의 손자 알-카디르al-Qadir가 왕위에 오르면서부터 시작된 톨레도의 정치적 불안정 때문이었습니다. 통치에 무능했던 알-카디르는 톨레도 타이파가 지배하던 발렌시아Valencia와 코르도바를 상실했고, 1079년에는 일시적으로 톨레도에서 쫓겨나기까지 했지요. 비록 알폰소 6세의 개입으로 왕위를 되찾기는 했으나, 민심의 이반과 정적들의 음모에 시달리던 알-카디르는 더 이상 정권을 유지할 수 없는 지경에 이르렀답니다. 결국 그는 알폰소 6세에게 발렌시아를 되찾게 도와주는 대가로 톨레도를 자발적으로 넘겨주겠다는 뜻을 전달합니다.

그리하여 알폰소 6세의 군대는 1084년 가을 톨레도를 포위했고, 10개월간의 항복협상 끝에 1085년 5월 톨레도는 성문을 열었습니다. 큰 저항을 받지 않고 입성한 알폰소 6세는 시민들의 안전과 재산을 보장하는 한편, 톨레도 인구의 절반에 달하는 이슬람교도에 대해서도 매우 유화적인 조치를 취했지요. 종교생활의 자유를 인정하였고, 모사라베를 총독으로 임명했을 뿐만 아니라, 모스크를 교회로 개조하자는 요구를 일축하면서 그런 말을 꺼낸 주교에게 죽이겠다고 위협하기도 했던 것입니다. 기독교 국왕으로서는 예상치 못한 행보에 알폰소 6세의 궁정 사람들이 오히려 실망할 정도였지요.

다만 이 같은 이슬람교도에 대한 관대한 처분을 고려하더라도, **비시고트의 옛 수도 톨레도를 무려 370여 년 만에 수복했다는 사실은 물론 기독교 세계의 쾌거였습니다.** 이는 단순히 스페인 중심부의 대도시 하나를 차지했다거나, 또는 레온-카스티야 왕국의 영토가 3분의 1이나 확장되었다는 것 이상의 중대한 의미를 지니는 상징적인 사건이었지요.

그리고 여세를 몰아 알폰소 6세는 1086년 3월 초 알-카디르를 약속대로 발렌시아 타이파의 왕으로 세우기까지 합니다. **이처럼 스페인 전역은 기독교 측이든, 이슬람 측이든 간에 알폰소 6세의 영향력 아래 놓이게 되었답니다.** 특히 알-안달루스의 쟁쟁한 타이파 국가들 -예를 들어 세비야, 사라고사, 그라나다, 바다호스Badajoz: 오늘날 포르투갈·스페인의 중서부 지역에 위치한 타이파 국가- 모두가 그에게 파리아스를 상납해야 하는 상황이었지요.

이제 이베리아 반도 내에서 알폰소 6세에 대항할 적수는 없었습니다. 아랍과 스페인의 여러 문헌에 언급된 것처럼, 그는 명실상부한 **'두 종교의 황제**al-Imbraṭūr dhū-l-Millatayn'였지요. 얼마 후 그들이 지브롤터 해협을 건너와 알폰소 6세의 원대한 꿈을 산산조각 낼 때까지만 하더라도…….

알모라비드의 스페인 침공

레온-카스티야의 세력이 점점 강대해지고, 파리아스도 버거울 정도로

늘어나면서 타이파 통치자들의 불만은 극에 달합니다. 더군다나 기독교 국왕에게 바치는 상납금을 마련하기 위해 부과되는 무거운 세금은 곧 백성들의 원망을 살 수밖에 없었고, 이교도에 굴종적인 통치자들을 몰아내기 위한 반란도 빈번하게 발생하지요. 안팎으로 심각한 난관에 봉착한 타이파의 군주들은 이 상황을 타개할 대응책을 모색하기 시작했답니다.

1082년 세비야의 왕 알-무타미드는 파리아스를 악화惡貨, debased coinage로 지불하려고 했는데, 여기서 문제가 발생했습니다. 알폰소 6세가 보낸 유대인 사자 이븐 살리브Ibn Salib는 모욕적인 언사를 곁들여 항의하였고, 이에 화가 잔뜩 난 알-무타미드는 아예 그를 십자가에 매달아 죽여 버리지요.[8] 이로써 알폰소 6세와 알-무타미드의 동맹은 사실상 끊어졌답니다.

분노에 찬 알폰소 6세의 응징은 단호하고 가혹했습니다. 1083년 그는 세비아 타이파로 출병하여 영토 곳곳을 철저히 파괴시켜 버리지요. 그리고 그는 카디스Cádiz 남쪽 타리파Tarifa 해변에까지 당도하여 이렇게 선언합니다.

> 알-안달루스의 가장 끝자락에 내가 왔노라. 그리고 나는 알-안달루스를 발아래 짓밟았노라.[9]

---

8) 양화良貨, purer coinage는 액면가치보다 실질가치가 더 높은 통화(우량한 화폐)를, 악화惡貨는 액면가치에 비해 실질가치가 더 낮은 통화(열등한 화폐)를 뜻합니다. 그러므로 파리아스를 악화로 지불한다면 알폰소 6세에게 원래 지불해야 할 액수보다 실제로는 적게 지불하는 효과가 발생하는데, 그 결과 알-무타미드에게는 당연히 이득이 되겠지요. 만일 이를 용인하는 경우 "악화가 양화를 구축驅逐한다Bad money drives out good."라는 그레샴의 법칙Gresham's law처럼, 타이파의 왕들은 앞다투어 순도가 낮은 금화로 파리아스를 상납할 것이고, 이런 앞날이 뻔히 보이는 상황에서 유대인 사자로서는 격렬히 반대할 수밖에 없었을 것입니다. 어차피 그냥 돌아갔다가는 알폰소 6세에게 죽임을 당하기는 매한가지였을 테니 말이지요.

9) Richard Fletcher, *The Quest for El Cid*, p.141.

지브롤터 해협을 마주하는 이베리아 반도 최남단에서 군마를 달리며 호기롭게 외친 이 말은 1085년 톨레도 정복을 통해 거의 실현되는 듯 보였답니다. 하지만 알-무타미드는 황폐해진 영토와 그때의 굴욕을 잊지 않고 있었지요.

카스티야의 돼지치기가 되느니 차라리 모로코의 낙타 몰이꾼이 더 낫다.[10]

더군다나 톨레도의 함락은 타이파 통치자들 입장에서도 커다란 위기감을 느낄 만한 사건이었습니다. 그리하여 그들은 알-안달루스의 향후 100여 년을 결정지을 -물론, 자신들의 운명도 끝장낼- 역사적인 오판을 저지르지요.

당시 지브롤터 해협 맞은편에는 오늘날 세네갈 지방의 작은 베르베르족 분파로부터 시작해 독실한 신앙심과 강력한 군사력을 바탕으로 신흥강국으로 발돋움한 알모라비드가 자리하고 있었습니다. **1086년, 알-무타미드는 호시탐탐 스페인 진출 기회를 엿보고 있던 알모라비드의 국왕 유수프 이븐 타슈핀**Yusuf ibn Tashufin, 1009-1106**에게 공식적으로 도움을 요청하지요. 다른 타이파 국왕들 역시 마찬가지였습니다.**

북아프리카의 수많은 전쟁터를 누비면서 군사적 천재성과 탁월한 지도력, 그리고 출중한 용병술을 발휘한 유수프가 이 기회를 그냥 놓칠 리 없었습니다. 같은 해 7월 그는 베르베르인 주력 부대를 이끌고 지브롤터 해협을 건너 이베리아 반도에 상륙하고, 곧이어 타이파 군대도 유수프에게 속속 합류합니다. **10월 23일, 알모라비드-타이파 연합군과 레온-카**

---

10) *Ibid.*, p.151.

스티야 군대는 바다호스 북쪽 사그라하스Sagrajas에서 맞붙었는데, 레온-카스티야 군대는 1만 명의 사상자를 내며 참패하였고 알폰소 6세도 겨우 목숨을 부지하여 도망쳤습니다. 비록 유수프는 이 전투가 끝나고 곧장 모로코로 되돌아갔지만, 이날의 전투로 이베리아 반도의 헤게모니hegemony는 완전히 알모라비드 측으로 넘어가게 되었답니다.

이 시기부터 알폰소 6세는 알모라비드를 방어하는 데 혼신의 힘을 다했습니다. 먼저 1081년 이래로 카스티야에서 쫓겨나 사라고사 타이파에 몸을 의탁하고 있던 엘 시드를 다시 불러들이는 한편,[11] 대립관계에 있던 아라곤 왕국과도 1087년 휴전협정을 체결하고 톨레도 방어에 협력한다는 약속도 받아냅니다. 그렇지만 알-안달루스에 대한 영향력만큼은 회복할 수 없었고, 일시적으로 그라나다로부터 파리아스가 재개된 적도 있지만 1080년대 말에 이르면 오직 사라고사만이 파리아스를 납부할 뿐이었지요.

한편, 스페인 남부를 한 차례 휩쓸고 홀연히 떠난 유수프는 이후 1088년과 1090년 두 차례 더 이베리아 반도에 침입합니다. 그런데 이 과정에서 그는 새로운 방침을 세우게 되는데, 이슬람 소왕국들까지 일소하기로 마음먹습니다. 처음 이베리아 반도로 건너왔던 1086년, 그는 알-안달루스의 사정을 확인하고는 실망감을 감추지 못합니다. 대부분의 베르베

11) 하지만 엘 시드는 유수프의 2차 침입 당시 알레도Aledo 방어에 제때 합류하지 못했다는 이유로 알폰소 6세에 의해 재차 추방됩니다. 그때부터 그는 독자 세력으로 활동하지요. 그러다 1092년 발렌시아 타이파의 왕 알-카디르가 알모라비드의 지원을 받은 내부 세력에게 살해당하는 사건이 발생하자, 엘 시드는 1094년 발렌시아를 정복합니다. 자신의 이름처럼 군주가 된 그는 1099년 발렌시아에서 사망합니다. 이후 알모라비드의 강력한 공세를 버티는 게 불가능해지자, 그의 부인 히메나 디아스Jimena Díaz는 친척 알폰소 6세의 조언에 따라 1102년 발렌시아를 알모라비드에게 넘겨주고 카스티야 부르고스Burgos로 되돌아갑니다. 이때 엘 시드의 유해도 함께 옮겨집니다.

르인들이 그렇듯이 유수프 역시 경건하고 근본주의적인 이슬람 신자였답니다. 반면에 타이파 군주들은 와인을 좋아하고 음악과 시를 즐기며 이교도와 거리낌 없이 교류하면서 코란Qur'an의 가르침을 함부로 어기고 있었지요. 더욱이 기독교 국왕 알폰소 6세에게 조공을 바치는 등 굴종적인 행태까지 보였다는 사실을 용납하기 힘들었답니다. 게다가 그들은 같은 이슬람교도로서 합심하기는커녕 자기 앞에서 서로를 비방하고 이간질할 뿐이었고, 단지 자신을 이용할 생각밖에 없었던 것입니다. 산전수전 다 겪은 유수프가 속셈이 확연히 들여다보이는 이런 짓거리를 결코 간파하지 못할 리 없었겠지요.

그리하여 **알-안달루스 전역의 타이파 왕국들에 대한 공격**이 이루어집니다. 1090년, 먼저 그라나다 타이파가 무너지고 국왕 압달라 이븐 불루긴Abdallah ibn Buluggin과 동생 타밈Tamim이 모로코로 압송됩니다. 세비야 타이파의 처지도 별반 다를 바 없었는데, 당시 세비야의 영역으로 알-무타미드의 아들 알-마문Abu Nasr al-Fath al-Ma'mun이 총독으로 부임해 있던 코르도바에도 알모라비드 군대가 쳐들어 온 것이지요. 알폰소 6세는 비록 알-무타미드에게 배신당한 전력이 있었지만, 그럼에도 불구하고 코르도바를 구원하기 위해 급히 알바르 파네스Álvar Fáñez가 이끄는 지원군을 파견합니다. 그러나 1091년 3월 26일, 코르도바는 점령되고 알-마문은 죽임을 당합니다. 곧이어 코르도바 근처 알모도바르 델 리오Almodóvar del Río에서 알바르 파네스까지 패배하자, 이제 세비야의 함락은 막을 수 없게 됩니다. 결국 알-무타미드도 붙잡혀 모로코로 유배를 떠납니다.

이처럼 이이제이以夷制夷 전략을 사용한 타이파 통치자들은 오히려 유수프의 사냥감으로 전락했습니다. 그리고 그들의 말로는 다음과 같았지요. 일단 그라나다의 압달라는 오늘날 은퇴한 정치인들이 하는 것처럼 유배 중에 자신의 회고록을 집필함으로써 당대의 정치 현실을 생생하게 묘사했답니다. 그는 군주로서는 분명 실패자였지만, 후대 역사가들을 위한 공헌만큼은 인정받을 만했지요. 한편 알-무타미드는 1095년에 유배지에서 사망했는데, 유명한 시인으로서 문학사에 커다란 족적을 남긴 그는 적어도 말년에 '모로코의 낙타 몰이꾼' 신세가 되지는 않았습니다. 그러나 이들보다도 훨씬 비참한 결말을 맞게 된 국왕도 물론 존재했답니다. 바다호스의 국왕 알-무타와킬Al-Mutawakkil은 1094년 영토를 빼앗기고 두 아들과 함께 처형당합니다.

이렇게 알모라비드는 알-안달루스를 확고히 지배합니다. 그리고 남부 이슬람 측이 불관용적이고 호전적인 하나의 강력한 세력으로 통일되자, 군사적으로 열세에 놓인 북부 기독교 측도 연합전선을 구축할 수밖에 없었습니다. 그리하여 11세기 말부터 12세기 초에 이르러 이베리아 반도에는 명확한 종교적 대립 구도가 형성됩니다. 또한 스페인에서 성전 기사단Knights Templar과 같은 종교 기사단 조직이 본격적으로 활약하는 시기도 바로 이때부터입니다.

이슬람 공주 자이다와의 만남과 알폰소 6세의 말년

알바르 파네스의 군대가 코르도바로 향하던 시점으로 되돌아가 보겠습니다. 총독 알-마문은 코르도바가 함락되기 직전, 아내 자이다Zaida of Seville와 아이들을 알모도바르 델 리오 성으로 피신시킵니다. 이후 알바르 파네스는 이곳에서 패배했으나 퇴각하면서 그들을 구출하여 톨레도로 돌아가지요.

세비야 출신 자이다에 대해서는 당대의 인물 오베이도 주교 펠라요Pelayo of Oviedo가 언급한 것처럼, 보통 알-무타미드의 딸이라고 알려져 있습니다. 그런데 그녀가 알-마문과의 사이에서 아들 둘을 둔 며느리였다는 이야기도 있으며, 최근의 연구 결과는 여기에 힘을 보태주고 있지요. 그럼에도 불구하고 자이다의 정확한 태생에 관해서는 현재까지도 모호한 상태로 남아 있답니다. 그리고 사실 '프린세스Princess'라는 단어는 '공주'라는 의미도 있지만 '왕자빈王子嬪'을 뜻할 수도 있기 때문에, 사람들이 충분히 헷갈릴 수 있는 문제라고 생각합니다.[12]

아무튼 자이다는 그때부터 카스티야의 궁정에서 자식들과 함께 보호받으며 생활합니다. 또한 이 이슬람 공주는 알폰소 6세와 매우 가까운 사이로 발전하지요. 그녀는 알폰소 6세의 후궁이 되었으며, 가톨릭으로 개종하여 이사벨Isabel이라는 새로운 이름도 얻게 됩니다. 특히 둘 사이에는 1093년경 아들 산초 알폰세스Sancho Alfónsez, 약 1093-1108까지 태어났지요.

알폰소 6세에게 딸들은 이미 있었으나 아들은 산초가 유일했기 때문에, 국왕은 늦둥이 외아들을 더욱 애지중지하며 키웁니다. 그리고 산초 왕자는 장성한 누나들을 제치고 어린 시절부터 후계자 지위를 다지기 시작하는데, 특히 1106년 알폰소 6세와 자이다(이사벨)가 공식적으로 혼인함으로써 서자庶子 신분이었던 그는 이제 적자로 취급받지요. 이에

12) 우리에게 잘 알려진 컴퓨터 게임 「프린세스 메이커Princess Maker」 시리즈도 엄밀히 말해 딸을 공주로 만드는 게 아니라, 왕자와 혼인시키는 게 주된 목표이지요(다른 종류의 엔딩도 많지만). 만일 딸을 말 그대로 공주로 만드는 게 목표였다면, 잘 키운 딸과 함께 무능한 국왕 일가를 몰아내려고 암살, 역성혁명, 궁정쿠데타를 시도하는 무시무시한 전개가 우리를 기다리고 있었을 것입니다.

따라 산초가 제국을 승계하는 것은 기정사실이나 다름없었답니다. 게다가 그는 비록 어리기는 했지만 톨레도의 공동 통치자까지 되었답니다.

허나 운명의 여신은 가혹하게도 산초 왕자의 앞에 놓여 있던 탄탄대로를 그대로 끊어 버렸습니다. 1108년 5월 29일, 그는 자신의 처음이자 마지막 전장이 된 우클레스 전투Battle of Uclés에 참가했다가 전사합니다. 그의 나이 고작 14, 15살이었지요.

산초 왕자의 때 이른 죽음은 자신이 일궈낸 제국을 후계자에게 온전히 물려주겠다는 알폰소 6세의 마지막 남은 꿈조차 처참하게 부숴 버립니다. 이제 그에게는 선택의 여지가 없었지요. 하는 수 없이 훗날 알폰소 7세가 될 외손자를 포함해 두 아이를 남기고 과부가 된 큰딸 우라카Urraca I of León, 1079-1126[13]를 후계자로 세우는 한편, 산초 라미레스의 둘째 아들로 당시 아라곤 국왕이던 전쟁왕 알폰소 1세Alfonso I the battler, 약 1073-1134와 그녀를 서둘러 재혼시키기로 결정합니다. 이로써 여성 군주의 권위에 도전하는 일을 미연에 방지하고 왕국의 안정을 가져올 수 있으리라 알폰소 6세는 전망했겠지만 -그리고 마지막 할 일도 마무리했다고 여겼겠지만- 이 결혼은 그의 사후 새로운 내분으로 이어지고, 더군다나 얼마 못 가 두 사람은 남보다 못한 사이가 되어 헤어집니다.

이윽고 알폰소 6세는 산초 왕자가 죽은 지 1년 만인 1109년 7월 1일, 톨레도에서 사망합니다. 외아들을 잃은 비통한 심정으로 인해 이미 병들어 있던 그의 상태가 훨씬 더 악화되었으리라는 점은 자명해 보입니다. 그는 1109년 7월 21일, 레온 지방의 사하군Sahagún에 있는 왕립 수도

13) 우라카 1세의 이름은 고모인 사모라의 우라카와 동일합니다. 1072년 알폰소 6세의 즉위 후 사모라의 우라카는 궁정에서 커다란 영향력을 행사했는데, 알폰소 6세가 자신의 딸의 이름을 누나에게서 따올 정도로 서로 각별한 사이였음을 짐작할 수 있지요.

원에 안장됩니다.

알폰소 6세가 이룩한 영토 확장은 알모라비드의 침입 이후 대부분 무위로 돌아갑니다. 하지만 위대한 도시 톨레도만큼은 꿋꿋이 지켜냈으며, 결국 후대에까지 기독교 세력의 영역으로 남게 되었답니다.

베일에 싸인 그녀, 자이다의 정체?

그렇다면 자이다는 어떻게 되었을까요? 그녀의 태생에 관해서도 그러하듯이, 그 밖의 많은 부분들도 베일에 싸여 있습니다. 예를 들어, 자이다가 과연 알폰소 6세와 정식으로 혼인한 사이였는지, 또한 그녀가 언제 죽었는지 등과 같은 가장 기본적인 신상조차도 제대로 안 알려져 있지요. 기록들도 워낙 제각각인데다, 상충되는 내용들까지 포함되어 있기에 오늘날 여러 가지 해석이 분분하답니다.

보다 세부적인 사항은 역사학자들의 몫으로 남겨 두고, 여기서는 큰 틀에서 그녀의 정체와 관련된 주요 내용을 간략히 정리하는 것으로 하겠습니다. 일단 무엇보다 확실한 사실은 자이다가 알폰소 6세의 외아들 산초 알폰세스의 생모이며, 또한 그녀는 아이를 낳다가 죽었다고 전해진다는 점입니다. 그렇다면 그 아이가 산초 왕자인지, 아니면 산초 이외에 또 다른 자식인지 의문이 제기될 수밖에 없겠지요.

그런데 앞서 언급했듯이 자이다는 이사벨이라는 기독교식 이름으로 개명했습니다. 그리고 문제를 해결할 실마리도 바로 여기에 있습니다.

알폰소 6세는 부인들이 연이어 죽는 바람에 여러 차례 혼인을 했고,

그중 이사벨은 알폰소 6세의 4번째 부인이 됩니다. 이 이사벨은 1102년경 산차 알폰세스Sancha Alfónsez, 1103년경 엘비라 알폰세스Elvira Alfónsez를 낳았지요. 그런데 그녀가 과연 세비야 공주 자이다와 동일인인지 여부는 그동안 찬반양론이 엇갈렸습니다. 다시 말해, 또 다른 프랑스 출신 이사벨이 존재했다는 주장도 있지요. 그러나 왕비가 된 이사벨과 자이다를 동일인으로 파악한다면 자이다는 알폰소 6세와의 사이에서 산초 이외에 딸이 두 명 더 있다고 언급할 수 있겠네요. 그리고 자이다의 사망 시점도 1103년 이후로 넘어갈 것입니다. 문헌상으로도 이사벨 왕비는 1107년까지 등장하고 있습니다.

한편, 이사벨 왕비의 무덤은 처음에 사하군에 묻혔다가 나중에 레온으로 옮겨졌습니다. 그리고 그녀의 비문에는 라틴어로 이렇게 적혀 있답니다.

> 세비야의 왕 아벤-아베트의 딸이자 이전에는 자이다로 불린, 알폰소 왕의 아내, 엘리자베트[이사벨] 여왕[14)]

엘리자베스 2세와 예언자 무함마드의 연관성

이제 처음의 질문으로 되돌아가 엘리자베스 2세와 예언자 무함마드가 어떤 연관성을 지니고 있는지 살펴볼 차례입니다.

---

14) World Bulletin, "How England's royals descend from Andalus," by Ertan Karpazli, 07 Aralık 2013 Cumartesi 15:27, Last Mod: 07 Aralık 2013, 17:39.

무함마드의 세 아들들은 어려서 일찍 죽었으나, 네 명의 딸들은 성인이 될 때까지 잘 자랐습니다. 그리고 그들 중 막내딸 파티마Fatimah는, 무함마드의 사촌으로 제4대 정통 칼리프이자 시아파Shia의 초대 이맘Imam이 되는 알리 이븐 아비 탈리브Ali ibn Abi Talib, 601-661와 혼인했지요. 그런데 알리는 661년 우마이야 가문과의 권력투쟁 와중에 암살당하고, 그의 장남 하산 이븐 알리Hasan ibn Ali, 624-670는 같은 해 우마이야 가문의 무아위야Muawiyah I, 약 602-680에게 칼리프 지위를 스스로 넘겨줍니다. 한편, 680년 무아위야 1세가 사망하자 알리의 차남 후세인 이븐 알리Husayn ibn Ali, 626-680는 우마이야 왕조에 대항하지만, 10월 10일 카르발라 전투Battle of Karbala에서 그는 죽임을 당하고 일가족 대부분도 함께 몰살당합니다. 그리고 이날의 참극으로 수니파Sunni와 시아파는 불구대천의 원수가 됩니다.

여기서 알리의 장남 하산의 먼 후손 가운데 한 사람이 바로 세비야 타이파의 국왕 알-무타미드입니다. 그리고 자이다가 그의 딸이라면, 그녀 역시 무함마드의 후손이 되는 것이지요.

그렇다면 자이다가 영국 왕실과는 어떤 관계가 있을까요? 알폰소 6세와 혼인한 이사벨이 자이다와 같은 인물이라면, 자이다는 물론 산차와 엘비라의 어머니가 됩니다. 그들 가운데 엘비라는 시칠리아의 국왕 루제로 2세Ruggero II di Sicilia의 왕비가 되었으며, 산차는 리에바나Liébana 백작 로드리고 곤잘레스 데 라라Rodrigo González de Lara와 혼인합니다. 그리고 2세기 후, 산차의 직계 후손 마리아 데 파디야María Díaz de Padilla, 약 1334-1361는 카스티야 국왕 페드로 1세Pedro I, 1334-1369의 정부情婦가 되었는데, 이들 사이에 태어난 두 딸 카스티야의 콘스탄스Constance of Castile, 1354-1394, 카스티야의 이사벨라Isabella of Castile, 1355-1392가 모두 잉글랜드 왕실로 시집가게 됨으로써 두 나라 왕실이 연결되지요.

이들 중 콘스탄스는 에드워드 3세Edward III, 1312-1377의 3남으로 랭커스터 가문을 창설한 제1대 랭커스터 공작 곤트의 존John of Gaunt, 1st Duke of Lancaster, 1340-1399의 두 번째 부인이 됩니다. 그리고 이 둘의 딸 랭커스터의 캐서린Catherine of Lancaster은 다시 스페인으로 시집와 카스티야 국왕 엔리케 3세Enrique III, 1379-1406의 왕비가 되지요. 이렇게 하여 스페인 왕실은 그들의 혈통을 이어받습니다.

한편, 이사벨라의 남편은 에드워드 3세의 4남으로 요크 가문을 창설한 제1대 요크 공작 랭글리의 에드먼드Edmund of Langley, 1st Duke of York, 1341-1402입니다. 그리고 장미전쟁의 발단이 된 제3대 요크 공작 리처드 플랜태저넷Richard Plantagenet, 3rd Duke of York, 1411-1460이 이 두 사람의 손자이며, 리처드 플랜태저넷의 아들 에드워드 4세는 요크 가문 최초로 잉글랜드 왕관의 주인이 되었지요. 또한 앞서 언급했듯이 에드워드 4세의 딸 요크의 엘리자베스는 헨리 7세와 결혼하여 그 후손들이 현재까지 영국 국왕의 자리를 차지하고 있답니다.

머나먼 여정 끝에 남은 의문들

지금껏 **'엘리자베스 2세는 예언자 무함마드의 후손인가?'**라는 의문을 해결하기 위해 머나먼 여정을 거쳐 왔습니다. 그런데 상식적으로 납득하기 힘든 이 같은 장구한 서사를 곧이곧대로 믿을 수 있을까요? 사실 이상의 내용은 왕실 계보에 관한 영국의 권위 있는 전문 서적『버크스 피

어리지Burke's Peerage』에 1986년 처음으로 발표된 이래, 여러 언론 매체와 해당 분야 전문가들에 의해 꾸준히 언급되었던 사안입니다.

게다가 최근에는 이슬람 종교 지도자들이나 이슬람권 언론 측에서 이 내용에 더욱 주목하고 있답니다. 아무래도 알-카에다, IS 등 이슬람 극단주의 테러조직의 활동으로 인해 이슬람에 대한 서방 세계의 시각이 나날이 강경해지는 상황에서, 영국 왕실과 이슬람 창시자와의 혈연관계를 부각시킴으로써 두 세계 간의 대립과 긴장을 조금이나마 완화해 보겠다는 숨은 의도도 엿보인다고 말할 수 있겠지요. 물론 그 의도가 무엇이든 간에, 그 내용이 사실에 부합한다면 얼마든지 제기할 수 있는 문제이기는 합니다.

또 다른 의문점으로, 에드워드 4세는 살아생전에도 아버지 리처드 플랜태저넷의 친자식이 아니라는 설이 있었다는 점입니다. 만일 그렇다면 자이다를 연결 고리로 하는 예언자 무함마드와 영국 왕실 사이의 연관성이 끊어진다는 뜻이지요. 허나 에드워드 4세가 사생아라는 루머는 신빙성이 낮을 뿐만 아니라, 설령 그렇다고 하더라도 다른 길이 열려 있습니다. 찰스 왕세자Charles, Prince of Wales의 첫 번째 부인 고故 다이애나 왕세자빈Diana, Princess of Wales의 조상도 랭글리의 에드먼드와 카스티야의 이사벨라의 후손과 연결된다고 알려져 있으며,[15] 이는 곧 자이다의 혈통이 윌리엄 왕세손Prince William으로 이어진다는 것을 의미합니다.

결론적으로 자이다가 알-무타미드의 딸이고 알폰소 6세의 왕비 이사벨과 동일인이라면, 엘리자베스 2세는 예언자 무함마드의 직계 후손입

15) 다이애나 왕세자빈은 리처드 플랜태저넷의 아들이자 에드워드 4세, 리처드 3세와 형제지간인 제1대 클래런스 공작 조지 플랜태저넷George Plantagenet, 1st Duke of Clarence, 1449-1478의 혈통을 이어받았다고 합니다.

니다. 그리고 이 이야기를 마무리하기에 앞서, 흥미롭게도 그들 사이에 우연 하나가 더 존재한다는 사실을 말씀드리고 싶네요. 스페인어로 이사벨Isabel이란 여성 이름은 영어로는 엘리자베스Elizabeth가 됩니다. 자이다의 비문에 적힌 라틴어 이름도 '엘리자베트Elisabeth'였지요. 이렇게 무함마드와 엘리자베스 2세 사이의 주요 연결 고리가 되어 주는 두 여성들, 즉 자이다와 카스티야의 이사벨라(스페인어로는 이사벨 데 카스티야Isabel de Castilla) 모두 이름이 '엘리자베스'와 연관된다는 것도 우연치고는 너무나 공교로운 일이랍니다.

이상으로 7세기 중동, 중세 스페인 그리고 오늘날의 영국 왕실 계보에 이르는 기나긴 여정을 마무리하겠습니다. 물론 여태까지 소개한 방식 이외에 다른 계통으로 그들 사이의 연관성을 밝혀내는 것도 얼마든지 가능하리라 봅니다. 무려 천 년이 넘는 오랜 세월, 그리고 공존과 대립이 교차하던 공간 속에서 살아가던 수많은 사람들의 인생을 고려한다면 말이지요.

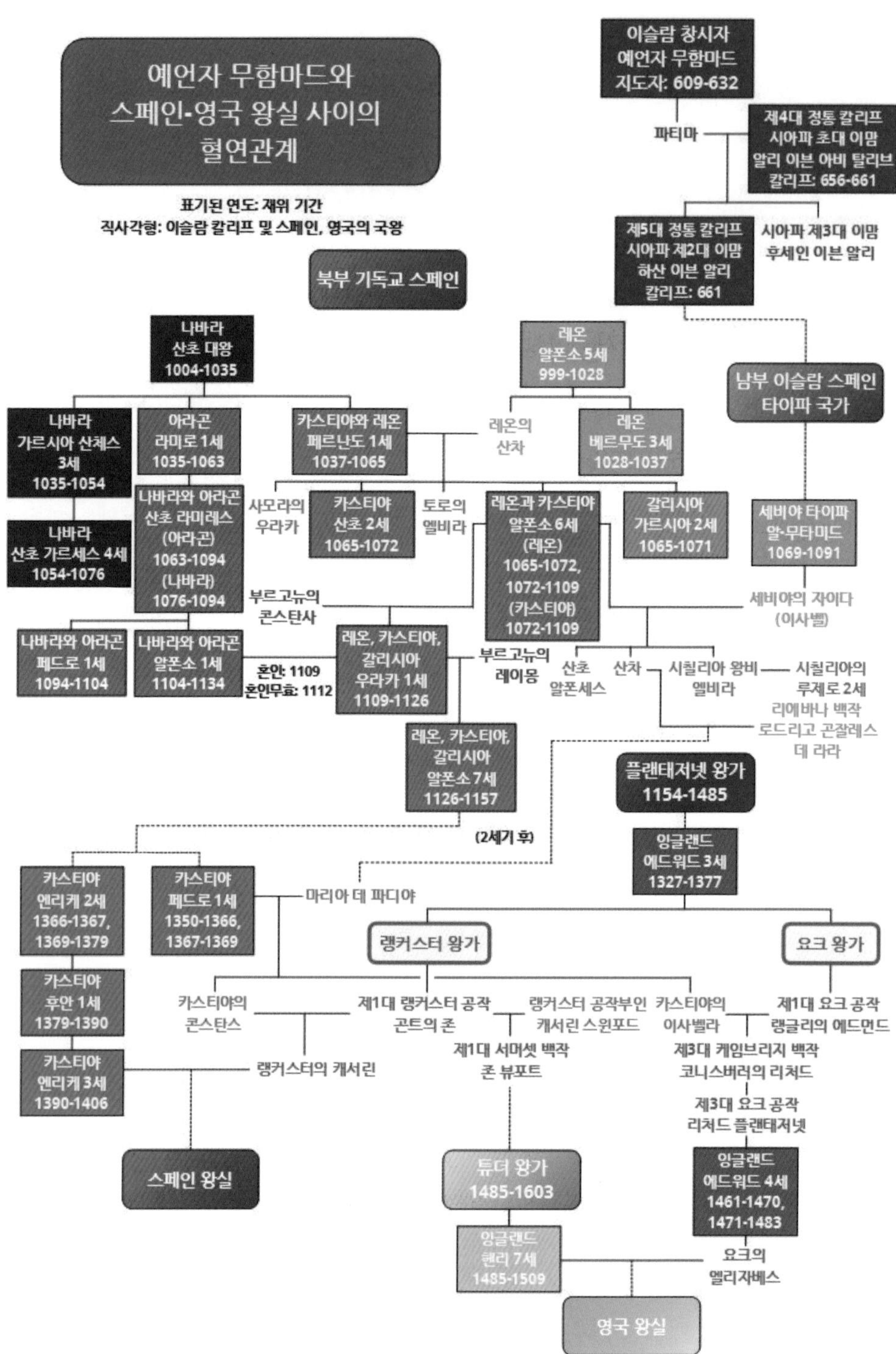
예언자 무함마드와
스페인-영국 왕실 사이의
혈연관계
표기된 연도: 재위 기간
직사각형: 이슬람 칼리프 및 스페인, 영국의 국왕
이슬람 창시자
예언자 무함마드
지도자: 609-632
파티마
제4대 정통 칼리프
시아파 초대 이맘
알리 이븐 아비 탈리브
칼리프: 656-661
제5대 정통 칼리프
시아파 제2대 이맘
하산 이븐 알리
칼리프: 661
시아파 제3대 이맘
후세인 이븐 알리
북부 기독교 스페인
남부 이슬람 스페인
타이파 국가
나바라
산초 대왕
1004-1035
레온
알폰소 5세
999-1028
나바라
가르시아 산체스
3세
1035-1054
아라곤
라미로 1세
1035-1063
카스티야와 레온
페르난도 1세
1037-1065
레온의
산차
레온
베르무도 3세
1028-1037
나바라
산초 가르세스 4세
1054-1076
나바라와 아라곤
산초 라미레스
(아라곤)
1063-1094
(나바라)
1076-1094
사모라의
우라카
카스티야
산초 2세
1065-1072
토로의
엘비라
레온과 카스티야
알폰소 6세
(레온)
1065-1072,
1072-1109
(카스티야)
1072-1109
갈리시아
가르시아 2세
1065-1071
세비야 타이파
알-무타미드
1069-1091
세비야의 자이다
(이사벨)
부르고뉴의
콘스탄사
나바라와 아라곤
페드로 1세
1094-1104
나바라와 아라곤
알폰소 1세
1104-1134
혼인: 1109
혼인무효: 1112
레온, 카스티야,
갈리시아
우라카 1세
1109-1126
부르고뉴의
레이몽
산초
알폰세스
산차
시칠리아 왕비
엘비라
시칠리아의
루제로 2세
리에바나 백작
로드리고 곤잘레스
데 라라
레온, 카스티야,
갈리시아
알폰소 7세
1126-1157
플랜태저넷 왕가
1154-1485
(2세기 후)
잉글랜드
에드워드 3세
1327-1377
카스티야
엔리케 2세
1366-1367,
1369-1379
카스티야
페드로 1세
1350-1366,
1367-1369
마리아 데 파디야
랭커스터 왕가
요크 왕가
카스티야
후안 1세
1379-1390
카스티야의
콘스탄스
제1대 랭커스터 공작
곤트의 존
랭커스터 공작부인
캐서린 스윈포드
카스티야의
이사벨라
제1대 요크 공작
랭글리의 에드먼드
카스티야
엔리케 3세
1390-1406
랭커스터의 캐서린
제1대 서머셋 백작
존 뷰포트
제3대 케임브리지 백작
코니스버러의 리처드
제3대 요크 공작
리처드 플랜태저넷
스페인 왕실
튜더 왕가
1485-1603
잉글랜드
에드워드 4세
1461-1470,
1471-1483
잉글랜드
헨리 7세
1485-1509
요크의
엘리자베스
영국 왕실

5 영토 없이 더부살이하는 국가? 몰타 기사단

교황청은 국가가 아니라, 국가를 가지고 있다.
- 바티칸의 어느 외교관의 말,
괴란 스테니우스Göran Stenius, 『바티칸』에서

국가란 도대체 무엇일까요? 대한민국이라는 국가 공동체 속에서 매일 매일 생활하는 우리이지만, 누군가로부터 국가의 진정한 의미가 무엇인지 설명해 달라고 요청받는다면 당장 말을 꺼내기가 쉽지 않을 것입니다. 물론, 나름의 입장을 정리하여 질문을 건넨 상대방에게 성실히 답변해 주실 수 있는 분들도 계실 것입니다. 하지만 온갖 생각들이 머릿속을 떠다니다가 제풀에 지쳐 결국 답하기를 주저하는 경우도 분명 있을 것입니다. 그런데 이런 난처한 상황에 맞닥뜨리더라도 너무 걱정하실 필요는 없습니다. 왜냐하면 우리의 지식이 부족하거나, 또는 투철한 국가관과 애국심이 없어서 국가에 대해 제대로 된 설명을 하지 못하는 것은 결코 아니기 때문이니까요.

사실 국가의 의미·본질에 관해 '보다 명확한' 개념 정의를 내리고 있

는 수많은 전문가, 학자, 이론가 그리고 정치인들의 견해들도, 막상 따지고 보면 제각각인 경우가 허다합니다. 특히 언뜻 보기에 꽤 명확하고 객관적인 관념을 내포하는 정의라 할지라도, 실제로는 자신들이 그리는 이상향을 그 개념 속에 적극 투영시킨 경우도 적지 않습니다. 그렇기에 한편으로 "만인의 만인에 대한 전쟁war of every man against every man" 상태를 종식시키고 대내적 평화와 대외적 방어를 달성하기 위해 신적神的 권위를 갖는 커먼웰스Commonwealth, 즉 국가를 설립했다는 토머스 홉스Thomas Hobbes의 『리바이어던Leviathan』으로부터 시작하여,[1] 다른 한편으로 "현대 국가의 행정부는 전체 부르주아 계급의 공통 사무를 처리하기 위한 위원회일 뿐이다."라고 하여 국가를 단순히 지배계급의 이익에 봉사하는 도구라고 파악함으로써 국가의 본질을 평가절하한 마르크스/엥겔스Karl Marx/Friedrich Engels의 『공산당 선언The Communist Manifesto』까지,[2] 국가를 바라보는 스펙트럼이 매우 넓게, 그러면서도 극단적으로 다양하게 나타날 수 있는 것입니다.

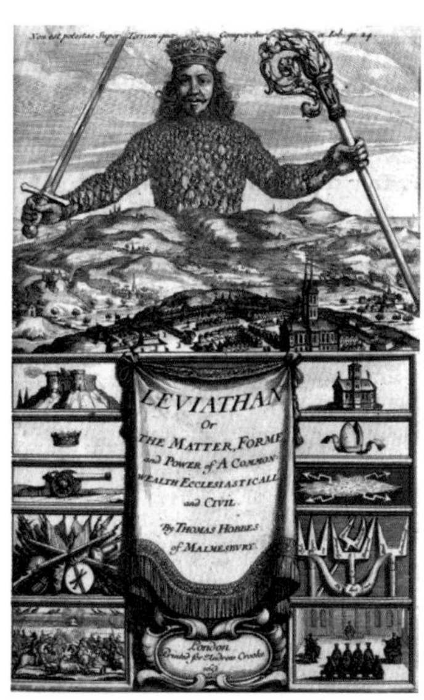

①『리바이어던Leviathan』 표지. 아브라함 보스Abraham Bosse의 판화(1651).

1) Thomas Hobbes, *Leviathan or the Matter, Forme, & Power of a Common-wealth Ecclesiasticall and Civill*, pp.76-79(Chapter 13), 103-106(Chapter 17).

2) Karl Marx/Friedrich Engels, *The Communist Manifesto*, p.221.

국가의 자격

물론, 이곳에서 국가의 개념 정의에 대한 수많은 견해들을 일목요연하게 정리하고 상세히 소개하는 것은 실질적으로 무리일 뿐만 아니라 불필요한 일이겠지요. 다만 보다 교과서적인 -우리가 중·고등학교를 거치면서 배웠을 법한- 국가의 의미를 검토하자면, 아마 막스 베버Max Weber의 정의에 근접할 것입니다.

> 국가는 정해진 영토 내에서 -그리고 여기서 핵심 단어는 "영토"이다- 합법적인 강제력에 대한 독점권을 스스로 (성공적으로) 주장하는 인간 공동체이다. 현 시대의 구체적 특징은 물리적 강제력을 사용할 권한이 오직 국가 스스로 이들에게 허용한 정도까지만 어떤 다른 조직이나 개인에게 부여된다는 것이다. 국가는 강제력을 사용할 "권리"를 가진 유일한 원천으로 여겨진다.[3]

그런데 **국가의 의미·본질**을 베버와 같이 이해한다면, 이로써 **'국가란 무엇인가?'라는 최초의 질문은 역으로 '무엇이 국가인가?'라는 국가의 자격에 대한 새로운 물음으로 자연스럽게 전환됩니다.** 그리고 만일 장소('정해진 영토'), 권한·능력('강제력에 대한 독점권'), 인적 구성(다른 조직이나 개인과 구별되는 '특수한 인간 공동체')을 요구되는 수준만큼 확보하지 못한다면, 이제 국가가 아니라는 결론까지 일사천리로 도출됩

3) Max Weber, "Politics as a Vocation," in *Max Weber's Complete Writings on Academic and Political Vocations*, Edited and with an Introduction by John Dreijmanis, Translation by Gordon C. Wells, p.156.

니다. 특히 이러한 관점은 흔히 '국가의 3요소'로 거론되고 있는 **국민, 영토, 주권**의 경우와도 동일한 맥락에서 파악할 수 있으리라 봅니다.

또한, '국가의 권리와 의무에 관한 몬테비데오 협약Montevideo Convention on Rights and Duties of States' 제1조에서도 국가의 자격 요건을 아래와 같이 규정하고 있습니다.

몬테비데오 협약 제1조

국제법의 인격체로서의 국가는 다음의 자격 요건을 보유해야 한다.

(a) 항구적 인구
(b) 정해진 영토
(c) 정부, 그리고
(d) 다른 국가와 관계를 맺을 수 있는 능력

그렇다면 국가로 인정받기 위해서는 이들 요건들을 충족시킬 필요가 있을 것입니다. 물론, 내전 중인 국가, 외국에 일시적으로 점령당한 국가들처럼 그중 일부 요소가 완벽하게 이행되지 못한다 하더라도, 국가로서의 실체가 즉각 부인되는 것은 아닙니다. 국제사회는 기본적으로 현상유지status quo를 원칙으로 하기 때문이지요. 그런데 특히 영토와 관련하여, 지배권의 일시적인 상실 정도가 아니라 아예 실효적으로 통제하는 영역이 단 한 곳도 없이 남의 나라 땅에 더부살이하는 국가를 상상이나 할 수 있을까요? 그것도 거의 200년에 걸쳐…….

많은 분들께서는 지금쯤 고개를 가로젓게 되시겠지요. 상식적으로 생각하더라도 그런 존재가 어떻게 국가로 인정받을 수 있겠습니까? 하지만 그럼에도 불구하고 국가처럼 취급받는 **'아주 독특한 실체'**가 국제사회에 엄연히 존재합니다. 바로 **'몰타 기사단**Sovereign Military Order of Malta'의 경우가 그 예입니다.

몰타 기사단의 시작

보통 '몰타 기사단' 내지 '구호 기사단Knights Hospitaller'과 같은 약칭으로 불리는 이들의 정식 명칭은, **'성 요한의 예루살렘과 로도스와 몰타의 주권 군사 구호기사단**Sovereign Military Hospitaller Order of St. John of Jerusalem of Rhodes and of Malta'입니다. 몰타 기사단은 그 길이부터 결코 예사롭지 않은 이름처럼, 창설 시점부터 오늘날에 이르기까지 중동과 지중해 세계 곳곳을 누비고 다니면서 자신들의 파란만장한 역사를 써 내려갔던 것입니다.

몰타 기사단의 역사는 약 1,000년 전 중세 시대로 거슬러 올라갑니다. 1048년, 이집트의 칼리프는 아말피 해상 공화국Marine Republic of Amalfi: 10-11세기 이탈리아 남부의 상업 도시국가 출신의 상인들에게 예루살렘에서 행사 가능한 종교적 자치권을 부여합니다. 그리하여 성지순례에 나서는 기독교도들을 보호하기 위한 교회, 수도원 그리고 병원 시설들이 예루살렘에 들어설 수 있었지요. 그 당시 수도회 공동체로서 자신들의 수호성인 세례 요한St. John the Baptist의 이름을 본떠 그 명칭도 **'예루살렘 성 요한 기사단**

The Order of St. John of Jerusalem'으로 지었던 훗날의 몰타 기사단의 경우에도, 예루살렘과 팔레스타인 지역에서 병원 운영과 구호 업무를 중심으로 활동했습니다. 또한 그들은 이슬람 세계 한가운데에서 일종의 치외법권적 지위도 누렸습니다.

그러던 1095년 제1차 십자군이 결성되고, 1099년 예루살렘이 십자군에 의해 정복되면서 구호 업무에 치중하던 성 요한 기사단의 성격도 차츰 변화하기 시작합니다. 제1차 십자군 원정의 성공으로 인해 중동 지방에 에데사 백국(1098-1150), 안티오키아 공국(1098-1268), 예루살렘 왕국(1099-1291), 트리폴리 백국(1102-1289) 등 기독교 국가들이 잇따라 등장하고, 그에 대항하여 이슬람 세력의 반격도 나날이 거세지자, 기사단으로서는 이제 성지와 순례자들을 수호하기 위해 군사적 임무까지 떠맡아야 했던 것입니다.

1113년 교황 파스칼 2세Pope Pascal II의 칙령으로 성 요한 기사단은 공인되었고, 특히 초대 기사단장 제라드Gerard의 후임을 기사단 스스로 선출할 수 있는 권한까지 보장되었지요. 그러므로 오늘날 몰타 기사단이 향유하는 주권적·독립적 성격은 이미 이때부터 유래를 찾을 수 있는 내용입니다. 그리고 제2대 기사단장 레이몽 뒤 푸이Raymond du Puy에 이르러 성 요한 기사단은 십자군의 일원인 군사 조직으로 완전히 재편되었고, 또한 순결chastity, 복종obedience, 청빈poverty으로 대표되는 종교적 3대 계율이 정립된 것도 바로 이 시기입니다. 이처럼 십자군의 중핵으로서 기초를 다진 성 요한 기사단은 성전 기사단, 튜튼 기사단Teutonic Order 등 다른 기사단들과 더불어 대對이슬람 전선에서 널리 용맹을 떨칩니다.

하지만 지속적으로 쇠퇴를 거듭하던 기독교 세력은 1244년 예루살렘을 상실합니다. 거기다 주요 십자군 거점들까지 이슬람 세력에게 차례차례 넘어갔으며, 이윽고 1271년 중과부적이던 성 요한 기사단이 크라크 데 슈발리에Crac des Chevaliers 성채를 맘루크 왕조Mamluk Sultanate의 바이바르스Baibars, 1223-1277에게 양도하고 예루살렘 왕국 최후의 수도 아크레Acre로 후퇴하는 일까지 발생합니다. 성지의 완전한 상실은 이제 시간문제일 뿐이었지요. 그러다 1291년 5월 18일 처절한 저항에도 불구하고 아크레가 함락되고, 곧이어 남아 있던 일부 요새들도 모조리 점령되면서 기독교 세력은 결국 팔레스타인에서 완전히 쫓겨났던 것입니다. 그리고 성 요한 기사단도 이때 지중해 동부의 키프로스 섬으로 퇴각합니다.

② 아크레 공방전(1291)

키프로스, 로도스 그리고 몰타로의 이전

키프로스는 1210년부터 성 요한 기사단에 재산상, 상업상의 특권이 보장된 지역이었기 때문에, 그들은 이곳을 새로운 거점으로 삼아 조직 재건을 위한 발판을 마련합니다. 키프로스에서 성 요한 기사단은 병원을 증설하고 지중해 동부의 해상 루트를 수호하기 위해 해군을 확충하는 데 열중했지요. 그 와중에 유럽 각국으로부터의 인적·물적 지원은 계속되었습니다.

특히 성지 재탈환 노력의 일환으로 1300년에는 성전 기사단, 성 요한 기사단, 그리고 키프로스 군대가 연합군을 편성하여 토르토사Tortosa[4] 해안 근처의 루아드 섬Ruad에 상륙하기도 합니다. 허나 사전 합의로 협력을 약속했던 몽골군이 너무 늦게 도착하는 바람에 맘루크에 대한 공격은 실패로 끝나 버렸지요.

그런데 키프로스는 지리적 여건상 본거지로 삼기에는 매우 불안정한 곳이었습니다. 그리하여 그 대안으로 선택된 지역이 터키 인근의 로도스 섬Rhodes이었고, 1310년에 이르러 성 요한 기사단이 로도스 섬의 접수를 완료함으로써 거점을 다시 이곳으로 이전합니다. 그리고 이때부터 그들은 '**로도스 기사단**Order of Rhodes'으로 불리게 되지요.

이즈음 중세 기사단 체계를 송두리째 뒤흔드는 사건이 발생합니다. 바로 십자군의 핵심 전력이자 성 요한 기사단과 함께 성지 방어 임무의 전면에 나섰던 성전 기사단이 해체된 일입니다. 1307년 10월 13일 금요일 새벽, 성전 기사단의 자크 드 몰레Jacques de Molay 단장을 비롯한 성전 기사들이 프랑스 국왕 필리프 4세Philippe IV, 1268-1314의 명령에 의해 프랑스 전역에서 기습적으로 체포되었고, 이단 혐의가 덧씌워진 성전 기사단에 대한 처리 문제가 주요 의제가 된 비엔 공의회Council of Vienne, 1311-1312의 결과 성전 기사단은 교황 클레멘스 5세Pope Clement V의 칙령으로 1312년 3월 22일 공식 해산됩니다. 또한 1314년 3월 18일 단장 자크 드

4) 성전 기사단 최후의 거점들 중 하나로, 아크레 함락 이후 1291년 8월 3일 맘루크에 점령된 지역. 오늘날 이곳은 시리아의 타르투스Tartus 항구로, 러시아 해군 기지가 주둔하고 있습니다.

몰레마저 결국 파리 시내에서 화형에 처해집니다. 비록 성전 기사단의 일부 지역 조직들은 '몬테나 기사단'(스페인), '그리스도 기사단'(포르투갈)처럼 이름만 바꾸어 특정 국가 소속 기사단으로 재편해 존속되기도 했으나, 기사단 세계에서 중요한 위상을 차지하던 본래의 성전 기사단 조직은 이렇게 역사 속에서 완전히 자취를 감추게 됩니다.[5)]

그에 반해 로도스 기사단은 성전 기사단과 같은 비운을 맞지 않았습니다. 그 이유는 성지 상실 후 사실상 유럽으로 본거지를 옮겨 존재의 명분조차 잃고 있던 성전 기사단과는 달리, 그들은 여전히 지중해 동부 로도스 섬을 기반으로 이슬람 세력과 면전에서 대치하고 있었기 때문이지요. 더군다나 성전 기사단을 몰락시킨 주역 필리프 4세와 클레멘스 5세 모두 1314년에 사망하여, 기사단에 대한 더 이상의 위협 요소가 사라졌다는 것도 한몫했습니다.

한편, 로도스 기사단의 노력을 통해 난공불락의 요새로 변모한 로도스 섬은 이슬람 세력의 숱한 공세에도 불구하고 200여 년간 유럽 기독교 세력의 최전방 역할을 성공적으로 수행합니다. 특히 1444년 이집트 술탄의 공격, 1480년 오스만 투르크의 메흐메트 2세Mehmet II, 1432-1481의 대규모 침략도 잘 막아냈지요.

그러던 1522년, 슐레이만 대제Suleiman the Magnificent, 1494-1566는 기독교 세계의 전초기지 로도스 섬을 함락시키기 위해 무려 함선 400여 척, 18만 대군을 동원하여 포위 공격을 감행합니다. 기사 700명을 포함해 고작

5) 한편, 음모론에서는 성전 기사단이 이 당시 완전히 소탕되지 않고 지하에서 암약하다가 훗날 프리메이슨Freemason, 일루미나티Illuminati와 같은 세계적인 비밀결사 조직들로 재탄생하여 프랑스 대혁명, 미국 독립전쟁, 공산주의의 발흥 등 세계사의 전환점이 되는 거대한 사건들을 주도했다고 소개하고 있습니다. 그리고 현대에도 소설, 영화, 게임 등 각종 대중문화 매체를 통해 성전 기사단과 관련한 이야기들은 끊임없이 각색되어 세간에 회자되고 있답니다.

7천 명 정도의 병력밖에 없던 로도스 기사단은 오스만 투르크 병사 수만 명을 전사시키는 등 엄청난 손실을 입히면서, 그리고 자신들도 기사 520명을 포함하여 5천 병력을 희생시키면서 장장 6개월 동안을 가까스로 버텨냈습니다. 그러나 연말이 되자 성벽이 뚫리고 진지가 점거되는 등 더는 저항할 수 없는 시점에 도달하였고, 패배가 임박한 상황에서 때마침 슐레이만 대제도 더 이상의 피해를 줄이고자 파격적인 조건을 제시함으로써 로도스 기사단은 12월 22일 마침내 항복합니다. 그리하여 1523년 1월 1일을 기해, 기사단은 이슬람 세력으로부터 200여 년 동안 끈질기게 지켜냈던 로도스 섬에서 명예롭게 철군합니다.

③ 오스만 투르크의 슐레이만 대제

로도스 기사단은 몇 년간의 영토 없는 유랑 생활 끝에 1530년 신성로마제국 카를 5세Karl V, 1500-1558로부터 시칠리아 남부의 몰타 섬Malta을 할양받습니다. 매년 매 1마리를 바치는 대가로 말이지요. 물론 카를 5세로서는 전혀 밑질 게 없다고 판단할 만도 했던 것이, 당시 몰타는 불모지나 다를 바 없던 지중해 한복판의 작은 바위섬에 불과했으니까요. 그렇지만 이곳은 기사단의 명성을 다시 한번 역사에 아로새겨줄 영광의 공간이 될 참이었습니다. 그리고 로도스 섬으로 근거지를 이전했을 때와 마찬가지로, 몰타 섬에 정착한 그들에게 **'몰타 기사단'**이라는 새로운 이름은 어쩌면 당연한 것이었지요.

이슬람 세력에 대한 승리

다 쓰러져 가는 초라한 성채밖에 남아 있지 않던 황량한 바위섬 몰타에 들어온 기사단은, 언제나 그랬듯이 이곳을 천혜의 요새로 바꿔 놓습니다. 그것은 1530년부터 시작된 기나긴 여정이었지요. 그들은 이미 알고 있었습니다. 오스만 투르크는 분명 기세를 몰아 언젠가는 이 작은 섬까지 노릴 것이고, 그렇다면 미리 방비를 단단히 해 놓아야 한다는 것을……. 성곽의 보수와 개축 작업에는 남녀가 따로 없었습니다. 물론, 기사단장 장 파리조 드 라 발레트Jean Parisot de La Valette, 약 1494-1568라고 해서 예외는 아니었습니다.

35년간의 기다림 끝에 드디어 오스만 투르크가 움직이기 시작합니다. 1520년 즉위 이후 거의 반세기 가까운 긴 세월이 흘렀건만, 슐레이만 대제의 정복욕은 전혀 멈출 줄 몰랐습니다. 그는 1565년 육군사령관 무스타파 파샤Mustafa Pasha, 해군사령관 피알레 파샤Piale Pasha, 그리고 나이 80에 이른 명장 토르구트Torghoud, 또는 드라구트(Dragut) 등 당대 최고의 장군들과 3만 5천 이상의 병력을 몰타에 파견합니다. 몰타는 겨우 기사 780명, 그리고 8천 5백 명 가량의 병사들과 주민 지원병들이 지키고 있었을 따름이었지요.

5월 18일 오스만 투르크 군대가 상륙을 시작하고, 5월 24일 방어 거점이던 성 엘모St. Elmo 요새에 대한 포격으로부터 개시된 전투는 곧 치열한 격전으로 변했습니다. 그 와중에 장군 토르구트는 포탄 파편에 맞아 심각한 부상을 입고, 6월 23일 사망합니다. 같은 날, 성 엘모 요새는 함락되고 요새에 잔류하던 기사단 측 인원들에 대한 학살이 자행됩니다. 하지만 오스만 투르크 측도 성 엘모 요새 하나를 공략하는 데 이미 8천 명에 가까운 사상자가 발생했을 정도로 막대한 피해를 입은 상태였지요.

이제 오스만 투르크의 공세는 남아 있는 성 안젤로St. Angelo 요새와 성 미카엘St. Michael 요새로 향합니다. 하지만 몰타 기사단은 여전히 필사적인 저항으로 적들에게 화답했고, 그러한 불굴의 투쟁은 마침내 빛을 발했습니다. 9월 초, 스페인의 시칠리아 부왕副王, Viceroy 돈 가르시아 데 톨레도Don García de Toledo가 이끄는 1만 1천 명의 구원군이 몰타에 도착하자 오스만 투르크 군대는 황급히 철수를 결정합니다. 결국 오스만 투르크 측은 약 2만 4천여 명에 달하는 사상자를 냈으며, 기사단 측은 240명의 기사, 2천 5백 명의 동맹군, 그리고 7천여 명의 지원병과 시민들의 희생으로 섬을 지켜 냅니다.

술레이만 대제는 패전 소식에 격노하여 이듬해 몰타로 친정親征할 것을 선언합니다. 하지만 위대한 정복자 술레이만 대제와 영웅적인 투쟁을 이끈 지휘관 라 발레트의 직접 대결은 무산되고 마는데, 1566년 72세의 나이에 헝가리 원정에 나섰던 술레이만 대제가 전장에서 질병으로 숨을 거두기 때문입니다. 그리고 자신이 참전했던 로도스 섬에서의 패배를 말끔히 설욕한 기사단장 라 발레트도 그로부터 2년 후인 1568년 사망하게 됩니다. 한편, 오늘날 몰타 공화국의 수도 발레타Valletta는 그의 공적을 기리기 위해 이름을 따온 도시입니다.

하지만 몰타 기사단의 복수는 이것으로 끝나지 않았습니다. 신성 동맹Holy League을 구축한 기독교 세력은 1571년 그리스 서부 연안 레판토에서 오스만 투르크의 해군을 격파합니다. 이때 기독교 연합 함대에 몰타 기사단도 참여하고 있었지요. 또한 이 레판토 해전Battle of Lepanto을 기점으로, 이슬람 세력의 지중해 패권은 비로소 한풀 꺾이게 되었던 것입니다.

④ 레판토 해전(1571). 이를 기점으로 오스만 투르크의 지중해 패권이 한풀 꺾이게 됩니다.

몰타 상실과 로마 정착

이윽고 몰타에는 평화가 찾아옵니다. 몰타 기사단 역시 수백 년 동안 성지에서, 로도스 섬에서, 그리고 자신들이 지금 지탱하고 있는 이 조그마한 바위섬에서 이슬람 세력과 목숨을 걸고 싸웠던 기억들을 서서히 잊어가기 시작했습니다. 레판토 해전으로부터 다시 200여 년이 지나고, 혁명의 불길이 프랑스와 유럽 전역을 뒤덮던 어느 날, 몰타 기사단에도 정말 오랜만에 위기가 닥치게 됩니다. 1798년, 이집트 원정에 나섰던 프랑스의 나폴레옹 보나파르트Napoléon Bonaparte, 1769-1821가 군대를 이끌고 갑작스럽게 몰타로 쳐들어 온 것입니다. 술레이만 대제가 이미 그 중요성을 꿰뚫어 봤듯이, 이 젊은 전쟁의 천재에게도 몰타는 전략적 가치가 대단히 높은 곳이었지요.

그런데 몰타 기사단으로서는 한 가지 문제가 있었습니다. 1530년 카를 5세로부터 이 섬을 할양받을 당시, 로마 교황 클레멘스 7세Pope Clement VII는 기독교 국가들끼리의 전쟁에는 가담하지 말고 중립을 취해야 한다는 조건으로 할양을 승인했지요. 즉, 기독교도들을 상대로 맞서 싸워서는 안 된다는 뜻입니다. 만일 몰타 기사단이 나폴레옹의 프랑스 군대에 대항한다면, 교황이 제시했던 승인의 조건을 명시적으로 위배하는 일이었답니다.

그렇다고 하더라도 단지 수백 년 전에 행한 케케묵은 맹세 때문에 자신들을 공격하는 적을 앞에다 두고 제대로 된 저항도 없이 굴복한다는 것 자체가 솔직히 어이없는 일이지요. 같은 기독교 세력이라 하더라도, 먼저 총칼을 들이민 적에게 대항할 명분이야 만들어 내면 그만 아닌가요? 그럼에도 불구하고 **몰타 기사단은 결국 나폴레옹에게 순순히 항복했던 것입니다!**

⑤ 전쟁의 천재, 나폴레옹 보나파르트. 훗날 전 유럽을 제패할 그에게 지중해의 작은 섬 몰타라 해서 예외는 아니었습니다.

도대체 왜 그랬을까요? 여기에는 당시 몰타 기사단을 이끌던 페르디난트 폰 홈페쉬Ferdinand von Hompesch의 행태가 크게 작용합니다. 그는 수백 년간 내려온 기사단의 명예와 용기보다도 자신이 모은 재산과 금은보화에만 더 신경 쓰는 부류로, 전쟁 같은 건 전혀 모르는 겁쟁이였습니다. 다시 말해, 몰타와 기사단의 운명에 백해무익한 인간이었지요. 물론, 애초에 그런 인물을 단장 자리에 앉힌 기사단 역시 사치와 부패에 물들어 있었다고 볼 수밖에 없겠지요.

기사단장 폰 홈페쉬는 나폴레옹의 허장성세虛張聲勢에 가까운 위협에 간단히 굴복하여, 보급을 핑계로 한 프랑스 군대의 상륙을 별다른 대비책도 없이 내버려 둡니다. 오직 그들의 '선의'에만 의존하면서 말이지요. 이렇게 좋은 기회를 놓칠 리 없던 나폴레옹은 1만 5천에 달하는 병력을 풀어 난공불락의 요새 발레타를 순식간에 장악했습니다. 나폴레옹의 참모진 중 한 사람은 이날의 승리를 다음과 같이 평가할 정도였습니다.

> 얼마나 운이 좋나요, …… 우리에게 문을 열어줄 친구가 있었으니. 그렇지 않았다면 몇십 명의 사람들만으로도 우리로부터 여러 달 동안 끈질기게 이 도시를 지켜낼 수 있었을 것입니다![6]

몰타 기사단은 로도스 섬에서와는 달리, 나폴레옹에 의해 이번에는 불명예스럽게 축출되었습니다. 그들은 이제 유럽 각지를 정처 없이 떠돌아다니는 신세로 전락할 수밖에 없었지요. 기사단의 몰락을 자초했던 기사단장 폰 홈페쉬의 운명도 별반 다르지 않았습니다. 오직 재물과 안락한 생활에만 관심을 보였던 그는 1805년 5월 12일 사망 당시, 병원비를 낼 돈도 장례를 치를 돈도 전혀 남기지 못할 정도로 가난한 상태였다고 전해집니다.

---

6) E. M. Tenison, *A Short History of The Order of Saint John of Jerusalem: From its earliest Foundation in A. D. 1014 to the end of the Great War of A. D. 1914-18*, p.87.

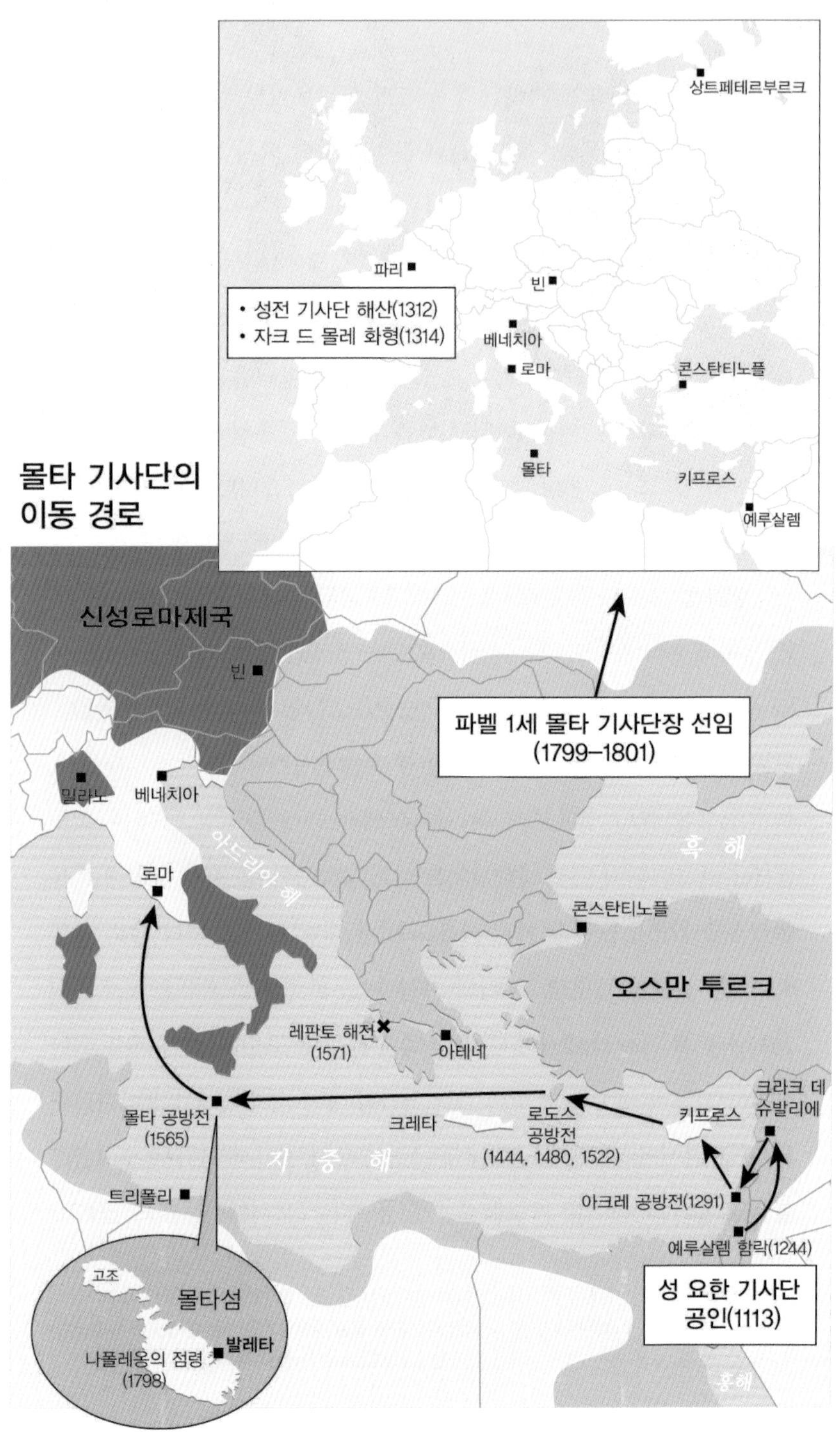

몰타 기사단의
이동 경로
상트페테르부르크
파리
빈
• 성전 기사단 해산(1312)
• 자크 드 몰레 화형(1314)
베네치아
로마
콘스탄티노플
몰타
키프로스
예루살렘
신성로마제국
빈
파벨 1세 몰타 기사단장 선임
(1799–1801)
밀라노
베네치아
아드리아 해
흑 해
로마
콘스탄티노플
오스만 투르크
레판토 해전
(1571)
아테네
크라크 데
슈발리에
몰타 공방전
(1565)
크레타
로도스
공방전
(1444, 1480, 1522)
키프로스
지 중 해
트리폴리
아크레 공방전(1291)
예루살렘 함락(1244)
고조
몰타섬
발레타
나폴레옹의 점령
(1798)
성 요한 기사단
공인(1113)
홍해

그리고 몰타 기사단은 망명 시절 동안 3대 계율(순결, 복종, 청빈)에 전혀 어울리지 않을 법한 러시아 차르 파벨 1세Paul I, 1754-1801를 기사단장으로 선임하기도 합니다(재임: 1799-1801). 한편, 몰타 섬은 1802년 아미앵 조약Treaty of Amiens에도 불구하고 나폴레옹의 몰락 이후 영국에 편입되고, 기사단의 주권은 그곳에서 다시는 회복되지 못합니다. 그리하여 오늘날의 몰타 공화국과 몰타 기사단은 한때의 역사를 공유했다는 공통점만 지니고 있을 뿐, 엄연히 다른 실체로 분리된 것입니다.

1834년, 오랜 망명 생활 끝에 몰타 기사단은 로마에 치외법권이 인정되는 건물을 확보함으로써 새로운 둥지를 트게 됩니다. 이곳이 바로 몰타 궁전Magistral Palace과 몰타 기사단 별장Magistral Villa으로, 이 건물들을 중심으로 현재까지 기사단의 주요 업무가 수행되고 있습니다. 그리고 로마에 정착한 이래로 몰타 기사단은 설립 당시에 맡았던 처음의 역할로 되돌아가, 국제사회에서 구호 임무, 자선 활동, 인도주의적 지원에 매진하고 있습니다.

새로운 위기, 교황청의 간섭

몰타 기사단은 2020년 10월 기준 세계 110개국과 외교 관계를 수립한 상태입니다. 이는 193개 UN 회원국 가운데 절반 이상에 해당하는 숫자이지요. 특히 가톨릭 전통을 지닌 유럽과 중남미 주요 국가들뿐만 아니라, 아프리카 각국들, 더 나아가 역사적으로 치열하게 맞서 싸운 이슬람권의 여러 국가들, 이를테면 모로코, 이집트, 요르단과도 공식적인 외교

관계를 맺고 있습니다.

그리고 몰타 기사단은 약 1만 3천 명의 회원 그리고 10만 명 이상의 자원봉사자들로 구성되어 있으며, 현재 120여 개국에서 활동하고 있지요. 특히 우리나라에도 지부가 개설되어 있는데, 박용만 대한상공회의소 회장이 2015년부터 대표를 맡고 있습니다.

그런데 앞에서 확인한 국가의 자격 요건(국민, 영토, 주권)을 엄격하게 적용시킨다면, 실질적으로 장소적 요건, 즉 영토를 결여하고 단지 치외법권이 인정되는 건물만 보유한 몰타 기사단에게 국가로서의 지위를 인정하는 것은 힘들다는 결론이 도출되겠지요.[7] 특정한 건물 하나하나에 영토성을 부여할 수는 없는 노릇이니까요. 그럼에도 불구하고 오늘날 국제사회의 실행을 감안한다면, 몰타 기사단을 국가 또는 그에 준하는 주권적 실체로 인정하는 것이 완전히 비상식적인 일이라고 판단되지는 않습니다. 특히 이탈리아 대법원도 몰타 기사단의 주권적 성격을 일정 부분 수용하고 있지요.

한편, 오늘날의 몰타 기사단은 과거의 전통을 계승한다는 의미에서 명목상으로만 군사적 성격을 간직하고 있을 뿐, 몰타를 상실한 이후에는 군사 조직으로서의 기능이 올스톱된 상태입니다. 더군다나 실제 영토도 없고, 이미 전 세계에서 중립적이고 비정치적인 활동만 담당하고 있는 몰타 기사단이 다른 국가로부터의 군사적 위협에 노출된다는 것을 상상하는 것조차도 쉽지 않습니다. 그들 앞에 맘루크 군대도, 슐레이만 대제도, 나폴레옹도 다시 나타날 리 만무하겠지요. 하지만 그렇다고 하여 몰

7) 물론, 몰타 기사단 소속 회원을 국가의 정식 시민으로 보기 힘들다는 면도 있기 때문에, 인적 요건 또한 충족시키지 못한다고 판단할 수도 있을 것입니다. 그러나 기사단장, 부기사단장, 대재상 이렇게 '3명'은 공식적으로 몰타 기사단의 시민으로 인정받고 있습니다.

타 기사단의 주권은 안심해도 되는 처지일까요?

현 시점에서 몰타 기사단의 주권적 지위를 위협하는 최대 요소는 아이러니하게도 가톨릭의 본산, 로마 교황청The Holy See입니다. 몰타 기사단은 1113년 교황 파스칼 2세에 의해 공인받은 그 시점부터 교황청과 떼려야 뗄 수 없는 매우 밀접한 관계가 되었습니다. 1530년 카를 5세로부터 몰타 섬을 할양받을 당시에 그것을 승인한 것은 -그리고 먼 훗날 기사단의 발목을 잡게 될 조건을 부과한 것도- 교황 클레멘스 7세였지요. 이와 같이 역사적 차원에서 몰타 기사단은 그 존재 자체를 교황의 권위에 의존했던 면이 큽니다. 더욱이 기사단이 망명 생활을 청산하고 로마에 터를 잡으면서 교황청에 대한 의존도는 한층 더 심해집니다.

제76대 기사단장 루도비코 치기 알바니 델라 로베레Ludovico Chigi Albani della Rovere 재임 말기, 몰타 기사단 소속 직원이 기사단 자금으로 밀 시장에 투자한 정황이 포착됩니다. 다른 누군가는 주식 시장에 손을 댔지요. 그 밖에 밀수 행위를 저지른 이도 있었답니다. 이런 참담한 소식에 충격을 받은 기사단장 치기는 1951년 11월 14일 심장마비로 사망하고, 바티칸도 몰타 기사단의 불법행위를 조사하기 시작했습니다. 그리고 이 사건을 거치며 교황청은 몰타 기사단에 대한 회계 감사의 필요성을 인식합니다. 문제는 교황청에 의한 이러한 간섭이 결과적으로 몰타 기사단의 독립에 악영향을 미친다는 점입니다.

거기다 **최근 들어 주권적 실체로서의 몰타 기사단의 존립을 의심할 만큼 심각한 사태가 교황청과 기사단 사이에 발생했습니다.** 가톨릭 교리를 위배해 미얀마에서 콘돔 배포를 허용한 대재상Grand Chancellor: 정부 수반 알브레히트 폰 뵈젤라거Albrecht von Boeselager에 대해, 2016년 12월 기사단장 매튜 페스팅Matthew Festing은 해임을 결정합니다. 그러나 폰 뵈젤라거는 이러한 조치에 반발하여 교황청의 직접 개입을 요청하고, 교황 프란치스코Pope Francis는 2017년 1월 말 역으로 기사단장 페스팅을 사임시키고 폰 뵈젤라거를 복직시켰을 뿐만 아니라, 후임자가 결정될 때까지 아예 교황청이 직접 기사단을 통치하게 합니다. 이는 보수적인 성향의 몰타 기사단이 보다 진보적인 현 교황청에 극적으로 패배한 장면이었으며, 특히 몰타 기사단에 대한 바티칸의 권력 장악을 상징하는 사건임에 틀림없었지요.

몰타 기사단은 약 1,000년 동안 독립을 유지했습니다. 더군다나 1997년 헌법 개정을 통해 제3조에서 "기사단은 국제법의 주체이며 주권적 기능을 행사한다."라고 명시적으로 규정할 정도로 자신들의 주권적 지위를 지극히 중요시했습니다.[8] 허나 이 사건으로 인해 기사단의 주권과 독립은 심각하게 훼손되었지요. 특히 교회법학자인 에드워드 콘돈 박사Dr. Edward Condon는 "국제법적인 면에서, 교황청은 방금 다른 주권적 독립체sovereign entity를 병합했다."라고까지 표현할 정도였습니다.[9] 그나마 이 사건이 일단락된 이후, 교황청과 몰타 기사단 모두 기사단의 주권적 성격을 재확인했으나, 교황청의 간섭으로 크게 상처 입은 그들의 위상이 얼마나 회복될 수 있을지는 솔직히 조금 더 지켜볼 일입니다.

---

8) "Constitutional Charter and Code of The Sovereign Military Hospitaller Order of St. John of Jerusalem of Rhodes and of Malta," Promulgated 27 June 1961, revised by the Extraordinary Chapter General 28-30 April 1997., Title I, Article 3, Par. 1.

9) The Spectator, "Pope seizes power from the Knights of Malta, brutally ending 900 years of their sovereignty," by Damian Thompson, 25 January 2017.

용기 있는 자들만이 누릴 수 있는 특권

프랑스 대혁명과 제국주의 시대 그리고 제3세계 식민지들의 독립을 거치면서 국제사회는 200여 개에 달하는 국민국가 체제로 재편되었고, 지배적 형태로서의 국민국가라는 틀에 부합하지 않는 어떤 실체나 조직들은 이제 국가로 인정받지 못하는 단계에까지 이르게 되었습니다.

이러한 국제질서 속에서 몰타 기사단은 단연 돋보이는 존재라고 말할 수 있지요. 십자군 원정을 통해 명성을 드높인 유럽 중세 기사단 가운데 현 시점까지 그 명맥이 끊어지지 않고 온전하게 유지되는 조직은 사실상 몰타 기사단이 유일합니다. 그런데 그것만으로도 모자라 몰타 기사단은 단순한 기사단 조직으로서의 성격만이 아니라, 국가 또는 그에 버금가는 주권적 실체로서의 모습까지 보여주고 있습니다. 앞서 언급했듯이 이는 가톨릭 전통을 따르는 유럽과 중남미 국가들만이 아니라, 한 때 그들의 주적主敵이기도 했던 이슬람 세계의 일부 국가들까지 인정하는 내용입니다.

이처럼 특징적인 몰타 기사단의 지위는 결코 거저 얻은 것이 아닙니다. 그들의 파란만장한 역사 속에서 숱한 위험을 극복하고 무너져도 다시 일어섰기 때문에 가능했던 것입니다. 자신들보다 몇 배, 몇십 배 규모의 강대한 적들 앞에서도 절대 주눅 들지 않았고, 스스로의 피로써 기사단의 명예와 용기를 끊임없이 증명해 보였기에 그 조그마한 몸집에도 불구하고 거대한 세력들을 상대로 세계사의 주역으로서 자리매김할 수 있었던 것입니다. 희생을 두려워하지 않고 전장에서 포효하는 그들의 활약에 유럽은 지원을 아끼지 않았고, 새로운 기회도 제공했던 것이지요.

물론, 기사단의 예리한 칼날도 무뎌지는 시기가 찾아왔고, 그들은 자신들의 비겁함과 오판에 상응하는 대가를 치렀습니다. 만일 난공불락의 요새를 그렇게 손쉽게 넘겨주지만 않았다면, 그리고 과거에 언제나 그러했듯이 또 한 명의 전쟁 영웅에게도 당당히 대항하는 결기를 보였더라면, 아마 우리는 수많은 국민국가들 속에서 지중해 작은 바위섬에 의지하면서 중세 기사단 체제로 운영되는 '완전한 국가'를 꽤나 흥미로운 시선으로 지금 이 시점에 구경할 수도 있었을 것입니다.

약간의 아쉬움을 뒤로하고, 몰타 기사단에게 부여된 현재의 위상은 분명 기나긴 역사 속에서 자신들의 가치를 증명한 자들이 누리는 특권입니다. 그렇지 않다면 고작 로마 시내의 건물 몇 채만 소유하고 이제는 군사적 역량도 완전히 상실한 그들에 대해, 어쩌면 오늘날 세계 굴지의 글로벌 기업들보다도 영향력이 축소된 그들에 대해, 수많은 나라들이 그렇게까지 예우를 갖추며 대접할 이유란 전혀 없겠지요. 그들이 보여준 용기가 그들에게 주권과 독립이라는 영광스러운 타이틀을 수여했던 것입니다.

용기 없는 자가 누릴 수 있는 것이란 아무것도 없습니다. 설령 지금 당장 무언가를 손에 쥐고 있다 하더라도, 그것을 마지막까지 지켜낸다는 보장도 없습니다. 이는 한 개인의 일생에만 적용되는 내용이 아니라, 조직의 운명에도, 더 나아가 국가 단위의 미래에도 동일하게 적용되는 원리입니다. 그리고 몰타 기사단은 자신들의 역사를 통해 이 점을 정확히 확인시켜 주고 있습니다.

6 내각은 왜 캐비닛Cabinet인가?

신민과 군주는 완전히 다른 존재다.
- 찰스 1세Charles I, 1649. 1. 30.
런던 화이트홀 궁전의 뱅퀴팅 하우스 앞 처형대에서

우리는 캐비닛Cabinet이라는 단어를 접하게 되면 흔히 장식장, 진열장이나 보관함과 같은 '가구'를 1차적으로 떠올릴 것입니다. 그렇지만 잘 알려져 있다시피, 정부 조직 내지 정치 기구와 관련하여 이 단어는 또한 행정부의 고위공직자들로 구성된 '내각內閣'을 의미하기도 합니다. 케임브리지 사전Cambridge Dictionary에서도 캐비닛의 주요한 의미로 위 두 가지 정의를 모두 제시하고 있지요.

캐비닛 (정부) 대통령이나 총리에게 조언하고 중요한 결정을 내리는, 정부 내 가장 주요한 인사들의 작은 그룹

캐비닛 (가구) 물건을 보관하거나 혹은 진열하는 데 사용되는 선반,

찬장, 또는 서랍이 있는 가구 한 점[1]

또한 옥스퍼드 사전Oxford Learner's Dictionaries 및 메리암-웹스터 사전Merriam-Webster Dictionary과 같은 대표적인 영어 사전들에서도 이러한 개념이 공통적으로 거론됩니다. 그런데 '가구'와 '내각'은 너무나도 이질적인 성격을 띠고 있기에, 상호 간의 연결 고리를 언뜻 생각해 내기 힘들 만큼이 둘 사이에는 커다란 거리감이 존재하는 것도 사실입니다. 그럼에도 불구하고 캐비닛이라는 하나의 단어가 두 가지 상이한 뜻을 내포하고 있을 때에는 다 그만한 이유가 있겠지요? 이는 영국 입헌 정치의 발달사와 깊게 맞물려 있습니다.

가구에서 회의실로 그리고 정부 기구로

영어에서 캐비닛이라는 단어가 처음 사용된 시기로 알려진 1550년경, 이 단어는 우리들이 캐비닛과 관련하여 가장 쉽게 떠올리는 '가구' 개념으로 쓰였답니다. 즉, "주로 작은 물품들을 보관하는 상자"를 뜻했지요. 그러다가 16세기 말이 되자, "은둔seclusion을 제공하는 작은 방" 또는 "군주의 수석 자문위원들 또는 장관들의 회의실로 쓰이는 사적인 공간"으로서의 의미가 더해집니다.[2] 크기가 작다는 점에서만큼은 이 두 개념 사이에 공통점이 있군요.

그러다 17세기 들어 캐비닛은 자문위원들이 모여 국정을 논의하던 방

1) "cabinet," Cambridge Dictionary Home.

2) "Let's Organize the History of 'Cabinet'," Merriam-Webster Dictionary Home.

에서 한걸음 더 나아가, 아예 그들로 구성된 '조직' 자체를 의미하기에 이릅니다. 특정한 건물 · 시설이나 장소를 어떠한 정부 기구나 조직을 가리키는 용도로 사용하는 경우는 오늘날에도 쉽게 찾아볼 수 있는데, 대표적인 예로 '청와대'나 '백악관' 등을 들 수 있습니다. 이들 단어의 1차적인 사전적 정의는 물론 대한민국 또는 미국 대통령의 관저라는 '장소적 개념'이지요. 그렇지만 여러분들이 언론 보도를 통해 이 단어를 접하는 경우라면, 그 가운데 십중팔구는 대통령의 직무를 보좌하는 대통령비서실 조직을 뜻한다고 보면 됩니다.

이처럼 캐비닛을 군주의 수석 자문위원들 또는 장관들의 회의 그 자체, 즉 내각을 가리키는 용법으로 쓴 대표적인 사례로는, 프랜시스 베이컨Francis Bacon의 저작 『수상록Essays』의 「조언에 관하여Of Counsels」라는 부분을 통해 확인할 수 있습니다.

> 일부 왕들의 시대에, [자문으로 인한] 불편한 점들 때문에 이탈리아의 정책, 프랑스의 관행은 내각위원회cabinet councils를 도입했다. 그러나 이는 질병보다 더 나쁜 치료법이다.[3)]

베이컨은 이렇듯 내각을 두고, 외국에서 전래된 상당히 나쁜 관습 정도로 폄하해 버립니다. 사실 내각을 가리키는 캐비닛이라는 용어 자체가 앞서 확인했듯이 국왕이 내각 구성원들을 궁정 내부의 -캐비닛이라 불린- 작은 밀실에다 모아 국정을 논의하던 관습으로부터 유래했다는 점에서, 내각이란 기본적으로 국왕의 이익을 철저히 옹호하고자 최측근

---

3) Francis Bacon/Richard Whately, *Bacon's Essays: with Annotations by Richard Whately*, p. 211.

내지 가신 집단에 의해 꾸려진 이른바 '음모도당cabal' 따위로 취급된 것이 사실이지요. 이러한 부정적 인식은 당대에 만연하였으며, 훗날 찰스 2세Charles II, 1630-1685가 '신新추밀원New Privy Council'을 설립한 1679년까지 유지되었다고 볼 수 있습니다.

찰스 2세와 윌리엄 템플의 추밀원 개혁

청교도 혁명(1642-1651), 찰스 1세Charles I, 1600-1649의 처형(1649), 왕정 폐지와 잉글랜드 공화국의 수립, 그리고 올리버 크롬웰Oliver Cromwell, 1599-1658의 호국경護國卿, Lord Protector 취임과 군사독재라는 숨 가쁜 역사적 변혁 과정을 거친 영국에서는, 크롬웰 사후 2년 만인 1660년 왕정복고가 이루어집니다. 그의 무자비한 철권통치와 청교도적 금욕주의에 대해 크게 환멸을 느낀 국민들의 민심은 이미 크롬웰 정권으로부터 완전히 멀어진 상태였으며, 더군다나 최후의 보루 군대마저도 의회와의 대립으로 말미암아 정권에 등을 돌린 것이 결정타였지요. 이로써 찰스 1세의 아들 찰스 2세가 오랜 망명 생활을 청산하고 수많은 인파의 열렬한 환호 속에 귀국하여 왕위에 오릅니다.

찰스 2세는 즉위 이듬해인 1661년, 부왕父王 찰스 1세의 처형을 주도한 59명 가운데 13명은 사형, 25명은 종신형에 처하는 보복을 단행합니다. 게다가 올리버 크롬웰을 비롯해 이미 사망한 자들의 경우 아예 부관참시剖棺斬屍하여 효수해 버리기까지 하지요.[4] 그렇지만 이와 같은 복수 행

4) 이때 찰스 2세에 의해 작성된 명단, 즉 살생부가 '블랙리스트Blacklist'의 어원이 됩니다.

① 「찰스 1세의 처형The execution of King Charles I」.
찰스 1세의 아들 찰스 2세는 1660년에 왕위를 되찾습니다.

위에도 불구하고, 찰스 2세가 집권기 내내 행사한 권력은 이전 국왕들에 비해 분명 제한적이었습니다. 특히 그는 뼈저린 경험을 통해 의회를 무시하고 절대군주로서 자신의 의지만 완고하게 고집하는 것이 어떠한 파국적 결과를 초래하는지에 관해서도 잘 이해하고 있었지요. 이를 적나라하게 보여주는 사례가 바로 1679년 '추밀원Privy Council 개혁'입니다.

노르만 시대의 왕정청王政廳, curia regis에서 유래를 찾을 수 있는 추밀원은, 튜더 왕조 때부터 이미 국왕의 자문기관으로 존재하고 있었지요. 그러다 스튜어트 왕조 시대에 접어들어 복잡해진 행정사무를 처리하기 위해 추밀원 내부에 각종 위원회가 설치되었고, 그중에서 특히 외교위원회Foreign Committee가 국왕의 최측근과 가신들로 구성되어 내각의 역할을 맡게 됩니다.

그런데 당대의 추밀원은 인원수가 50명을 넘었기에 실질적으로 심의·자문 기능이 제대로 발휘될 수 없었습니다. 더군다나 "다수의 위원회는 많은 중대사에 요구되는 비밀 유지와 신속한 처리에 부적합하다."라고 인식한 찰스 2세는,[5] 그 가운데 대여섯 명의 최측근 신하들을 따로 불러 모아 그들끼리 국정 전반을 논의하고 집행했지요.[6] 이렇게 뽑힌 내각의 각료들은 물론 추밀원의 자문위원에 포함되기는 했으나 의회의 의원일 필요는 없었으며, 또한 내각 회의의 주재자는 당연히 국왕이었습니다. 그러므로 내각의 구성원들은 국왕의 신임에만 의존할 뿐이었지요. 그렇기에 의회에 대해서 책임지는 오늘날의 의원내각제에서의 내각과는 성격 면에서 판이하게 달랐던 것입니다.

② 찰스 2세는 템플 경의 조언을 받아들여 추밀원 개혁을 단행합니다.

---

5) Hannis Taylor, *The Origin and Growth of the English Constitution, Part I. The Making of the Constitution*, pp.603-611.; Frederic Austin Ogg, *English Government and Politics*, p.46.

6) 이렇게 구성된 것이 바로 '카발 내각Cabal Ministry'입니다. 그리고 이 내각은 구성원들의 이름 때문에도 특별히 '음모도당cabal'으로 불렸는데, 토머스 클리포드Thomas Clifford, 1st Baron Clifford of Chudleigh, 알링턴 백작Henry Bennet, 1st Earl of Arlington, 버킹엄 공작George Villiers, 2nd Duke of Buckingham, 안소니 애슐리 쿠퍼Anthony Ashley Cooper, 1st Earl of Shaftesbury, 로더데일 공작John Maitland, 1st Duke of Lauderdale 이상 다섯 명의 앞 글자 C-A-B-A-L을 따서 '카발cabal'이 되었답니다.

이런 상황에서 국민과 의회가 내각에 대해 의심의 눈초리를 보내는 것도 어쩌면 당연한 일이었을 것입니다. 앞서 말했듯이 밀실에서 국왕과 총신 몇 사람들끼리 국가 중대사를 좌우하는 상황을 기분 좋게 바라볼 이들은 많지 않겠지요. 더군다나 자신들을 무시하고 전제정치를 일삼던 찰스 1세의 목을 자른 적까지 있는 의회로서는 말입니다. 그뿐만 아니라 찰스 2세의 친親가톨릭적 성향 그리고 가톨릭 신자인 국왕의 동생 요크 공작(훗날의 제임스 2세)의 왕위 계승 문제로 인해 영국 국교도가 중심이 된 의회는 국왕과 극심한 대립을 이어가게 됩니다.

그러다 1679년 급기야 국왕의 최측근 재무경Lord Treasurer 토마스 오스본Thomas Osborne이 탄핵으로 축출되고 이후 런던탑에 수감되는 사태까지 발생합니다. 이제 정치적 궁지에 몰린 찰스 2세로서는 자칫하면 자기 아버지의 비극적 전철을 되풀이할 처지에까지 놓이게 되었지요.

여기서 찰스 2세를 구원하기 위해 등장한 사람이 있었으니, 바로 윌리엄 템플 경Sir William Temple, 1628-1699입니다. 그는 1668년 잉글랜드, 네덜란드, 스웨덴의 삼국동맹을 성공적으로 체결시키는 한편, 1677년 요크 공작의 딸 메리(훗날의 메리 2세)와 네덜란드의 오렌지 공작Prince of Orange 윌리엄(훗날의 윌리엄 3세) 사이의 혼인도 성사시켰지요. 이처럼 특출난 외교력을 선보였던 템플은 찰스 2세의 요청에 따라 영국으로 되돌아온 다음, 국왕의 자문역을 맡고 있었습니다. 그리고 위기의 순간에 이르러 그는 자신의 해박한 지식과 정치적 혜안을 바탕으로, 근대적 입헌군주제와 의원내각제의 원형이 된 새로운 제도를 직접 창안하고 설계했던 것입니다. 특히 군신 간의 협력과 상호 견제를 핵심으로 하는 중국의 유교적 통치 이념에 대해 깊이 이해하고 있던 템플은, 현명한 신하들에게 국정을 위임함으로써 군주의 자의적 통치를 방지·억제하는 중국식 내각제에 크게 감명을 받고 이를 벤치마킹하기에 이릅니다.[7]

템플에 의해 마련된 정치 개혁방안은 유명무실한 추밀원 조직을 개편하고 의혹과 분노의 대상이 된 내각의 구성을 쇄신하는 일이었습니다. 이러한 내용이 1679년 4월 20일 '신추밀원의 설치에 관한 선언A Declaration relating to the Establishment of the New Privy Council'에 담겨 있지요. 이에 관해 구체적으로 설명하자면, 일단 50명에 달하는 추밀원 인원을 30명으로 대폭 축소하여 자문기관으로서의 효율성을 제고하는 것이었습니다. 그렇지만 이보다 훨씬 더 중요한 개혁 조치가 함께 취해졌는데, 바로 추밀원의 자문위원들을 선발하는 방식이 근본적으로 바뀌었다는 점입니다. 다시 말해, 신추밀원에서는 위원 30명 가운데 15명은 국왕이 자율적으로 임명하는 왕실 관리 등으로 구성되지만, 그와 같은 수의 나머지 15명은 이제부터 유능하고 영향력 있는 의회 의원 중에서 선발하게 되었습니다. 특히 귀족원인 상원의원 10명뿐만 아니라 서민원인 하원의원 5명도 포함되었는데, 이러한 인적 구성은 국왕과 첨예한 대립각을 세우던 하원 내부의 지도적 인사들까지도 추밀원에 받아들여 그들을 국정 운영에 적극적으로 참여시키겠다는 의미나 다름없었지요.

게다가 찰스 2세는 위 선언을 통해 신추밀원의 협의와 조언을 바탕으로 통치하겠다는 점을 분명히 합니다. 즉, 중요 사안들에 대해서는 더 이상 추밀원의 조언 없이 자의적인 의사 결정을 내리지 않겠다고 약속했

7) 물론, 템플 스스로 자신의 정치 개혁방안에 중국식 내각제 요소가 포함되었다는 점을 밝힌 적은 전혀 없습니다. 만일 그랬다면 같은 기독교 내의 가톨릭조차 강력하게 배척하고 탄압할 정도로 종교적 불관용이 만연하던 당시 영국의 상황에서, 머나먼 동아시아의 이교도로부터 유래한 이 제도는 결코 받아들여지지 않았을 것이기 때문이지요.

던 것입니다. 이는 곧 추밀원이 국왕에게 아무런 구속력을 미치지 못하던 과거의 허울뿐인 자문기관 역할에서 벗어나, **국가의 중요 정책을 결정함에 있어서 반드시 실질적인 논의 과정을 거쳐야 하는 심의기관 역할로 훨씬 더 강화되었다는 것을 뜻하지요.**

그리고 추밀원 내에 설치한 상임위원회들 가운데 9명으로 구성된 정보위원회Committee of Intelligence가 내각의 역할을 맡았는데, 국가의 대내외적 주요 사안들을 일차적으로 총괄하고 처리하는 기능을 담당했지요. 특히 이 기구는 기존의 부정적 이미지를 털어내려는 듯, 국왕의 최측근들뿐만 아니라 하원의 지도자 및 중립적인 인사까지 널리 포함했습니다. 이로써 내각은 밀실정치의 온상에서 국가의 중대사를 공식적으로 다루는 핵심 협의체로서의 면모를 지니게 되었던 것입니다. 또한 이때부터 영국식 제한군주정과 의원내각제의 초석이 놓였다고 해도 과언이 아닙니다.

개혁의 부침과 명예혁명

그렇지만 찰스 2세와 템플의 시도는 그리 오래가지 못했습니다. 하원에서 가장 영향력 있는 인사들 가운데 한 명이자, 반反가톨릭적 성향으로 요크 공작의 왕위 계승권과 관련하여 국왕과 정면충돌을 마다하지 않던 휘그당Whigs의 수장 제1대 섀프츠베리 백작 안소니 애슐리 쿠퍼Anthony Ashley Cooper, 1st Earl of Shaftesbury, 1621-1683가 추밀원에 입각하고 더욱이 추밀원 의장Lord President of the Council 직에 임명되었지만, 그럼에도 불구하고 국왕과 의회는 끝내 간극을 좁히지 못했습니다. 그 결과 찰스 2세는 요크 공작의 승계를 끝까지 반대한 의회를 해산하고 1679년 10월 섀프츠베리 백작도 추밀원 명단에서 제외시킵니다.[8] 그뿐만 아니라 추밀원을 일신하는 동시에, 정보위원회와는 별개로 '내각위원회'라는 국왕 중심의 소규모 내각을 새로 구성합니다. 하지만 이때의 '내각위원회'가 내린 결정은 여전히 공식적 조직인 정보위원회나 추밀원의 정식의결을 요구한다는 점에서, 과거 밀실에만 의존하던 시기와는 분명 차별화된다고 볼 수 있겠지요.

이와 같이 추밀원 개혁은 국왕과 의회의 뿌리 깊은 갈등으로 인해 시작부터 암초에 부딪히기는 했으나, 그럼에도 근대적 입헌군주제와 의원내각제의 원형을 제시했다는 면에서 중요한 역사적 의미를 지니고 있지요. 그런데 1685년 2월 찰스 2세의 사후 왕위에 오른 요크 공작, 즉 제임스 2세는 그간의 노력을 송두리째 부정했던 것입니다. 적어도 가난하고 불안정한 망명생활의 교훈을 잊지 않던 찰스 2세의 신중하고 조심스러운 행보와는 달리, 완고한 성품에다 진심으로 왕권신수설을 신봉하던 동생은 전제권력을 함부로 휘두르기 시작했답니다. 그는 즉위하자마자 곧장 추밀원의 인원을 49명으로 늘려 추밀원의 실질적 권한을 아예 박탈시켜 버립니다. 더군다나 밀실에서 측근들만으로 국정을 처리하는 등, 개혁 이전의 자의적이고 퇴행적인 통치 스타일로 되돌아갔지요.

게다가 가톨릭에 대한 제임스 2세의 노골적인 재공인再公認 움직임은

8) 섀프츠베리 백작은 이후 신교도를 국왕으로 옹립하고자 찰스 2세의 서자 몬머스 공작James Scott, 1st Duke of Monmouth, 1649-1685을 지지하다가, 1681년 7월 반역 혐의로 체포되어 런던탑에 수감되기까지 합니다. 재판을 통해 무죄 방면된 다음에도 그는 찰스 2세와 요크 공작에 대항한 음모를 멈추지 않다가 1682년 11월 네덜란드로 망명을 떠나고, 이내 건강이 악화되어 1683년 1월 암스테르담에서 숨을 거둡니다. 한편, 몬머스 공작은 삼촌 제임스 2세가 즉위한 뒤 얼마 지나지 않아 네덜란드에서 귀국하여 반란을 일으키지만, 국왕 군대에 패배하고 붙잡혀 1685년 7월 15일 런던탑 인근 타워힐Tower Hill에서 참수됩니다.

의회의 걷잡을 수 없는 분노를 폭발시키기에 충분했습니다. 그뿐만 아니라 1688년 6월 제임스 2세가 이번에는 늦둥이 적자까지 보게 되었으며, 더군다나 새로 태어난 제임스 프랜시스 에드워드가 왕의 친자가 아니라 실제로는 가톨릭 예수회Jesuit에서 바꿔치기 한 아이라는 음모론까지 유포되는 지경이었습니다.

이제 더 이상 가톨릭 왕조가 지속되어서는 안 된다고 판단한 의회는, 신교도인 제임스 2세의 딸 메리 공주와 사위 오렌지 공작 윌리엄을 정식으로 초청하는 결단을 내립니다. 이때 의회파인 휘그당뿐만 아니라, 원래 왕당파인 토리당Tories까지도 제임스 2세에게 반기를 들고 일어났지요.[9] 이전부터 유럽 대륙 내 가톨릭 세력의 맹주 루이 14세Louis XIV, 1638-1715의 숙적으로 영국의 가톨릭화를 우려하던 윌리엄은 이에 응하여 네덜란드에서 군대를 이끌고 영국 본토에 상륙하여, 그해 12월 결국 제임스 2세를 몰아내는 데 성공합니다. 그리고 1689년 2월 13일, 메리 공주와 오렌지 공작 윌리엄이 메리 2세와 윌리엄 3세로서 공동 왕위에 오

③ 명예혁명으로 왕위에서 쫓겨난 제임스 2세.

9) 찰스 2세 말기 휘그당에서 제임스 2세의 왕위 계승권을 박탈하려고 시도한 이른바 '왕위 계승 배제 위기'(1679-1681) 당시, 왕당파로서 전통 귀족과 지주 계급 그리고 영국 국교회를 대표하던 토리당은 제임스 2세의 즉위를 지지했지요. 하지만 두 정파 사이에는 최소한 영국이 프랑스와 같은 절대주의적 가톨릭 국가가 되어서는 안 된다는 점에 대해서는 공감대가 형성되어 있었답니다. 그럼에도 영국 정치의 기본 틀을 일관되게 무시한 제임스 2세는 전통적인 지지 세력에게조차 철저히 외면받는 신세로 전락합니다.

릅니다. 이것이 바로 영국 역사의 결정적인 전환점으로 작용한 '명예혁명Glorious Revolution'입니다.

명예혁명 이후 찰스 2세 시절의 신추밀원과 내각은 본연의 기능을 회복하게 되지요. 그리고 1689년 12월 권리장전權利章典, Bill of Rights이 채택됨으로써 영국 내에서 전제군주제는 역사 속으로 완전히 사라지게 됩니다.

영국 의원내각제의 확립과 정착

1714년 스튜어트 왕조의 마지막 군주이자 메리 2세의 여동생인 앤 여왕이 사망하자, 가톨릭교도의 왕위 계승을 원천 배제시키기 위해 마련된 1701년 왕위계승법에 의거하여 하노버 가문의 조지 1세에게 왕위가 넘어 갑니다.

조지 1세는 영국 스튜어트 왕가의 혈통을 이어받기는 했지만, 사실상 독일에서 나고 자란 독일인이었기 때문에 영어에 능숙하지 못했으며, 또한 영국의 의회제도나 정치 현실에도 어두웠습니다. 이처럼 국사를 관장할 능력이 결여되어 있던 그는 결국 내각 회의에 불참하였고, 그 대신 수상이 내각을 주재하고 사후에 국왕에게 보고하는 시스템으로 변화되지요. 더욱이 휘그당의 지도자인 초대 수상 로버트 월폴Robert Walpole이 1721년부터 1742년까지 무려 21년간 장기 집권하여 국정을 주도함으로써, '왕은 군림하되 통치하지 않는다.The King reigns but does not govern.'라는 입헌군주제의 대원칙이 완비됩니다.

한편 1782년 의회의 불신임을 받은 프레데릭 노스Frederick North 수상의 사임, 1783년 소小 피트William Pitt the Younger의 수상 취임과 1784년 의회해산권 발동 과정을 거치면서, 수상의 진퇴 여부에 따라 전체 내각의 운명도 좌우된다고 하는 이른바 '내각 연대의 원칙'도 성립되지요. 그리고 일반적으로 이때를 기점으로 영국의 의원내각제가 확립되었다고 말합니다.

그 밖에 1832년 이후 여러 차례에 걸친 선거권 확대를 통해, 의회는 상류층이나 유산가 계급만이 아니라 명실상부한 국민 전체의 대표기관으로 거듭나게 된 것입니다. 그리하여 의회민주주의의 산실産室이 된 영국의 수상 중심의 의원내각제, 즉 내각책임제는 이로써 제도적으로 완전히 정착합니다.

캐비닛의 또 다른 뜻: 밀크셰이크!

지금까지 '캐비닛'의 의미 변화와 맞물린 영국 헌정사와 의원내각제의 발달 과정을 구체적으로 살펴보았습니다. 하지만 여기서 끝이 아닙니다. '가구'나 '내각'과 같이 널리 알려진 의미 이외에도, 캐비닛이란 단어에는 생각지도 못한 또 다른 뜻이 있습니다. 혹시 캐비닛이 '밀크셰이크milkshake'란 음료를 가리키는 데 사용되고 있다면 여러분들은 믿으시겠습니까? 놀랍게도 미국 북동부의 뉴잉글랜드New England 지역,[10] 특히 미국 주들 가운데 가장 면적이 작은 로드아일랜드 주에서는 정말 그렇게 쓰

10) 뉴잉글랜드 6개 주: 매사추세츠Massachusetts, 코네티컷Connecticut, 로드아일랜드Rhode Island, 뉴햄프셔New Hampshire, 버몬트Vermont, 메인Maine.

이고 있답니다. 외지 사람들에게는 너무나도 생소한 표현이지요.

밀크셰이크를 이렇게 부르는 어원에 대해 정확히 밝혀진 바는 없습니다. 다만, 약사들이 밀크셰이크를 만들면서 아이스크림을 찬장에다 보관했기 때문에 20세기 중반부터 그런 식으로 불렸다는 추측만 제기될 뿐이지요.

아무튼 로드아일랜드 주에서 내각의 각료가 찬장에서 밀크셰이크를 꺼내어 먹는다면, 우리는 이 상황을 과연 어떻게 말해야 할까요? **'캐비닛이 캐비닛에서 캐비닛을 꺼내어 먹다?'**[11] 세상에는 의외로 재미있는 표현도 많군요.

---

11) "Let's Organize the History of 'Cabinet'," Merriam-Webster Dictionary Home.; 일부 표현은 각색함.

7 프랑스 대혁명의 물줄기를 비틀어 버린 '암살의 천사'

나는 10만 명을 구하기 위해 한 사람을 죽였습니다.

- 샤를로트 코르데Charlotte Corday

1793년 7월 13일 저녁. 장 폴 마라Jean-Paul Marat, 1743-1793는 그날도 어김없이 약품을 푼 목욕통 속에 몸을 담근 채로 집무를 보고 있었습니다. 피부병이 나날이 심해져 갔고 고통은 시시각각 몸속으로 파고들었지만, '인민의 벗L'Ami du peuple'의 두 어깨 위에 놓인 숭고한 혁명의 무게를 결코 외면할 수도, 그렇다고 남들에게 가벼이 떠넘길 수도 없었지요.

하지만 이날 저녁에는 여느 때와는 다르게 매우 특별한 손님 한 명이 마라 앞에 나타났습니다. 프랑스 북서부 노르망디Normandie 지방에 위치한 칼바도스Calvados의 주도 캉Caen에서 수도 파리로 올라온 24살의 이 여성. 그녀는 일전에 편지를 보내 마라에게 면담을 요청한 적도 있었고, 더욱이 이날 오전에는 그를 만나기 위해 직접 그의 집까지 찾아왔다가 제지당하고 발걸음을 돌려야만 했었지요. 그런 그녀에게 마라는 상당히 흥미를 느꼈습니다. 왜냐하면 캉 지역은 최근 반혁명의 대열에 합류한 '지롱드파Girondins'의 집결지였는데, 캉 출신인 그녀가 마라에게 지롱드파 반혁명분자들에 관한 정보를 순순히 넘겨주겠다고 제안했기 때문이지요. 그래서 마라는 그녀를 자신의 집안으로 불러들였답니다.

목욕통 속에서 마라는 그녀를 맞이했습니다. 그녀는 캉에서 지롱드파 숙청의원들이 반란을 획책하고 있다고 언급하자, 이 말을 들은 마라는 그자들을 곧장 단두대로 보내 버리겠다고 단언합니다. 그리고 그녀는 약속대로 반혁명분자들의 명단이 적힌 종이를 마라에게 건넸지요. 그런데 마라가 종이를 읽는 순간, 갑작스럽게 품속에서 단도를 꺼낸 그녀는 마라의 가슴을 무참히 찔러 버립니다. 삽시간에 벌어진 일이었지요. 비명 소리에 놀라 주위에서 그를 구하기 위해 쏜살같이 달려왔지만, 목욕통 속의 마라는 저항 한 번 제대로 못 해 본 채로 그 자리에서 사망합니다.

마라를 죽인 이 여성은 딱히 도망가지도 않고 그대로 현장에서 체포됩니다. 피 묻은 칼 하나로 당대 사람들을 충격과 공포로 몰아넣었을 뿐만 아니라 프랑스 대혁명의 물줄기까지도 비틀어 버린 암살자, 그녀의 이름은 샤를로트 코르데Charlotte Corday, 1768-1793입니다.

① 자크 루이 다비드Jacques-Louis David, 「마라의 죽음La Mort de Marat」(1793).

샤를로트 코르데

② 토니 로베르-플뢰리Tony Robert-Fleury, 1837-1911 「1793년 캉의 샤를로트 코르데Charlotte Corday à Caen en 1793」(1874).

마리안 샤를로트 드 코르데 다르몽Marie-Anne Charlotte de Corday d'Armont이라는 꽤 긴 본명을 지닌 그녀는 몰락한 소귀족 가문의 일원으로 태어났으며, 또한 프랑스의 위대한 극작가 겸 시인 피에르 코르네유Pierre Corneille, 1606-1684의 후손이기도 했습니다. 그녀의 아버지는 가난에 시달리던 와중에 딸과 아내를 연이어 잃고 크게 상심했는데, 그로 인해 자식들을 더 이상 키울 수 없게 되어 샤를로트와 그녀의 여동생을 함께 수녀원으로 보냈습니다.

사춘기를 가톨릭적 분위기 속에서 보낸 샤를로트 코르데는 어쩌면 평범한 수녀로 살아갈 수도 있었을 것입니다. 하지만 그녀는 일찍부터 남들과는 달리 범상치 않은 면모를 여실히 드러냈지요. 그녀는 수녀원 도서관에서 플루타르크Plutarch, 볼테르Voltaire, 루소Jean-Jacques Rousseau의 저서를 탐독하면서 고대 그리스·로마의 이상과 가치, 그리고 당대를 풍미하던 계몽주의 사상을 스스로 받아들이게 되었답니다. 또한 이 시기에 코르데로서는 성서의 유디트Judith[1]나 프랑스를 구한 잔 다르크Jeanne d'Arc와 같은 여성 영웅들의 일

1) 구약성서 「유딧기Book of Judith」 속의 인물인 유디트는 유대인 도시 베툴리아Bethulia에 살던 유복하고 아름다우며 정숙한 과부로, 아시리아 군대가 베툴리아를 침략했을 때 그녀는 적진에 직접 찾아가 적장 홀로페르네스Holofernes를 미모로 유혹하여 술에 취하게 만든 다음 잠자

화도 접할 수 있었을 텐데, 그들의 애국심과 자기희생의 정신은 분명히 그녀의 가치관을 형성하는 데 결정적인 영향을 끼쳤으리라고 봅니다.

코르데는 1791년 이후 캉에 있는 사촌 브레테빌 부인Madame de Bretteville의 집에 들어가 살았습니다. 그리고 그녀는 혁명 초기만 하더라도 혁명의 대의에 열렬히 공감했지요. 혁명을 통해 사람들이 억압적인 봉건 체제에서 벗어나 고대 그리스·로마에서 누리던 공화주의적 가치를 비로소 실현시킬 수 있게 되었다고 여겼던 것입니다. 그러나 하루하루 과격해지는 혁명의 진행 양상을 눈앞에서 지켜보던 코르데는 처음의 희망과 기대를 접었을 뿐만 아니라, 실망과 환멸을 넘어 크나큰 분노에 휩싸이게 되었습니다.

혁명의 거센 회오리바람은 수도 파리에서 멀리 떨어져 있던 캉에도 들이닥쳤고, 특히 귀족 출신인 그녀는 친분 관계에 있던 상류층 지인들 다수가 폭도들과 혁명 세력의 손에 처참히 희생되는 것을 그저 지켜볼 수밖에 없었습니다. 더군다나 이처럼 잔인하고 난폭한 혁명의 실상은 단지 코르데의 개인적인 경험만으로 국한된 게 아니었지요.

1792년 8월 10일 파리 민중의 전면적인 봉기와 왕권의 정지, 9월 2일부터 5일간 지속된 상퀼로트Sans-Culotte[2]의 반혁명 수감자 1,000-1,400명

는 틈에 목을 베어 버립니다. 이 사건을 모티브로 하여 다수의 작품이 그려졌는데, 특히 아르테미시아 젠틸레스키Artemisia Gentileschi, 1593-약 1656의 「홀로페르네스의 목을 베는 유디트 Judith Beheading Holofernes」(약 1620), 구스타프 클림트Gustav Klimt, 1862-1918의 「유디트 I Judith and the Head of Holofernes」(1901) 등이 잘 알려져 있습니다.

2) 상퀼로트는 직역하자면 귀족이 입는 반바지 모양의 '퀼로트culotte'를 입지 '않는sans' 자들을 의미하는데, 이들은 주로 소상공인, 소자작농, 수공업자, 장인, 노동자 등 파리의 기층 민중 계급으로 구성되었지요. 급진·과격주의 노선을 옹호한 그들은 자코뱅파Jacobins·산악파La Montagne의 핵심 지지 세력이 되었으며, 특히 혁명의 결정적인 분기점마다 실력행사를 감행하여 자신들의 정치적·경제적 의사를 관철시키는 한편, 혁명에 지속적인 추동력을 제공했습니다.

에 대한 대대적인 처형(9월 학살), **1793년 1월 21일 오전 10시 22분 루이 16세**Louis XVI, 1754-1793**의 처형, 그리고 5월 31일-6월 2일 파리의 상퀼로트와 국민방위대의 봉기를 통한 지롱드파 숙청까지…….** 프랑스의 대지는 이미 수많은 이들의 피로 홍건히 물들었으며, 그럼에도 불구하고 혁명은 날이 갈수록 더 많은 희생양을 계속 요구하고 있었습니다. 그녀에게는 이토록 과격화된 혁명이 궁극적으로 조국을 폐허로 만들고 또한 돌이킬 수 없는 불행을 가져올 것으로 판단될 뿐이었지요. 그리고 코르데는 너무나도 두렵고 혐오스러운 현 상황의 원흉으로 한 사람을 지목하게 됩니다. 그가 바로 장 폴 마라였지요.

장 폴 마라

조르주 당통Georges Jacques Danton, 1759-1794, 막시밀리앙 드 로베스피에르 Maximilien François Marie Isidore de Robespierre, 1758-1794와 함께 프랑스 대혁명의 3거두로 불린 마라. 의사·과학자이자 언론인이었던 그는 혁명이 일어나기 약 10년 전부터 부자와 빈자 사이의 계급적 적대성을 인식하고 민중에 의한 무장봉기, 독재 기구의 창설 등을 궁극적인 해결책으로 강조하고 나섰지요. 그는 바스티유 습격 사건(1789년 7월 14일)으로 대혁명이 시작된 지 약 2달이 지난 9월 12일, 『인민의 벗L'Ami du peuple』을 창간하여 급진 민주주의 원칙에 의거해 혁명을 옹호하는 한편, 귀족과 구체제 인사들의 반혁명 음모를 철저히 분쇄해야 한다고 역설했습니다.

그의 신문은 과격한 선동을 일삼고 피를 부르는 폭력마저도 옹호했지만, 민중의 편에 확고히 서서 그들의 대변자가 되어 주고 혁명의 사기를 북돋우는 마라에게 파리 민중들은 열성적인 지지로 화답했지요. 마라 스스로가 한편으로는 심한 피부병으로 인한 육체적 고통을 감당해야 했으며, 다른 한편으로는 『인민의 벗』 발행으로 인한 끊임없는 정치적 · 재정적 압박에 시달리고 있었는데, 어쩌면 그가 매일매일 체감하는 이런 생활상의 난관들이 기고문과 연설에 고스란히 투영됨으로써 고통 속에 빠져 있던 민중들의 가슴속에 커다란 울림을 주었는지도 모를 일입니다.

③ '인민의 벗', 장 폴 마라

이와 같은 민중의 열광과는 반대로, 마라에게 '반혁명분자'로 낙인찍힌 이들은 극심한 공포에 몸서리쳐야만 했습니다. 그만큼 마라에 대한 그들의 증오도 상상을 초월했지요. 또한 그러한 공포나 증오심에 근거가 전혀 없던 건 아니었습니다. 마라는 '9월 학살' 당시 반혁명분자들의 제거를 선동하였으며, 루이 16세의 처형 이후 지롱드파와의 투쟁에도 앞장섰답니다. 지롱드파는 1793년 4월 반격을 가해 그를 혁명재판소 Tribunal révolutionnaire 법정에다 세우지만, 그는 4월 24일 무죄 판결을 받고 석방됩니다. 곧이어 5월 31일-6월 2일 봉기에서도 주도적인 역할을 맡아 파리에서 지롱드파 세력을 결정적으로 무너뜨리지요. 분명 마라는 혁명의 과격화에 상당한 책임이 있었던 것입니다.

지롱드파 대 산악파

물론 마라 그리고 그가 속한 '자코뱅파Jacobins' 내지 '산악파La Montagne'[3] 에게도 자신들의 행동을 정당화시킬 여지는 있습니다. 당시 내우외환에 처한 프랑스는 그야말로 바람 앞의 등불 같은 신세였지요. 공화국 수립과 루이 16세의 처형을 기점으로 영국, 네덜란드, 스페인, 오스트리아, 프로이센 등 거의 모든 유럽 열강들을 적으로 돌려야만 했습니다. 더군다나 전선에 파견된 뒤무리에Charles-François du Périer Dumouriez 장군은 오스트리아 군대와 내통해 파리로 진군하여 혁명정부를 전복시키려는 음모까지 꾸몄으나, 결국 실패하자 1793년 4월 5일 오스트리아 진영으로 달아납니다.[4] 이 사태로 인해 전선은 순식간에 무너지기 시작했지요.

게다가 국내 상황도 심각하기는 마찬가지였습니다. 1793년 3월 10일 의용군 징집에 반발한 방데Vendée 반란은 곧 서부 전역으로 번져 나갔고, 프랑스는 사실상 내전 상태에 빠지게 되었지요. 조국 프랑스와 혁명은 이 시기에 이르러 절체절명의 위기에 처했으며, 국토의 방위와 혁명의 수호를 위해서는 전례 없는 비상조치가 절실히 요구되던 시점이

---

3) 자코뱅파 내지 산악파는 프랑스 대혁명 기간 마라, 당통, 로베스피에르, 생쥐스트Louis Antoine Léon de Saint-Just, 쿠통Georges Auguste Couthon 등이 중심이 되어 공포정치를 주도한 당파를 의미합니다. 원래는 입헌군주제를 추진한 푀양파Feuillants, 그리고 공화국 수립 후 산악파와 대립한 지롱드파 등 혁명의 다양한 분파들이 자코뱅 클럽Club des Jacobins 내에 소속되어 있었지요. 하지만 실제 자코뱅파의 주축은 급진민주주의를 추구한 산악파였으며, 나머지 분파들이 분리, 제명되어 떨어져 나갔기에 결국 정치적 측면에서 자코뱅파는 산악파와 사실상 동일시됩니다.

4) 한편, 훗날 '7월 혁명'(1830)으로 왕위에 오르는 루이 필리프Louis Philippe d'Orléans, 1773-1850도 뒤무리에 장군과 함께 오스트리아 군대에 망명합니다. 이 사건으로 인해 그의 아버지이자 루이 16세의 친척인 평등공 필리프Louis Philippe Joseph d'Orléans, Philippe Égalité, 1747-1793는 혁명정부에 체포되어 처형됩니다.

었습니다.

이제 파리의 민심은 미온적인 태도로 일관하는 지롱드파를 떠나, 국내외의 적들에 대하여 강경하고 단호한 대응책을 주문하는 산악파에게로 완전히 넘어가게 됩니다. 특히 산악파는 아시냐Assignat[5]의 강제 유통, 곡물과 밀가루의 최고가격제, 그리고 부유층으로부터의 10억 리브르 공채 강제 모집 등 일련의 사회경제적 조치를 결의함으로써 가난한 민중들의 요구에 부응하기도 했지요. 그 결과 지롱드파는 혁명을 실제로 이끄는 힘의 원천으로부터 배제되었던 것입니다.

어쩌면 그러한 결과는 필연적이었는지도 모릅니다. 지롱드파와 산악파는 비록 처음에는 모두 혁명 세력의 일원이었으나, 혁명의 목적과 지향점, 지지 기반, 정치·경제적 노선, 루이 16세의 처형에 대한 태도 등 혁명과 관련한 거의 모든 쟁점에서 견해가 극단적으로 갈렸습니다. 상류층과 부르주아 계급에 의존한 지롱드파는 정치적으로 온건한 엘리트주의 성향을 지녔으며, 지지 세력의 경제적 자유를 충분히 보장할 수 있는 자유시장경제를 추구했습니다. 그리고 그들의 본거지가 지롱드주 보르도였거니와, 상대적으로 지방에서 우위에 점하고 있던 지롱드파는 미국식 연방제를 도입하여 수도 파리를 83개 주 가운데 하나로 격하시키려고 시도했지요. 이와는 정반대로 소상공인, 소자작농, 수공업자, 장인, 노동자 등 파리의 기층 민중 계급의 열렬한 지지를 받고 있던 산악파는 급진민주주의 원칙에 따라 민중독재를 실현시키고자 애썼답니다. 또한

5) 아시냐는 1789년 12월부터 1796년 2월까지 프랑스 혁명정부가 발행한 채권입니다. 몰수된 교회 토지를 담보로 하는 일종의 토지채권이었으나, 실질적으로 화폐처럼 통용되었지요. 그런데 무분별한 발행으로 인하여 가치가 급락하고 인플레이션을 가져와, 혁명기 동안 경제위기를 불러일으킨 주된 요인 가운데 하나였습니다.

앞서 언급했듯이, 민중들의 경제적 요구와 압력을 그때그때 수용하여 통제경제정책을 실시하지요. 그리고 혁명의 심장부인 수도 파리가 전체 프랑스를 이끌어 갈 수 있도록 강력한 중앙집권제를 옹호하면서, 지롱드파의 연방주의적 입장은 곧 프랑스를 분열시키는 행태라고 신랄하게 비난합니다.

양자의 입장차는 여기에서 그치지 않았습니다. 루이 16세의 처형 문제를 두고 지롱드파는 처형을 막으려 동분서주했던 데 반해, 산악파는 일관되게 폐위된 '루이 카페Louis Capet'의 목을 요구했던 것입니다. 이미 이 당시부터 지롱드파와 산악파는 영원히 화해할 수 없는 길을 걸어갔지요. 더군다나 이제 그만 혁명이 종료되기를 원한 지롱드파와는 달리, 산악파는 현재의 위기를 극복하고 자유와 평등이라는 혁명의 이상이 완전히 뿌리내리려면 혁명은 반드시 지속되어야 한다고 판단했습니다. 이렇게 상반된 입장을 보인 그들이 현실정치 내에서 타협한다는 것은 애당초 불가능에 가까웠지요. 그러다 그들 사이의 대립과 갈등이 대폭발한 사건이 바로 5월 31일-6월 2일 봉기입니다.

〈표 3〉 지롱드파와 산악파 비교

	지롱드파	산악파
주요 인물	콩도르세 후작, 브리소, 롤랑 부인, 베르니오	마라, 당통, 로베스피에르, 생쥐스트, 쿠통
계급 기반	상류층, 부르주아 계급	기층 민중 계급
지역 기반	지롱드주 보르도	수도 파리
정치 성향	온건 엘리트주의	급진민주주의/민중독재
경제 체제	자유시장경제	통제경제체제

중앙/지방 권한	미국식 연방제	강력한 중앙집권제
루이 16세의 처형	반대	찬성
혁명의 지속 여부	종료	지속
의장석 기준*	우측	좌측
* 보수적이고 온건한 지롱드파가 의장석 우측에, 급진적이고 과격한 산악파가 의장석 좌측에 앉았다는 것에서부터 우파와 좌파의 구분이 유래합니다.		

샤를로트 코르데의 마라 살해와 혁명재판

수도 파리는 이로써 산악파에게 완전히 넘어갔고, 지롱드파 의원 29명에 대한 체포령이 떨어집니다. 그런데 숙청의원들 중 상당수는 수도를 탈출하는 데 성공했고, 곧이어 그들은 캉에 결집하여 파리에 대항한 연방주의 반란Insurrections fédéralistes을 일으킵니다.

당시 반혁명의 기운이 높던 지방에서는 6월 중순 무렵 약 60개 주가 반란에 참여했으며, 프랑스 전역은 삽시간에 내전 상태에 돌입합니다. 특히 지방의 경우 왕당파 세력이 여전히 영향력을 행사하고 있었는데, '산악파 타도'라는 기치 아래 거기에 지롱드파까지 합세함으로써 왕당파와 지롱드파 사이의 기묘한 동거가 시작되지요. 다시 말해, 어제의 적이 오늘의 동지가 된 것입니다. 역으로 말하면 혁명은 이 시점부터 온전히 산악파의 소유물이 되었답니다.

그런데 지롱드파의 반란에 대해 지역 주민들의 반응은 미적지근했지요. 대대적인 퍼레이드 행사와 선전에도 불구하고 반군을 이끄는 빔펜 장군General Wimpffen의 부대에는 지원병이 얼마 모이지도 않았답니다. 캉에서 이 장면을 눈으로 확인한 코르데는 겁쟁이들에게 분개하면서, 자신이 직접 파리로 가서 본때를 보여주겠다고 결심합니다. 특히 지롱드파 숙청의원들을 비롯해 산악파에 대적하는 캉 지역 인사들과 교류가 있던 코르데는 그들의 사고방식과 정치관을 자연스럽게 받아들였는데, 그런 그녀에게 있어서 『인민의 벗』을 통해 누구보다도 지롱드파를 가차 없이 비난하고 사람들을 과격한 '무정부주의'로 몰고 가는 마라는 프랑스의 안녕을 위해 반드시 제거해야만 하는 적이었지요.

평소 즐겨 읽던 플루타르크 영웅전을 손에 쥔 채 사촌의 집을 나서 파리로 향한 코르데. 그녀는 프로비당스 호텔Hôtel de la Providence에 묵으면서 마라를 죽일 기회를 엿봅니다. 그리고 그가 피부병 때문에 더 이상 국민공회Convention nationale에 출석하지 못하고 자택에서 업무를 본다는 사실을 알아낸 그녀는, 7월 13일 오전에 마라의 집을 방문한 데 이어 저녁에 다시 찾아가 결국 그를 살해합니다.

다음 날인 14일, 국민공회에 마라의 사망 소식이 알려지자 의원들은 격한 슬픔과 분노를 표출합니다. 더군다나 범인이 캉 출신의 여성이고, 숙청의원 바르바루Barbaroux의 소개로 마라 살해 전 그녀가 지롱드파 의원 드 페레de Perret를 만났다는 사실을 이유로 산악파 측은 드 페레의 체포를 결의하는 한편, 이 사건을 지롱드파가 배후에 있는 거대한 음모라고 몰아갔지요. 그날부터 시작한 혁명재판소의 심리 역시 이 부분에 집중되었습니다.

하지만 코르데는 살해 계획을 그 누구도 미리 알지 못했고, 마라를 죽인 것은 누군가의 부추김 없이 진행한 자신의 주체적 행위라고 항변합니다. 그뿐만 아니라 그녀는 거사의 정당성을 당당하게 피력하지요.

> 나는 그가 프랑스를 타락시켰다는 것을 알고 있습니다. 나는 10만 명을 구하기 위해 한 사람을 죽였습니다.[6]

이 시점에서 코르데는 자신을 나라를 구한 유디트나 잔 다르크 같은 여성 영웅들과 동일시했을 것입니다. 특히 10만 명을 구하기 위해 한 사람을 죽였다는 이 말은 로베스피에르가 루이 16세의 처형에 찬성하면서 했던 말인데, 동일한 표현이 완전히 정반대되는 상황에서 등장했다는 것 자체가 참으로 아이러니한 일이 아닐 수 없네요.

아무튼 이처럼 담대하고 강인한 모습을 보인 코르데를 두고, 재판부는 놀라움과 당혹감을 감추지 못합니다. 당시의 여성관은 여성을 단지 남성에게 종속된 존재로 여길 뿐이었지요. 그러므로 연약한 여성의 몸으로 샤를로트 코르데처럼 그런 잔인하고 주도면밀한 -게다가 그 누구보다도 용감한- 행동에 나선다는 것은 그 시절의 '상식'에 정면으로 위배되는 일이었습니다. 그리고 이런 인식은 루소의 『에밀Émile, ou De l'éducation』에도 공공연히 드러나 있습니다.

> 한쪽[남성]은 능동적이고 강해야 하고, 다른 한쪽[여성]은 소극적이고 약해야 한다. 한쪽은 반드시 의지와 힘을 가져야 하며, 다른 한쪽은 약한 저항력만으로 충분하다. 일단 이러한 원칙이 세워지고 나면, 여성은 남성을 기쁘게 해 주기 위해 특별히 존재하는 것이 된다. 만일 남성이 여성을 즐겁게 해 주어야 한다고 하더라도, 그것은 보다 덜 직접적인 필요에 기인한 것이다. 남성의 장점은 그의 힘에 있고, 자신의 힘

6) Simon Schama, *Citizens: A Chronicle of the French Revolution*, p.629.

이라는 유일한 사실에 의거하여 그는 여성을 즐겁게 해 준다. 나는 동의하건대, 이는 사랑의 법칙이 아니다. 이는 자연의 법칙으로, 그 자체로 사랑에 우선한다.

만일 여성이 남성을 즐겁게 하고 예속되도록 만들어졌다면, 그녀 스스로는 남성을 격앙시키는 대신에 남성에게 받아들여져야 한다. 그녀 자신의 폭력성은 그녀의 매력 속에 있다. 이러한 매력을 통해서 그녀는 남성에게 힘을 찾도록, 또 그것을 사용하도록 강제해야 한다.……[7]

[여성들은] 자기들의 연약함에 얼굴을 붉히기는커녕, 그것을 오히려 영광으로 여긴다. 그녀들의 연약한 근육은 저항력조차 없다. 여성들은 가장 가벼운 짐을 들어 올리는 것조차 못한다고 꾸며댄다. 그녀들은 강한 게 도리어 부끄러운 일이다.[8]

그래서 혁명재판소는 몇 번이고 코르데에게 그녀를 '조종한' 배후를 추궁했지요. 하지만 그녀의 대답은 한결같았답니다. 더욱이 지롱드파가 마라 살해에 개입했다는 직접증거도 전혀 발견되지 않았습니다. 그녀가 드 페레 의원을 만난 것도 이 사건과는 별개로 친한 수녀의 연금 수령 문제를 해결하기 위해서였지요. 끝내 배후를 밝히지 못한 혁명재판소는 하는 수 없이 17일 이 사건을 코르데의 단독범행으로 결론짓고 그녀에게 사형을 선고합니다.

---

7) Jean-Jacques Rousseau, *Emile or On Education*, Introduction, Translation, and Notes by Allan Bloom, p.358.

8) *Ibid.*, p.360.

샤를로트 코르데의 마지막 순간

감옥에서 처형을 대기하던 샤를로트 코르데는 재판부의 허가를 얻어 초상화를 남기기로 마음먹지요. 화가는 이미 법정에서부터 자신의 모습을 스케치하고 있던 국민방위대 소속 하우어Jean-Jacques Hauer, 1751-1829였답니다. 그녀는 하우어에게 자신의 영혼과 애국심이 이 초상화를 통해 후세에 전달될 수 있도록 마지막 모습을 그려 달라고 부탁했습니다. 그리고 그림을 그리는 약 2시간 동안, 아주 평온한 상태로 이런저런 이야기를 나누고 약간의 변경 사항들을 요구하면서 마지막 남은 시간을 보냈답니다.

④ 샤를로트 코르데의 초상화

이렇게 완성된 코르데의 모습은 솔직히 사형 집행을 앞둔 사람이라고는 도저히 상상할 수 없을 정도로 온화하고 차분해 보입니다. 게다가 한눈에 봐도 눈부시게 아름다울 뿐만 아니라, 순수하고 선한 눈망울에 옅게 피어나는 미소는 모두의 시선을 순식간에 사로잡을 것만 같네요.

이윽고 사형집행인 상송Sanson이 코르데를 데리러 왔습니다. 그녀는 사형집행인의 손에 들린 가위를 빼앗아 들고, 자신의 애쉬블론드ash-blonde색 머리카락을 잘라 하우어에게 기념으로 선물합니다. 그리고 시해범·반역자를 상징하는 붉은색 수의囚衣로 갈아입은 다음, 혁명광장Place de la Révolution[9]으로 향하는 사형수 호송 수레에 몸을 실었습니다. 그때가 이른 저녁 시간대였지요.

⑤ 사형수 호송 수레에 오르기 직전의 샤를로트 코르데.
오른쪽에 서 있는 인물은 화가 하우어입니다.

마라를 죽인 범인을 보기 위해 수많은 인파가 몰려들었습니다. 코르데가 탄 수레가 사람들 사이를 지나갈 무렵, 갑자기 하늘이 어두워지고 곧이어 여름날의 소나기가 세차게 내렸지요. 그녀는 옷이 비에 흠뻑 젖었지만 전혀 동요되지 않았답니다. 숨길 수 없는 미모와 더불어 그녀의 침착하고 의연한 자세는 분명 주위 군중들을 매료시키기에 충분했습니

9) 혁명광장은 오늘날의 콩코르드 광장Place de la Concorde으로, 여기에 단두대가 설치되어 있었습니다. 루이 16세, 왕비 마리 앙투아네트, 로베스피에르를 비롯한 수많은 사람들이 이곳에서 처형됩니다.

다. 어떤 이는 형장으로 가는 그녀의 모습을 보고 사랑에 빠졌다고 말할 정도였으니까요.

그리고 잠시 후, 샤를로트 코르데는 자신의 25번째 생일을 열흘 앞둔 1793년 7월 17일 저녁 단두대에서 생을 마감합니다. 마라를 살해한 지 단 나흘 만이었습니다.

코르데의 처형 직후, 르그로Legros라는 남자가 그녀의 머리를 치켜들고 뺨을 여러 차례 때렸습니다.[10] 이 사내의 의도는 분명했지요. 이미 죽은 그녀를 또 한번 모욕하고, 혁명정부에 대한 자신의 충성심을 과시하겠다는 것. 하지만 사람들은 그녀에 대한 이런 식의 처사를 용납하지 않았습니다. 그녀를 옹호하든 비난하든 간에, 그리고 그녀의 이름에 주어질 것이 명성이든 악명이든 간에, 적어도 샤를로트 코르데라는 인물이 보여준 용기와 담대함만큼은 결코 모욕당하거나 무시받아서는 안 된다는 점에 다들 공감하고 있었던 것입니다. 당국은 결국 르그로를 징역 3개월형에 처함으로써 대중들의 새로운 분노를 잠재우지요.

허나 코르데의 수난은 여기서 끝나지 않았습니다. 산악파는 여전히 코르데의 배후에 집착하고 있었고, 아예 그녀의 시신을 부검하여 처녀성 여부를 확인하려 했던 것입니다. 비록 재판을 통해 직접적인 배후 세력을 밝혀내지는 못했지만, 만일 그녀와 잠자리를 함께한 사내가 존재한다면 그자가 바로 그녀의 육체와 정신을 지배한 배후일 것이라는 논리였지요. 이 부검 과정에는 「마라의 죽음La Mort de Marat」(1793)을 그린 자크 루이 다비드Jacques-Louis David, 1748-1825도 참여했답니다. 하지만 산악파

---

10) 목격담에 따르면, 이때 코르데의 얼굴이 붉게 상기되었으며, 마치 아직 살아 있는 사람처럼 분노에 찬 표정까지 지었다고 전해집니다. 그녀의 의식과 감각은 즉각 끊어진 게 아니라, 목이 잘린 이후에도 잠깐이나마 유지되었던 것일까요?

의 정치적 의도와는 전혀 다르게, 부검 결과 만장일치의 의견으로 그녀가 순결한 처녀라는 사실이 확인되었습니다.

혁명의 진로와 그녀에 대한 기억

코르데는 자신의 희생을 통해 프랑스가 왜곡된 진로에서 벗어나기를 원했습니다. 하지만 역사의 물줄기는 그녀가 바란 내용과는 정반대로 흘러갔지요. 마라의 죽음은 산악파를 무너뜨리기는커녕, 그들에게 새로운 정치적 활력을 제공합니다. 게다가 철저한 복수와 더불어, 파리 시내의 보안 강화, 지도자들의 생명 보호, 그리고 반혁명 세력에 대한 억압을 목적으로 하는 **'공포정치**Reign of Terror**'의 본격적 시작을 초래한 사건이 되었지요.** 1793년 10월 16일 왕비 마리 앙투아네트Marie Antoinette, 1755-1793의 처형에 이어, 산악파에 의해 체포되었던 지롱드파 의원 21명도 같은 달 31일 단두대에서 처형되는 운명을 맞게 됩니다.

한편, 마라는 이제 혁명의 순교자가 되었습니다. 1793년 7월 16일, 국민공회 의원들이 단체로 참석한 가운데 마라의 장례식이 성대하게 치러졌으며, 영웅을 기리기 위해 그의 심장은 코르들리에 클럽Club des Cordeliers[11]

11) 코르들리에 클럽은 자코뱅 클럽과 더불어 프랑스 대혁명기의 대표적인 정치 클럽으로, 마라와 함께 당통도 초기 지도자로서 이곳에서 활동한 바 있습니다. 또한 자코뱅 클럽보다도 훨씬 급진적이고 과격한 노선을 추구했는데, 이후 당통이 주도하는 '관용파(산악파 내 온건 우파)'와 대결 구도를 형성하였습니다. 그러다 집권 로베스피에르파에 의해 자신들의 급진적인 사회경제적 강령이 거부당하고 극단주의자로 매도되자, 에베르를 비롯한 코르들리에 클럽 주요 인사들은 로베스피에르를 축출하려는 반란을 꾀하다가 1794년 3월 체포·처형당하고, 클럽도 결국 폐쇄됩니다. 하지만 이 사건으로 인해 로베스피에르와 상퀼로트 세력 간의 연대에 커다란 균열이 생겼으며, 4개월 후 테르미도르 반동의 단초를 제공했습니다.

천장에 내걸렸지요. 그리고 르클레르Leclerc, 자크 루Jacques Roux, 에베르Hébert 같은 인사들은 앞다투어 마라의 계승자를 자처할 정도였답니다.

그러나 이보다 더 중요한 변화는 마라의 사후, 산악파 내부의 지도력을 메우고자 로베스피에르가 전면에 나서게 된 것입니다. 다른 대안도 존재하지 않던 상황이었기에 로베스피에르는 7월 27일 공안위원회Comité de salut public 위원으로 공식 임명되었으며, 이로써 혁명정부의 전권은 사실상 그의 손에 들어오게 되었지요. 냉정함과 자제력을 갖췄고, 남다른 통찰력을 지녔으며, 뛰어난 조직력과 웅변술로 좌중을 압도했을 뿐만 아니라, 굽히지 않는 용기와 애국심의 소유자로서 산악파와 상퀼로트의 전폭적인 신임을 받고 있던 로베스피에르. 더군다나 그의 이름에는 언제나 '부패할 수 없는 자l'Incorruptible'라는 전무후무한 수식어가 동반되었지요. 마치 혁명이 한 인물에게 체화體化되었다 해도 과언이 아닌 그였기 때문에, 심각한 위기에 빠진 혁명을 구하고 각지의 반란을 제압하여 혼돈에 처한 프랑스를 단기간에 안정화시킬 수 있었는지도 모릅니다. 하지만 그런 그였기 때문에, 이전에는 그 누구도 상상하지 못한 공포정치를 현실화시키면서 수많은 반대파들을 서슴없이 단두대로 보냈던 것인지도 모릅니다. 그가 공안위원회 위원으로 취임한 지 만 1년하고도 하루 뒤, 테르미도르 반동Réaction thermidorienne으로 자신과 산악파가 완전히 몰락하는 순간까지…….

요약하자면 코르데의 마라 살해는 의도와는 달리 '자유의 독재'로 귀결되었습니다. 자신의 희생을 통해 혁명의 극단화를 저지하려고 애썼지만, 오히려 그것을 한층 더 강화시키게 도와준 꼴이 되고야 말았지요. 허나 그렇다고 하더라도 그녀의 행동이 전혀 무의미한 일만은 아니었답니다. 왜냐하면 그녀에 대한 기억만큼은 수많은 사람들의 뇌리 속에 강하게 각인되었으니까요.

마라를 추모하고 찬양하기 위한 목적으로 사건 직후에 제작된 다비드의 「마라의 죽음」에서는 코르데가 직접 등장하지 않습니다. 다만 마라의 왼손에 쥐어져 있는 편지를 통해 그녀의 존재를 간접적으로 추단할 수 있을 뿐이지요. 반면에, 폴 자크 에메 보드리Paul-Jacques-Aimé Baudry, 1828-1886가 그린 「마라의 암살L'Assassinat de Marat」(1860)의 경우에는 오히려 코르데가 마라보다 더욱 두드러지게 표현되어 있습니다. 특히 이 그림에서 그녀의 모습은 살인범이라기보다는 오히려 마라라는 괴물을 쓰러뜨린 프랑스의 애국자, 영웅에 가깝습니다.

또한 그림들을 비롯해 코르데는 소설, 시, 연극, 가요 등 다양한 대중문화 작품들 속에서 끊임없이 재탄생되고 있답니다. 게다가 프랑스의 정치가이자 작가인 알퐁스 드 라마르틴Alphonse de Lamartine은 『지롱드파의 역사Histoire des Girondins』를 통해 그녀에게 "암살의 천사l'ange de l'assassinat"라는 칭호도 붙여줬지요.[12]

샤를로트 코르데는 분명히 테러리스트입니다. 그것은 부인할 수 없는 사실이지요. 하지만 오로지 애국심과 정치적 신념에 따라 조국을 구하겠다는 일념하에 행동에 나선 그녀의 선의와 순수성만큼은 존중받아 마땅합니다. 그렇기 때문에 아직까지도 많은 이들이 그녀의 이름을 또렷하게 기억하고 있는 것입니다. **그리고 여성으로서 시대적 편견을 뛰어넘어 용기와 강인함을 온 세상에 알린 코르데. 그녀야말로 "진정한 최초의 근대적 테러 여걸"[13]로 불릴 자격이 충분합니다.**

---

12) Alphonse de Lamartine, *Histoire des Girondins*, p.664.

13) Walter Laqueur, *A History of Terrorism: with a new introduction by the author*, p.169.

⑥ 폴 자크 에메 보드리Paul-Jacques-Aimé Baudry, 1828-1886,
「마라의 암살L'Assassinat de Marat」(1860).

8 총구 앞에 선 두 라이벌, 해밀턴과 버

그는 정말로 멕시코 황제가 되려고 했다.

- 제레미 벤담Jeremy Bentham, 애런 버Aaron Burr에 대한 평가

약속 시간 7시로부터 30분 이른 시점, 허드슨 강을 사이에 두고 뉴욕을 마주하는 뉴저지 주의 위호켄Weehawken에 한 척의 보트가 도착했습니다. 보트에서 내린 첫 번째 일행이 새벽녘을 밝히는 햇살을 비집고 들어가며 강물이 잘 내려다보이는 절벽을 향해 올라오고 있었지요. 그로부터 30분이 막 지나갈 무렵, 또 다른 보트 한 척이 늦지 않게 당도했습니다. 배 안에 타고 있던 뱃사공 사내들을 뒤로한 채 역시 두 번째 일행이 함께 약속 장소로 올라왔습니다.

먼저 온 일행 쪽에서 잔가지와 돌을 미리 정리해 두었고, 그곳에서 오늘의 주인공들은 서로에게 인사를 건넸습니다. 전장에서, 법정에서, 회의장에서 그리고 화려한 무도회장에서 오랜 기간 무수히 많은 인사를 나눈 둘이었지만, 이날의 인사가 이제 마지막 작별 인사가 될 터였지요.

적당한 거리만큼 떨어져 있던 이들 두 사람은 입회인들로부터 권총을 받아들고 비스듬히 옆으로 섰습니다. 그것은 상대를 겨냥하기에 그리고 자신을 덜 노출시키기에 상당히 좋은 자세였을 겁니다. 이윽고 그들은 준비되었다는 신호를 보냈지요. 그러자 제비뽑기를 통해 이번 결투의 심판으로 선정된 판사 너대니얼 펜들턴Nathaniel Pendleton의 입에서 개시를 알리는 구령이 떨어졌습니다.

1804년 7월 11일 오전 7시. 독립기념일 행사로부터 1주일이 지난 이 날 아침은, 여느 날과 별반 다를 게 없던 평범하기 그지없는 하루의 시작처럼 보였답니다. 그렇지만 실은 미국의 독립전쟁과 초기 역사에서 결정적인 역할을 맡았던 두 주역, 알렉산더 해밀턴Alexander Hamilton, 1755/1757-1804과 애런 버Aaron Burr Jr. 1756-1836의 운명이 아침을 깨우는 커다란 총성과 더불어 바야흐로 결딴나는 순간이었습니다.

① J. 문드J. Mund, 「알렉산더 해밀턴과 애런 버 간의 결투
Duel between Alexander Hamilton and Aaron Burr」.

해밀턴과 버, 그들은 누구인가?

이날의 결투에 임한 두 주인공. 어디 한번 그들의 쟁쟁한 이력을 들여다볼까요? 언뜻 보기만 하더라도 정말 대단한 인물들이 틀림없네요. 그 중에서 일단 늦게 도착한 해밀턴부터 살펴볼까요? 그는 독립전쟁 당시 조지 워싱턴George Washington, 1732-1799의 부관으로 활약했고, 워싱턴이 미국의 초대 대통령에 취임하자 초대 재무장관을 맡아 신생독립국의 정치·경제적 방향을 총괄하였으며, 1795년 장관직에서 물러난 이후에도 연방당Federalist Party에 막강한 영향력을 행사하던 정계의 실력자였답니다. 하지만 이런 경력들의 단순한 나열만으로 그의 진가를 다 설명할 수는 없겠지요. 한마디로 말해 **해밀턴은 미국 정치사를 통틀어 가장 천재적인 면모를 유감없이 보여준 사람이었습니다.**

재무장관으로서 해밀턴은 예산과 관세 제도를 정비하고, 독립전쟁에서 발생한 막대한 양의 주州 부채와 연방 부채 가운데 주 부채를 연방정부가 인수해 정부 부채를 하나로 통합시켰으며, 중앙은행 창설을 통해 연방정부의 위상을 강화시키는 등으로 미국의 경제·재정 시스템을 구축했습니다. 또한 국가신용, 개인 재산권 보호를 강조함으로써 미국이라는 나라가 상공업 중심의 근대적 국민국가 체

② 초대 재무장관 알렉산더 해밀턴

제로 나아갈 수 있는 토대를 건설했던 사람입니다. 더군다나 그가 제시한 미국의 정치·경제·군사적 미래상은 분명 현대 자본주의에 기초한 초강대국 미국을 연상시키기에 충분할 정도였지요. 그 모습이 어찌나 비슷한지, 마치 타임머신을 타고 현대 미국을 꼼꼼히 조사하고 되돌아가 자신이 미래에서 관찰한 내용들을 제도와 정책을 수립하는 데 일일이 반영시키기라도 한 것처럼 말입니다.

그뿐만 아니라 『연방주의자 논설The Federalist Papers』의 주요 저자로서 미국 연방헌법의 해석과 방향에 대해 제시했을 뿐만 아니라, 의원, 변호사, 칼럼니스트, 군인(육군 소장), 외교 정책 담당자 등 한 가지만으로도 벅찬 임무들을 너무나 성공적으로 수행한 사람이었습니다. 한 시대를 풍미한 미국의 '건국의 아버지들Founding Fathers' 사이에서도 자신의 출중한 역량을 뽐내며 그들을 지적 능력으로 압도하고, 후대에까지 전설적인 거물로 평가받은 사람이 바로 해밀턴이었지요.

그렇다면 먼저 도착한 버는 어떨까요? **결투 당시 버는 무려 현직 미국 부통령이었습니다.** 해밀턴에게서 영웅적인 면모를 확인할 수 있듯이, 버 역시 19살이라는 젊은 나이에 독립전쟁에 참가하여 맹활약하고, 뉴욕 주 검찰총장, 상원의원을 거쳐 제3대 부통령의 자리에 오른 입지전적立志傳的 인물입니다. 더군다나 버는 현대 정치에서 빼놓

③ 제3대 부통령 애런 버

을 수 없는 정치 조직political machine을 지금으로부터 200여 년 전에 이미 능수능란하게 운용하고, 그 당시만 하더라도 생소했던 대중적인 선거 운동을 기획하여 1800년 뉴욕 주 선거를 공화당Republican Party[1]의 승리로 이끌어 내어 그 공로로 부통령으로 지명 받는 등, 건국 초기 미국의 정치 문화에 한 획을 그은 정치가라 평가할 수 있습니다.

하지만 이것만이 전부가 아닙니다. **해밀턴과 버는 모두 불우한 어린 시절을 당당히 극복하고 자수성가한 사람들입니다.** 영국령 서인도제도British West Indies의 한 섬에서 제임스 해밀턴James Hamilton과 레이첼 포셋 레비앙 Rachel Faucette Lavien 사이의 사생아로 태어나, 유소년기를 어떻게 보냈는지도 제대로 규명되지 않은 해밀턴. 한편, 훗날 프린스턴 대학교가 되는 뉴저지 대학College of New Jersey의 제2대 총장 애런 버 시니어Aaron Burr Sr.와 신학자 집안 출신 에스더 에드워즈 버Esther Edwards Burr 사이에서 1756년 2월 6일 태어난 버. 그는 비교적 유복한 가정에서 자랄 수도 있었건만, 출생 1년 만인 1757년에 아버지를, 이듬해인 1758년에 어머니를 잇따라 여의고, 학대하는 삼촌 밑에서 불행한 나날들을 견뎌야 했지요. 시작부터 순탄치 못한 이런 환경조차도 성공 스토리로 탈바꿈시킨 두 사람의 인생 역정만 보더라도, 그들의 비범한 능력과 강인한 의지를 인정하지 않을 수가 없습니다.

그런데 무슨 서부 영화의 주인공들도 아니고, 이런 저명한 인사들이 어째서 총 한 자루에 의지해 자신과 상대의 운명을 시험해야만 했을까요?

---

1) 정식 명칭은 민주공화당Democratic-Republican Party. 이 시기의 공화당은, 노예제 반대를 기치로 내세우면서 1854년 창당하여 현재까지 존속하고 있는 오늘날의 공화당과는 차이가 있습니다. 그리고 1824년 대통령 선거를 거치고 난 다음 앤드류 잭슨Andrew Jackson, 1767-1845에 대한 지지파(민주당)와 반대파(국민공화당)로 분열되었으며, 그 후 이합집산을 거쳐 지금과 같이 민주당·공화당의 양대 정당 체제로 재편됩니다.
물론 이때의 공화당과 지금의 공화당은 일정 부분 이념적·계층적 기반을 공유하고 있습니다.

1800년 대통령 선거

1800년 여름, 공화당은 초대 국무장관이자 당시 현직(제2대) **부통령 토머스 제퍼슨**Thomas Jefferson, 1743-1826**을 대통령 후보로, 버를 그의 러닝메이트**로 삼았습니다. 제퍼슨은 공화주의자들의 수장으로서 그가 대통령 후보가 되는 것은 기정사실이었으나, 버는 앞서 언급했듯이 **그해 뉴욕 선거에서의 승리에 대한 논공행상 차원**에서 그 자리에 오를 수 있었답니다. 만일 12석의 선거인단이 배정된 뉴욕을 빼앗겼다면, 연방당 출신 현직 대통령 존 애덤스John Adams, 1735-1826에게 또다시 패배할 것은 자명했기 때문이지요.[2)]

그런데 차기 대통령 선거를 앞두고 해밀턴은 같은 당 애덤스 대통령과 심각한 정치적 갈등 관계에 있었기에, 해밀턴은 그를 강력히 비판하는 동시에 연방당 내 다른 유력 후보 찰스 C. 핑크니Charles Cotesworth Pinckney를 적극 지지하고 있었습니다. 이처럼 연방당의 분열된 양상을 고려할 때, 공화당이 쉽게 승리할 것이라는 관측이 선거 시작 시점부터 지배적이었지요.

④ 제2대 대통령 존 애덤스

2) 당시에는 대통령 선거의 차점자가 부통령이 되었습니다. 그러므로 제2대 대통령 선거에서 애덤스에게 패배한 제퍼슨이 부통령이 된 것입니다.

문제는 **제퍼슨에 대한 연방주의자들의 비토**veto **역시 상당히 심각한 수준**이었다는 점입니다. 건국 이래 연방주의자들과 공화주의자들은 결코 그들 사이에 타협이란 없을 것처럼, 신생 국가의 거의 모든 중대사와 관련하여 끊임없이 충돌하고 있었습니다. 큰 틀에서 해밀턴으로 대표되는 연방주의자들은 북부 지역과 상공업 중심의 경제를 기반으로 하여 엘리트주의적 면모를 갖췄고, 연방정부의 권한 강화를 추구하며 중앙은행 설립에 찬성하였을 뿐만 아니라, 외교정책에 관해서는 친영親英/반불反佛 노선을 채택하는 한편, 시장경제, 능력주의, 상공업 발전에 사실상 도움이 되지 않는 노예제도를 반대하였습니다. 반면에, 제퍼슨으로 대표되는 공화주의자들은 남부 지역과 농업 중심의 경제를 기반으로 하여 대중주의적 면모를 갖췄고, 주 정부의 자율성 확보를 모색하며 중앙은행 설립에 반대하였을 뿐만 아니라, 외교정책에 관해서는 친불親佛/반영反英 노선을 채택하는 한편, 남부 지역에서 플랜테이션 농업이 주요 산업이었다는 점에서 노예제도를 찬성하였습니다.

〈표 4〉 연방주의자와 공화주의자 비교

	연방주의자	공화주의자
주요 인물	알렉산더 해밀턴	토머스 제퍼슨
지역 기반	북부	남부
경제 기반	상공업 중심	농업 중심
정치 성향	엘리트주의	대중주의
정부 권한	연방정부의 권한 강화	주 정부의 자율성 확보
중앙은행	찬성	반대
외교정책	친영/반불	친불/반영
노예제도	반대	찬성

그리하여 연방주의자들은 제퍼슨에게 순순히 대통령 자리를 넘길 의향이 별로 없었습니다. 그 대신 1800년 12월부터 기회주의적 면모를 드러내며 연방당에 추파를 던지던 버에게 호의적인 시각을 보냈으며, 그를 대안으로 선택하는 것을 심각하게 고민하기 시작했습니다. 그 와중에 제퍼슨과 버는 1811년 2월 11일 상원에서 개표된 선거인단 투표 결과, 동일하게 73표를 얻어 현직 대통령 애덤스(65표)와 해밀턴의 지지를 받은 핑크니(64표) 등 연방당 후보들을 물리치고 하원 투표로 최종 승부를 가리게 되었지요.

그런데 여기서 **해밀턴은 결정적인 역할**을 하게 됩니다. 제퍼슨은 장관 시절부터 해밀턴의 정적政敵이었기 때문에 많은 사람들은 해밀턴이 다른 연방주의자들처럼 버를 지지하는 움직임에 합세하여 제퍼슨을 낙마시키리라 예상했습니다. 그렇지만 **해밀턴은 보통 사람들의 이와 같은 추측과는 정반대로 버의 기회주의적, 무원칙적, 출세지향적 태도를 신랄하게 비난하면서 그의 자질이 대통령으로서 극도로 부적합하다고 주장했던 것입니다.**

> 버에 관해서는 마음에 드는 바가 하나도 없습니다. 그의 개인적 성격은 그의 가장 편파적인 친구에 의해서도 옹호되지 못합니다. 버는 자신의 나라를 약탈하지 않고서는 빚을 상환할 수 없을 만큼 파산 상태에 놓여 있습니다. 그의 공적 원칙은 옳고 그름fas et nefas에 대해 일신의 영달 이외에 다른 근원이나 목표가 존재하지 않습니다. 만일 그가 할 수만 있다면, 그는 자신이 영원한 권력을 확보하고 부를 가지기 위해 확실히 우리의 제도를 깨뜨릴 것입니다. 그는 진정으로

미국의 카탈리나Cataline: 키케로에게 탄핵당한 로마 공화정의 반역자(글쓴이 주) 입니다. …… 그는 자신의 적에 관해 매우 악의적인 언어를 고수하고 있습니다.[3)]

버의 도덕적 결함은 이미 오래전부터 문제되고 있었습니다. 그는 문란한 사생활로 매우 유명했으며, 선거 때마다 상대편은 그와 관련된 성추문을 끊임없이 수면 위로 띄우는 데 열중이었지요. 재산이 파산 상태에 이르렀다는 해밀턴의 지적도 틀린 말이 아니었습니다.

더군다나 1799년 버와 관련된 스캔들은 한 가지 더 늘어났지요. 그것은 바로 고질적인 황열병에 시달리던 뉴욕에다 깨끗한 물을 공급하기 위해 수도 사업을 추진한다는 명목으로 버가 설립한 **'맨해튼 컴퍼니** Manhattan Company'와 관련된 내용이었답니다. 왜냐하면 맨해튼 컴퍼니의 설립이 실제로는 연방당의 입김하에 있는 은행 부문에 공화당과 자기 세력을 진출시키기 위한 기만적 술책에 불과했기 때문입니다. 이 회사는 활동 범위에 관한 법안의 허점을 이용하여 **처음부터 은행업에 집중했으며, 원래의 목표였던 수도 사업은 아예 뒷전으로 밀려나 호언장담했던 뉴욕의 수질 개선도 완전히 실패로 끝나 버리게 되었습니다.** 많은 사람들의 시각에서는, 특히 그의 본심을 제대로 간파하지 못하고 이 회사의 설립을 돕기까지 했던 해밀턴의 입장에서는, 버란 인물이 자기 이익을 위해서라면 그 어떤 수단·방법도 가리지 않는 부도덕하고 비열한 책략가, 사기꾼에 지나지 않는다고 평가할 만한 근거가 전혀 없지는 않

3) Alexander Hamilton, "From Alexander Hamilton to Oliver Wolcott, Junior, 16 December 1800.," National Archives Homepage.

았으리라 봅니다.[4)]

⑤ 제3대 대통령 토머스 제퍼슨

이렇게 연방당 내에서는 해밀턴이 기를 쓰고 버를 반대하고, 공화당 내에서는 제퍼슨파가 버의 행보에 극도의 배신감을 느끼고 있었기 때문에, 그의 확장성에는 한계가 있었습니다. 1801년 2월 11일, 하원의 제1차 투표에서 제퍼슨은 8표, 버는 6표를 얻었으나 총 16표 중 과반을 달성한 후보가 없었기 때문에, 대통령을 선출하는 일은 기나긴 교착 상태에 빠졌습니다. 그리고 제35차 투표 때까지 이러한 상황은 바뀌지 않았지요. 그러다 6일이나 지난 2월 17일, 제36차 투표에서 드디어 제퍼슨은 10표, 버는 4표를 얻어 **결국 제퍼슨이 대통령에 당선되었고, 버는 차점자로서 부통령으로 선출되었습니다.** 그리하여 3월 4일 두 사람은 공식 취임하게 되지만, 공화당의 대오를 분열시키고 연방주의자들의 지지로 대반전을 노렸던 버에 대한 제퍼슨과 공화주의자들의 반감은 도저히 가늠할 수도 없을 만큼 컸던 게 사실입니다.

기회주의적 행동의 대가는 가혹했습니다. 제퍼슨 행정부 내에서 버의 헌법상 지위는 분명 제2인자인 부통령이었지만, 그것은 단지 명목상의

---

4) 맨해튼 컴퍼니는 1955년 '체이스 내셔널 은행Chase National Bank'과 합병하여 그 유명한 '체이스 맨해튼 은행Chase Manhattan Bank'이 탄생합니다. 한편 체이스 맨해튼 은행은 1996년 '케미컬 은행Chemical Bank'과 합병하고, 2000년 'J.P. 모건J.P. Morgan & Co.'을 인수함으로써, 오늘날 'J.P. 모건 체이스J.P. Morgan Chase & Co.'라는 이름을 갖게 됩니다. 그리하여 당시 버가 꾸민 술책이 결과적으로 세계 최대 규모의 은행을 만드는 데 기여합니다.

직책에 불과했습니다. 그는 공화주의자들로부터 철저히 고립된 존재로 전락했던 것입니다. 그 때문인지 버에게는 부통령이 겸임하는 상원의장으로서의 역할이 오히려 더 중요해졌지요. 그가 사위에게 보낸 편지에서도 이러한 상황이 고스란히 담겨 있습니다.

> 나는 대통령과 2주에 한 번 식사를 하고, 이따금 길거리에서 장관들을 만난다네. 그들은 모두 매우 바쁘더군. 완전히 업무에 열중하는 사람들이지. 상원과 부통령은 서로에 대해 만족하고 있으며, 예의를 갖춰 나아가고 있네.[5]

그들과 관련된 이전의 결투 사건

버와 해밀턴은 1804년의 결투 이전에도 각자 결투 사건과 관련 있던 인물입니다. 먼저 버의 경우, 자신을 향해 네덜란드계 '홀랜드 컴퍼니 Holland Company'의 토지 구입 과정에서 편의를 봐주는 대가로 뇌물을 받았다는 혐의를 제기한 사람에게 결투를 신청한 적이 있었답니다. 그런데 그 상대는 공교롭게도 바로 해밀턴의 동서, 존 B. 처치John Barker Church였습니다. 그리하여 둘은 1799년 9월 2일 맞붙었으나 서로 별다른 부상을 입지 않았고, 화해의 제스처를 나눈 채 결투는 간단히 마무리되었습니다. '맨해튼 컴퍼니' 스캔들로 정치적 타격을 입긴 했지만, 그때까지만 하더라도 기회가 얼마든지 남아 있던 버로서는 누군가를 살해함으로써 스

5) Aaron Burr, "To Joseph Alston. Washington, March 8, 1802.," in Matthew L. Davis, *Memoirs of Aaron Burr with Miscellaneous Selections from His Correspondence*, p.185.

스로 정치적 파멸을 재촉할 이유가 전혀 없었겠지요.

한편, **1801년 11월 23일 해밀턴의 큰아들 필립 해밀턴**Philip Hamilton**은 자신의 아버지를 비난한 공화주의자 조지 I. 이커**George I. Eacker**와 결투에 임했습니다.** 장소는 훗날 아버지가 버를 상대하게 될 위호켄이었지요. 그는 존경하는 아버지의 조언에 따라 타협을 염두에 두고 허공에다 총을 쏘는 전략을 구사하기로 결심합니다. 하지만 이 전략은 필립에게 끔찍한 결과로 되돌아옵니다. **이커의 총알에 의해 치명적인 부상을 입은 그는 다음 날 19살의 나이로 짧은 생을 마감합니다.**

전직 재무장관의 큰아들이자 촉망받던 인재를 잃게 된 이 사건은 동료 시민들에게 커다란 충격을 안겼습니다. 물론 해밀턴 일가의 상심에는 결코 비할 바가 못 되었지요. 당시 17살이던 해밀턴의 큰딸, 둘째 앤젤리카Angelica Hamilton는 오빠를 잃은 그날 이후 완전히 실성한 채로 1857년 사망할 때까지 고통 속에서 살아가야만 했답니다. 해밀턴 역시 심각한 우울증에 시달렸고, 이날의 트라우마를 마지막 순간까지 제대로 극복하지 못했습니다.

1804년 선거와 최고조에 달한 갈등

1804년, 제퍼슨 대통령의 재선 도전은 확정적이었고, 예상대로 공화당은 그를 대통령 후보로 지명했습니다. 하지만 **대통령과 공화주의자들의 신임을 잃은 부통령에게 대선 티켓은 주어질 리 없었습니다.** 버는 공화당 내 러닝메이트 후보군에도 들지 못했으며, **뉴욕 주지사 조지 클린**

턴George Clinton, 1739-1812**이 부통령 후보로 지명되었답니다.** 특히 제퍼슨의 입장에서도 고령의 클린턴은 자신이 후계자로 점찍은 제임스 매디슨James Madison, 1751-1836을 위협하지 못할 부통령 적임자로 판단하고 있었기에 더할 나위 없이 만족스러워했지요.

상황은 전혀 녹록지 않았지만, 외톨이가 되어버린 버에게 한 줄기 희망이 보이는 듯했습니다. 뉴욕 주의 터줏대감으로서 확고한 세력을 구축하고 있던 클린턴 주지사가 더는 뉴욕에서 출마할 수 없었기에, **버는 자신의 근거지 뉴욕에서 정치적 재기를 위한 모험을 감행합니다.** 1804년, 뉴욕 주지사 선거에 출마한 그는 혼신의 힘을 다해 당선되고자 노력했답니다. 하지만 그를 끊임없이 괴롭히던 인신공격과 중상모략 -물론, 성추문을 포함하여- 은 이 선거를 통해 더욱 기승을 부렸으며, 해밀턴뿐만 아니라 공화당 내 반대 세력까지, 그는 자신과 적대적인 모든 세력으로부터 지독하게 공격받았습니다.

1804년 4월, 버는 모건 루이스 Morgan Lewis **후보에게 30,829표 대 22,139표로 패배했습니다.** 이제 버에게 정치적 기회란 완전히 사라진 것이나 마찬가지였지요. 절망적인 현실 앞에서, 그의 분노는 고스란히 단 한 사람을 향해 표출됩니다. 1800년 대선에서 자신의 대통령 당선을 저지시켰고, 뉴욕 주지사라는 마지막 정치적 가능성까지 산산조각 내 버린 자, 그리하여 자신에게 주어져야 할 영광스러운 운명을 사사건건 방해하고 박탈시킨 자, 해밀턴을 향해 말입니다.

4월 24일, 뉴욕의 신문 「알바니 레지스터The Albany Register」지紙는, 찰스 D. 쿠퍼Charles D. Cooper가 해밀턴의 장인 필립 스카일러Philip Schuyler에게 보낸 4월 23일자 편지를 공개했습니다. 쿠퍼는 거기에서 해밀턴이 어떤 저녁 만찬 자리에서 버를 비난한 사실을 지적했는데, 특히 그의 이 말은 결정적인 반응을 불러일으킬 예정이었습니다.

> 나는 당신에게 해밀턴 장군이 버 씨에 대해 표현한 보다 더 경멸스러운despicable 의견을 자세히 알려 드릴 수 있습니다.[6]

6월 18일, 뒤늦게 이 내용을 전달받고 격분한 버는 친구 윌리엄 피터 반 네스William Peter Van Ness를 통해 해밀턴에게 적절한 해명과 사과를 요구했습니다. 어디에도 기댈 곳 없던 버로서는 이제 해밀턴의 양보를 받아내는 것 이외에는 그 어떤 정치적 탈출구도 찾을 수 없던 상황이었지요. 그래서 버는 그렇게까지 집요했던 건지도 모릅니다. 그러나 **해밀턴은 이러한 버의 요구를 매몰차게 묵살했습니다.** 서로 간에 몇 차례의 편지가 오고 간 다음, 두 사람 사이는 이제 더 이상 돌이킬 수 없다는 것이 확실해졌습니다. 그리고 그 결과, 위호켄에서의 결투만이 남게 되었지요.

둘은 결투를 1주일 앞둔 독립기념일 행사장에서 함께 마주쳤는데, 이때 별다른 기색을 내보이지는 않았다고 합니다.

결딴난 두 사람의 운명

1804년 7월 11일 새벽, 두 사람은 일행들을 데리고 결투가 금지된 뉴욕주를 떠나 허드슨 강을 건너 뉴저지 주로 향하게 됩니다. 7시, 결투장에

6) Charles D. Cooper, "Enclosure: Charles D. Cooper to Philip Schuyler [23 April 1804]," National Archives Homepage.

서 버 측 입회자 반 네스, 해밀턴 측 입회자 펜들턴이 둘의 마지막 대결을 준비하고 있었습니다.

해밀턴은 큰아들 필립이 썼던, 그리고 자신이 알려 줬던 바로 그 전략을 버에 대해 다시 쓰기로 마음먹습니다. 친구들의 만류에도 불구하고, 그는 일말의 화해 가능성을 기대했는지 절대 고집을 꺾지 않았습니다. 아니, 이성理性, reason의 세계에서는 야만적인 결투 행위가 용납되지 않는다고 보았던 그로서는, 어쩌면 그 희박한 가능성을 이참에 달성함으로써 자신의 신념이 옳다는 것을 증명하고 싶었는지도 모릅니다. 하지만 정치적으로 완전히 파탄 상태에 처한 버에게 상대에 대한 자비심도, 이성적인 판단력도 기대하기란 사실상 불가능에 가까웠습니다. 오랜 숙적을 이참에 반드시 꺾어 버리고야 말겠다는 집념과 복수심에 사로잡힌 자를 향해, 그런 식의 접근법이 과연 먹혀들기나 할까요?

⑥「버와 해밀턴 간의 결투Duel between Burr and Hamilton」

총구에서 화염을 내뿜자, 한 사람이 총을 맞고 쓰러졌습니다. 해밀턴이었습니다. 그를 향해 펜들턴, 그리고 같은 일행으로 주위에서 대기하고 있던 의사 데이비드 호잭David Hosack이 급히 달려갔습니다. 하지만 **갈비뼈를 뚫고 들어간 총알은 이미 해밀턴에게 치명적인 상처를 입혔고, 그의 상태는 극도로 위중했습니다.** 일행은 초주검이 된 해밀턴을 다시 뉴욕으로 이송하는 것밖에 달리 도리가 없었습니다.

결투에 관한 소문은 삽시간에 뉴욕 시 전체로 퍼졌습니다. 그 와중에도 해밀턴의 상태는 시시각각 급속하게 악화되었습니다. 수많은 사람들의 충격과 슬픔을 뒤로한 채, **해밀턴은 다음 날인 7월 12일, 화려한 불꽃이 되어 신생국 미국을 밝게 비췄던 파란만장한 생을 마감하게 됩니다.**

뉴욕 시민들은 해밀턴의 죽음을 진심으로 애도하였으며, 그의 장례식은 성대하면서도 엄숙하게 치러졌습니다. 침통한 분위기는 이내 **해밀턴을 살해한 버에 대한 분노**로 바뀌어, 버의 처벌을 요구하는 비난 여론이 대중들 사이에서 들끓었습니다. 살인죄로 기소될 위기에 처한 버는 급히 뉴욕과 뉴저지를 떠나 펜실베이니아 주 필라델피아로 도망쳤지요. 그리고 도피 생활 중에 그는 처벌 위험으로부터 실질적으로 자유롭고 결투에 비교적 호의적인 남부 지역들, 예를 들어 스페인령 서플로리다West Florida, 딸과 사위가 머무르고 있는 사우스캐롤라이나, 제퍼슨의 본거지 버지니아 등지를 두루 방문했습니다. 그러면서 버로서는 무언가 새로운 과업을 도모할 수 있을 것이라는 희망을 살짝 엿보았는지도 모릅니다. 비록 그것이 헛된 꿈이라 하더라도.

그리고 **11월 4일 버는 수도 워싱턴 D.C.에 불쑥 나타났는데, 그것도 상원의장으로서 회의를 주재하기 위해 착석해 있던 것입니다.** 뉴욕과 뉴저지에서 살인죄 등으로 기소까지 된 마당에 이렇게 당당히 공개석상에 모습을 드러내는 버를 두고 상원의원들은 놀라움과 경악을 감추지 못했지만, 사실 **결투를 금지하는 법률이 마련되어 있지 않던 워싱턴 D.C.는 그에게 있어서 가장 안전한 공간**이었지요. 한편, 제퍼슨 대통령과 공화당의 입장에서 이미 정적으로서의 가치를 완전히 상실하고 이빨 빠진 호랑이 신세로 전락한 부통령은 더는 견제할 만한 대상도 아니었습니다. 그 때문인지 버는 그들로부터 예전에 없던 호의와 환대를 받습니다.

1805년 2월 4일, 버는 부통령이자 상원의장으로서 마지막 직무가 될 **연방대법관 사무엘 체이스**Samuel Chase, 1741-1811**에 대한 탄핵재판을 주재**하고 나섰습니다. 버는 공평무사한 태도로 재판을 주도하였고, 체이스 대법관은 결국 무죄선고를 받았습니다. 처음에는 이 탄핵재판 과정을 우려 섞인 시선으로 지켜보던 상원의원들 역시 그의 의연한 모습에 감동하여 아낌없이 찬사를 보낼 정도였습니다. 그리고 **3월 2일, 상원에서의 고별 연설을 끝으로 그는 부통령으로서의 지난 4년간의 활동을 정리하게 됩니다.**

이로써 버는 현실 정치인으로서, 공직자로서의 인생을 마무리합니다. 이제 운명은 그에게 더 이상의 기회를 주지 않을 것입니다.

버의 비참한 말년과 평가

부통령 임기를 마친 버는 워싱턴 정가에서 완전히 퇴출됩니다. 이제 그를 받아줄 만한 정당이나 파벌은 그 어디에도 없었습니다. 훗날 해밀턴을 살해한 혐의로는 재판받은 적이 없지만, 이 시기만 하더라도 버는 뉴욕과 뉴저지에서 여전히 기소된 상태였고, 다른 곳에 머무른다 하더라도 자칫 이들 지역으로 송환될 위험성을 배제할 수도 없었습니다. 이처럼 세상 모든 것들이 그를 단단히 옥죄고 있었던 것이지요. 그럼에도 불구하고 포기라는 단어 따위는 사전에 없기라도 한 것처럼, 가슴속에 품었던 원대한 구상을 현실화시키고자 버는 서서히 움직이기 시작합니다.

그는 제퍼슨 대통령이 프랑스로부터 매입한 루이지애나 지역을 비롯하여 플로리다, 멕시코 등지를 아우르는 광활한 제국을 서부 지역에 세우겠다고 결심합니다. 이는 연방주의자들이 북부를, 공화주의자들이 남부를 자기네 지역 기반으로 공고하게 장악한 상황에서, 자신은 사실상 무주공산無主空山인 서부를 가져가 미국을 3등분하겠다는 야심찬 계획의 일환이기도 했지요. 그리하여 그는 3년 동안 서부 지역 곳곳을 방문합니다. 특히 1806년에는 오하이오 강과 미시시피 강을 직접 탐사하기도 했지요. 그리고 비밀리에 군사력을 모으려는 노력까지 병행합니다.

문제는 이러한 활동이 제퍼슨 대통령의 귀에 들어갔다는 점입니다. 버는 부통령의 자리에 오르기까지 평생을 권모술수와 배신으로 성공가도를 달려온 사람이었으나, 이때만큼은 자신의 충직한 협력자인 줄로만 알고 있던 장군 제임스 윌킨슨General James Wilkinson의 배신으로 체포되었고, 이듬해인 **1807년 버지니아 주 리치먼드**Richmond**에서 반역 혐의로 재판을 받게 됩니다. 연방대법원장 존 마셜**John Marshall, 1755-1835**이 주재한 이 재판에서 그는 다행스럽게도 무죄선고를 받습니다.** 하지만 이미 **배신자로 낙인찍힌 상황**에서 미국에 더는 머무를 수 없다는 판단하에, 버는

1808년 자진해서 유럽으로 망명길에 오릅니다. 그는 유럽에서도 못다 이룬 자신의 야망을 실현시키고자 영국 및 프랑스 측과 접촉했으나, 별다른 소득을 얻지 못한 채 1812년 6월 다시 뉴욕으로 되돌아옵니다.

하지만 그의 불운은 여기에서 그치지 않았습니다. 딸 시어도시아 Theodosia Burr**와 사위 조지프 알스턴**Joseph Alston **사이에서 난 열 살짜리 손자 애런 버 알스턴**Aaron Burr Alston**이 1812년 6월 말에 사망했습니다. 그해 12월, 슬픔에 잠겨 아버지를 만나러 뉴욕으로 가는 배에 올랐던 딸은 그 뒤로 영영 소식이 끊겼습니다.** 폭풍에 휩쓸렸는지, 해적의 습격을 받았는지 정확한 내막은 알 수 없지만, 그녀가 몸을 실었던 배는 다시는 항구에 닿지 못했던 것입니다. 버가 마음속 깊이 사랑했던 첫 번째 부인 시어도시아 바토우 프레보스트Theodosia Bartow Prevost, 1746-1794와의 사이에서 태어난 자식이 바로 그녀였기에, 비록 난봉꾼에 부도덕한 버라 할지라도 딸에 대한 아버지로서의 애정과 헌신만큼은 분명 진심이었으며, 또한 전혀 모자람이 없었답니다. 그렇기에 이 사건으로 인해 그가 받은 충격은 상상을 초월했습니다. 게다가 1816년, 이번에는 사위마저도 세상을 떠났습니다. 의붓자식과 사생아 여럿이 그에게 남아 있기는 했지만, 실제로 가족으로서 각별한 정을 주고받으며 지냈던 이들 모두는 이제 그의 곁에서 영원히 사라졌습니다. 그는 정치적인 삶도 비참하게 끝마쳤으나, 개인적인 삶은 비극의 연속 그 자체였습니다.

오랜 세월이 지난 다음, 말년의 버가 잠깐이나마 다시 대중의 주목을 받는 일이 발생합니다. 물론, 그의 '전공'이라 할 수 있는 스캔들을 통해서 말이지요. 1833년 버는 19살 연하의 재력가 여성 엘리자 보웬 주멜Eliza Bowen Jumel, 1775-1865과 재혼했으나, 이 결혼은 단 1년 만에 파탄 납니다.

그 이후 2차례의 심각한 뇌졸중에 시달린 버는, **1836년 9월 14일 스테이튼 섬Staten Island의 어느 호텔에서 영욕의 80년 일생을 조용히 마감합니다.**

버의 재능과 과단성은 그 누구에게도 뒤지지 않을 만큼 출중했으며, 그러한 자질은 중앙정계의 아웃사이더인 그를 부통령의 자리에까지 앉게 만들었습니다. 하지만 그는 분명 배신과 부패로 얼룩진 삶을 살았으며, 자신의 능력을 정직과 신의에 정반대되는 방식으로 사용했지요. 그리하여 마지막 한 계단만을 앞에다 두고 그는 모든 정적들의 표적이 되었으며, 결국 나락으로 추락하게 된 것입니다. 애덤 스미스Adam Smith가 『도덕감정론The Theory of Moral Sentiments』에서 정확히 지적한 것처럼, 야심가는 자신이 최고의 자리에 오르기만 하면 이전에 행한 모든 일들이 미화되고 용서받을 줄로 착각하지만, 사람들은 거기까지 그가 어떻게 올라갔으며 또한 어떤 수단을 사용했는지 해명할 것을 요구합니다. 이 점을 그는 정녕 몰랐을까요? 누구나 마찬가지겠지만, 버 역시 운명의 여신 포르투나Fortuna의 수레바퀴를 결코 벗어나지 못했습니다.

해밀턴의 경우에도 생전에 독선적이고 교만한 성격, 그리고 지나치게 공격적이며 비타협적인 태도로 말미암아 많은 사람들의 비판을 받았으며, 연방주의자들 내에서도 그는 시기와 질투를 한 몸에 떠안았지요. 더욱이 그의 독보적인 능력은 장차 그가 미국의 '카이사르Caesar'가 되어 공화정을 폐지하고 왕위에 등극하지나 않을까 하는 두려움과 모함까지 불러일으켰던 게 사실입니다. 해밀턴에게 이처럼 많은 결함과 뿌리 깊은 오해가 있었음에도 불구하고, 사후에 그는 신생독립국 미국의 위대한 설계자로서 당당하게 평가받고 있습니다. 반면에, 버는 200년이 지난 오늘날까지 미국 정치사상 최악의 부통령으로 언제나 최상위 순위에 이름을 올리고 있지요.

"나는 내가 생각하기로 적절하고 적합하다고 여길만한 삶을 살고 있다. 나는 사과도, 해명도 하지 않는다. 나는 그런 것들을 증오한다."[7] 버의 진면목은 이 말에서 가장 적나라하게 드러납니다. 이것이 그의 인생의 모토motto였습니다. 하지만 그런 버조차도 마지막 순간이 점점 다가오자 이렇게 말을 바꿉니다. "난 세상이 해밀턴과 내가 함께하기에 충분히 넓다는 것을 알았어야 했다."[8] 버의 때늦은 후회와 같이, 역사는 이로써 두 사람의 평가를 극명하게 갈라놓았던 것입니다.

---

7) Philip Vail, *The Great American Rascal: The Turbulent Life of Aaron Burr*, p.0.

8) James Parton, *The Life and Times of Aaron Burr: Lieutenant-Colonel in the Army of the Revolution, United States Senator, Vice-President of The United States, etc.*, p.322.

9 국왕 폐하의 재위 기간은…… 20분

왕보다 더 왕당파인 자들

- 루이 18세Louis XVIII

"만세만세만만세萬歲萬歲萬萬歲!"

"Long Live the King!새 국왕이시여, 만수무강하소서!"

수많은 신하들이 지켜보는 가운데 옥좌에 오른 새로운 군주. 그를 찬양하고 새 시대를 축하하는 자리라면 '만세萬歲'라는 구호는 빠짐없이 등장합니다. 그리고 임금을 알현謁見하는 장소에서도 만세삼창은 보편적으로 행해지지요.

군주를 향해 신하들과 백성들이 이렇게 소리치는 장면, 여러분들은 소설 · 영화 그리고 TV에서 방영되는 사극 같은 곳에서 자주 접하셨을 겁니다. 동서양을 막론하고 군주국에서는 그의 치세가 영원하기를 바란다는 의미에서, 공통된 의미를 지닌 이러한 표현이 사용되었던 것입니다.

한편, 우리나라에서는 조선시대 때 중국을 의식해 만세 대신 한 단계 격이 낮은 '천세千歲'라는 표현이 쓰이기도 했지요. 물론, 왕이나 황제라고 해서 천년만년 영원히 살 수는 없는 노릇이니, -고대 이집트의 파라오들이나 중국의 진시황은 그렇게 생각하지 않았지만- 이 말은 그의 치세가 가능한 한 오래 지속되기를, 그리하여 국가에 혼란 없이 평화로운 시대가 계속되기를 염원한다는 뜻이겠지요.

민주주의가 정착된 현대 정치체제하에서도, 영국처럼 군주가 존재하는 나라에서는 이러한 표현을 자주 접할 수 있지요. 세습군주가 특별한 악행을 저지르지 않는 한, 그에 대한 일반 백성들의 사랑은 자연스러운 감정이라고 언급한 마키아벨리의 『군주론』을 굳이 거론하지 않더라도, 지금 이 시점에도 각국의 국왕은 나라의 상징으로 여겨지면서 국민들의 동경과 흠모의 대상이 되는 경우가 많습니다. 그렇기 때문에 더는 예전처럼 강제로 군주를 찬양할 필요가 없어진 오늘날의 시민들이라 할지라도 자신의 진심 어린 사랑을 담아, 군림하되 통치하지 않는 그에게 만세를 외치는 사람들도 분명 적지 않습니다. 반면에 오래전부터 내려온 '의례적 · 관습적 표현'으로서 이를 단순히 받아들이는 경우도 제법 있겠지요? 군주제는 반드시 폐지되어야 할 구시대의 유물 정도로 여기는 사람들을 제외한다면…….

아무튼 그가 국정을 완전히 장악한 철권통치자이든, 아니면 입헌군주로서 명목상의 권한만 가지든 간에, 군주에게 있어서 오랜 재위 기간은 당연히 따라 다니는 수식어처럼 인식되고 있습니다. 또 그렇게 기대되고 있는 것도 사실이지요. 어차피 군주의 지위는 기본적으로 종신직終身職이니까요.[1)]

---

1) 그런데 특이하게도 말레이시아는 국왕의 임기가 5년입니다. 다만 말레이시아는 연방국가로서, 전체 13개 주 가운데 9개 주가 각 지역을 다스리는 술탄Sultan의 통치하에 있으며, 이들 9개 주의 술탄 중에서 국왕과 부국왕을 선출한다는 점에서, 임기제를 택한 배경이 있습니다.

짧은 재위 기간만 누린 군주들

① 나폴레옹 2세

그러나 역사상 비교적 짧은 재위 기간만 누린 군주들은 얼마든지 찾아볼 수 있습니다. 우리 역사상으로도, 소년왕 이미지로 각인된 조선 단종端宗, 1441-1457, 재위: 음력 1452. 5. 14.-1455. 윤6. 11.은 3년 1개월 24일(1149일), 그리고 조선왕조에서 가장 짧게 재위한 인종仁宗, 1515-1545, 재위: 음력 1544. 11. 14.-1545. 7. 1.은 8개월 10일(252일)에 불과합니다.

그런데 세계 역사 전체를 통틀어 놓고 볼 때, 그 정도의 재위 기간조차도 상당히 길어 보일 만큼 극히 짧은 시일 동안만 왕이나 황제의 자리에 앉았던 사람들도 제법 확인되지요. 대표적인 사례가 바로 나폴레옹 2세Napoléon II, 1811-1832입니다. 프랑스 황제 나폴레옹 보나파르트는 워털루 전투Battle of Waterloo 패배 후, 1815년 6월 22일 퇴위하고 자신의 유일한 적자 나폴레옹 2세에게 양위합니다. 허나 연합군이 7월 7일 파리를 점령하면서 부르봉 왕가Maison de Bourbon의 루이 18세Louis XVIII, 1755-1824가 프랑스 국왕으로 복귀하지요. 그리하여 나폴레옹 2세는 황제로서 단 15일만 재위하게 됩니다.

한편, 영국의 레이디 제인 그레이Lady Jane Grey, 1536/1537-1554는 고작 9일 동안만(재위: 1553. 7. 10.-1553. 7. 19.) 잉글랜드 여왕의 자리에 앉았다가 폐위되지요. 살날이 얼마 남지 않았던 에드워드 6세Edward VI, 1537-1553는 열렬한 가톨릭교도인 자신의 이복 누나 메리Mary I, 1516-1558가 왕위에 오른다면 가톨릭이 복권될 것을 우려하여 원래의 계승 서열조차 무시하고 신교도인 제인 그레이를 후계자로 지목합니다. 에드워드 6세가 사망하자 그녀는 잠시 여왕이 되었으나, 이내 메리가 귀족들의 지지를 등에 업고 당당히 런던에 입성하면서 곧바로 폐위당해 런던탑에 갇히게 됩니다. 그리하여 그녀에게는 '9일 여왕'이라는 별칭이 따라 붙습니다. 그리고 이듬해인 1554년 2월 12일, 메리 1세는 신교도들의 추가적인 반란을 잠재우기 위해 레이디 제인 그레이에 대한 처형 명령을 내리지요. 결국 그녀는 남편 길포드 더들리Guildford Dudley와 함께 런던탑에서 처형됩니다.

나폴레옹 2세의 15일, 그리고 레이디 제인 그레이의 9일은 과연 그들을 진정한 일국의 군주로서 취급해야 하는지에 대해 의문을 제기할 만

② 폴 들라로슈Paul Delaroche, 1797-1856, 「1554년 런던탑에서 레이디 제인 그레이의 처형L'Exécution de lady Jane Grey en la tour de Londres, l'an 1554」(1833).

큼 매우 짧은 기간이라 말할 수 있지요. 그런데 그것밖에 안 되는 재위 기간조차도 엄청나게 긴 시간으로 보이게 만드는 '국왕들'이 존재했습니다. **게다가 그들의 재위 기간은 겨우 '20분'에 불과했습니다.**

7월 혁명의 배경

나폴레옹 보나파르트의 '백일천하les Cent-Jours'가 끝나고 부르봉 왕정이 두 번째로 복고되자, 복수심에 불타오른 왕당파 귀족 세력들은 프랑스 대혁명과 나폴레옹의 통치기에 행해진 전반적인 정치·사회적 변화들을 무력화시키고자 시도하는 한편, 왕정에 방해 요소가 되는 신교도, 공화주의자, 보나파르트파에 대한 광범위한 박해를 시작합니다. 더군다나 프랑스에서 1815년 10월부터 1816년 9월까지 존속한 의회는 소위 "세상에 둘도 없는 의회Chambre Introuvable"로 불렸는데, 이 의회는 루이 18세가 지적한 것처럼 다수파가 "왕보다 더 왕당파인 자들more royalist than the King"로 구성됨으로써 반동적 성격이 지나치게 강했습니다.[2)]

이렇게 왕권신수설을 지지하고, 귀족·가톨릭 성직자와 같은 앙시앙레짐Ancien Régime의 지배계급의 우위를 신봉하며, 몰수된 재산의 반환을 추구하는 왕당파들이 득세한 상황이었지만, 국왕 루이 18세는 가능한 한 중도적이고 온건한 정책을 추진하고 이를 실현할 인사들을 내각에 기용할 정도였지요. 이미 오랜 기간 망명을 떠난 전력이 있던 그로서는 독기

2) *Dictionary of Political Economy*, Edited by R. H. Inglis Palgrave, Vol. II. F-M, Palgrave Macmillan, 1896., p.645.

가 잔뜩 오른 왕당파의 손을 들어 주어 국민들을 재차 격앙시키기보다는 새로운 혁명이 터지는 위험을 미연에 방지하는 것을 택했습니다.

그런데 문제는 골치 아픈 왕당파의 중심이 현 국왕의 동생으로 다음번 왕위 계승권자인 아르투아 백작Comte d'Artois: 훗날의 샤를 10세(Charles X, 1757-1836)이었던 것입니다. 그나마 1816년 의회 해산 이후 왕당파가 소수파로 밀려나면서부터 정국은 한동안 안정을 되찾았으나, 1820년 2월 13일 아르투아 백작의 차남 베리 공작Charles-Ferdinand d'Artois, Duc de Berry, 1778-1820의 암살 사건이 발생하자 그때부터 왕당파가 다시 국정을 주도합니다. 게다가 왕당파에게는 행운도 따랐는데, 아르투아 백작과 그의 장남 앙굴렘 공작 루이 앙투안Louis-Antoine de France, Duc d'Angoulême, 1775-1844 이외에는 더 이상의 남성 계승권자가 남아 있지 않던 부르봉 왕가에 사망한 베리 공작의 유복자가 태어나게 되지요. '기적의 아이'라 불린 그는 태어나자마자 보르도 공작Duc de Bordeaux 작위를 수여받았으며, 훗날 그는 정통파의 왕위 계승요구자 앙리 5세Henry V, 1820-1883 또는 샹보르 백작Comte de Chambord으로 불립니다.

③ 샤를 10세

한편, 이처럼 왕당파의 영향력이 갈수록 커지는 가운데 1824년에는 그들이 의회까지 장악했지요. 더군다나 그해 9월 루이 18세가 사망하고 아르투아 백작이 샤를 10세로 즉위함으로써, 프랑스는 완전히 왕당파의 지배하에 놓입니다. 그 결과 언론·교육·종교 등 사회 전 분야에 걸쳐 반혁명적·복고적 정책이 진행되었습니다. 더욱이 국채 이자율을 낮추는 대신 남는 재원을 망명 귀족에 대한 보상금으로 지급하는 법안까지 의회에서 통과되기도 했지요. 즉, 샤를 10세 시대 국정 기조는 말 그대로 왕당파의 편향된 시각에 사로잡혀 있었던 것입니다.

해도 해도 너무한다고 생각한 일반 국민들은 부르봉 왕정에 대한 지지를 나날이 철회하기 시작합니다. 또한 각계각층에서 광범위한 왕정 반대 세력까지 형성되기에 이릅니다.

7월 혁명과 왕조 교체

1830년 7월, 의회 선거에서 왕당파 정부는 야당에 완패했습니다. 이제 무엇이 민의인지 확인되었으니, 양보와 타협을 모색할 차례가 되었지요. 만일 이때 샤를 10세가 여론을 수용하여 정무 감각이 일천하고 망명 귀족의 경직된 사고방식에서 한 치도 벗어나지 못한 수상 폴리냐크 공작Jules de Polignac, 1780-1847[3]을 해임시키는 한편, 일련의 전향적인 조치들을 시행했다면 적어도 사태가 극단적인 국면으로 치닫는 일은 없었을 것입니다. 하지만 샤를 10세는 이와는 정반대로, 7월 25일 새 의회의 해산, 선거권자를 지주 계층으로 축소하는 새 선거법의 도입, 언론의 자유 제

3) 폴리냐크 공작은 루이 16세 시절 왕비 마리 앙투아네트의 총애를 입고 전횡을 일삼던 폴리냐크 공작부인Duchesse de Polignac, 1749-1793의 아들입니다. 이 두 모자는 대를 이어 국가와 왕실을 완전히 망가뜨린 장본인이 되지요.

한 등을 내용으로 하는 이른바 '7월 칙령'을 발포하는 모험을 감행했던 것입니다. 이에 격분한 파리 시민들은 7월 27일을 기점으로 시내 곳곳에 바리케이드를 쌓고 대대적으로 봉기에 가담합니다. 이것이 바로 '영광의 3일Trois Glorieuses'의 시작입니다.

그런데 이런 심각한 상황을 자초해 놓고 정작 샤를 10세는 어이없게도 가족들과 함께 랑부예 성Château de Rambouillet으로 유유히 사냥하러 떠났답니다. 게다가 당시 군대는 알제리로 대규모 원정을 나가 있었기 때

④ 외젠 들라크루아Eugène Delacroix, 1798-1863, 「민중을 이끄는 자유의 여신La liberté guidant le peuple」(1830).

문에, 수도를 지키기에는 숫자가 턱없이 부족했지요. 이렇게 왕정 측은 파리 방어에 사실상 손을 놓고 있던 것이나 다름없었습니다. 그리하여 3일간의 피비린내 나는 시가전을 치른 끝에, 파리는 7월 29일 혁명군이 장악합니다. 샤를 10세는 30일 긴급히 폴리냐크 공작을 파면하고 7월 칙령을 철회한다고 발표했으나, 이미 기울어진 대세를 돌이킬 수는 없었습니다. 군사적으로 그리고 정치적으로 완전히 고립되었던 그는 당시 자신과 가족들이 머물던 랑부예 성에서 8월 2일 퇴위를 결정하고 자신의 손자 보르도 공작을 후계자로 내세우지요. 자신의 아들 앙굴렘 공작 루이 앙투안을 사실상 건너뛰면서 말입니다.

루이 앙투안은 아버지 샤를 10세가 비통한 눈물을 흘리며 퇴위 조서에 서명한 후, 루이 19세 Louis XIX **로서 20분간 재위하였습니다. 그가 프랑스 국왕으로서 한 일이라고는 펜을 들고 조카에게 왕위를 넘겨준다고 서명한 것이 전부였지요.** 그리하여 보르도 공작이 앙리 5세로서 국왕으로 지명되었는데, 이는 샤를 10세가 쓸 수 있던 마지막 카드였습니다. 혁명의 핵심 세력들은 자유주의적 성향의 오를레앙 공작 루이 필리프Louis Philippe d'Orléans를 지지하고 있었기에, 샤를 10세는 루이 필리프에게 서한을 보내 나이 어린 보르도 공작의 즉위를 승인받는 대신 루이 필리프를 섭정으로 삼아 왕조 자체만은 보전하는 타협안

⑤ 루이 19세

을 제시했던 것입니다. 그러나 샤를 10세의 헛된 기대는 결국 부서지고야 말았습니다. 의회가 보르도 공작의 왕위 계승을 거부하고 루이 필리프를 국왕으로 추대했기 때문이지요. 그리하여 8월 9일, 루이 필리프는 '프랑스 국민의 왕'으로 즉위합니다.[4)]

7월 혁명의 결과, 시대상을 전혀 읽지 못했던 부르봉 왕가는 완전히 몰락합니다. 샤를 10세를 비롯한 왕실 구성원들은 또다시 망명길에 오르지요. 그리고 샤를 10세는 1836년, 루이 19세는 1844년 망명지인 오스트리아 괴르츠Görz[5)]에서 사망합니다.

오랜 세월이 지나고, 보불전쟁의 패배로 1870년 나폴레옹 3세Napoléon III, 1808-1873의 제2제국Second Empire이 무너지자 앙리 5세는 다시 국왕 후보로 거론됩니다. 하지만 그는 혁명 정신이 담긴 삼색기를 거부하고 오직 부르봉 왕조의 백기만을 고집하였기에 결국 왕정복고는 없던 일이 되지요. 그리하여 프랑스는 공화정 체제로 재편됩니다. 그리고 1883년 앙리 5세가 오스트리아의 프로스도르프 성Schloss Frohsdorf에서 자식 없이 사망하면서 정통 부르봉 왕가의 계통은 단절됩니다.

4) 앙리 5세는 프랑스 국왕으로 정식 선포된 적이 없습니다. 다만, 그를 국왕으로 인정할 경우 그는 1830년 8월 2일부터 8월 9일까지 7일간 재위한 것이 되겠지요. 물론, 이 정도도 극히 짧은 재위 기간에 속합니다.

5) 오늘날 이곳은 이탈리아 고리치아Gorizia입니다. 다만 제2차 세계대전 후 영토분할 과정에서 고리치아의 일부 지역이 유고슬라비아에 편입되었고, 그 지역은 노바 고리차Nova Gorica라는 지명으로 현재 슬로베니아 영토에 속해 있지요. 그리하여 샤를 10세와 루이 19세의 무덤은 노바 고리차 인근 코스타네비차Kostanjevica의 프란치스코 수도원에 있습니다. 앙리 5세 역시 사망 이후 이곳에 함께 안장됩니다.

포르투갈에서도 타이기록이……

국왕이 겨우 20분밖에 안 되는 기간 동안만 재위했다는 사실 자체부터가 매우 놀라운 사건임에 틀림없지요. 그런데 쉽게 믿기지 않겠지만, 이처럼 극도로 짧은 재위 기간을 가진 국왕이 한 명 더 존재합니다. 즉, 루이 19세의 기록과 타이기록이 있다는 소리이지요. 그 주인공은 바로 포르투갈의 동 루이스 필리프Dom Luís Filipe, 1887-1908입니다.

여기서 그가 왜 20분밖에 재위하지 못했는가를 밝히기에 앞서, 포르투갈이 처했던 기본적인 역사적 배경부터 설명할 필요가 있습니다. 19세기 초, 포르투갈은 나폴레옹의 세 차례에 걸친 침입으로 인해 브라간사 왕가Casa de Bragança 자체가 식민지 브라질로 이주해 버릴 정도로 커다란 위기를 맞게 됩니다. 포르투갈은 오래전부터 국제정치적·경제적 의존 관계를 맺고 있던 영국의 도움으로 프랑스를 물리칠 수 있었지만, 브라질로 근거지를 옮긴 왕실은 나폴레옹 전쟁이 끝난 이후로도 귀국하기를 꺼려했지요. 그 때문에 포르투갈은 약 10만 명의 병사들을 포르투갈에 주둔시킨 영국군 사령관 윌리엄 베레스포드William Carr Beresford, 1768-1854 장군의 실질적인 지배하에 놓이게 되었습니다.

전쟁으로 인해 산업은 처참하게 붕괴되고, 포르투갈 경제의 주요 기반을 이루고 있던 식민지 브라질이 왕국으로 승격되어 경제적으로 분리·자립하는 수순을 거치기 시작했을 뿐만 아니라, 영국의 과도한 개입으로 인해 반영反英 감정이 팽배해지는 등 포르투갈은 국내외적으로 총체적인 파국 상태에 처해 있었습니다. 그리고 이는 곧 국민들의 행동을 불러일으켰지요. 베레스포드 장군이 포르투갈을 비우고 잠시 브라질로 떠난 1820년 8월 24일 드디어 혁명이 발발하였고, 국민 절대다수의 지지로 이 혁명은 성공을 거두게 됩니다. 그리하여 영국 군대는 포르투갈에서 철수했고, 국왕 동 주앙 6세Dom João VI, 1767-1826 또한 1821년 7월 본국으로 귀환하기에 이릅니다.

그런데 문제는 브라질이 왕실의 피난처가 되면서 누렸던 각종 정치적 · 경제적 권한들이 혁명의 결과로 상실될 위기에 놓였던 것입니다. 1822년 신新헌법의 제정자들은 브라질에게 허용되었던 상업적 특권을 박탈함과 더불어, 왕국으로서의 지위까지 빼앗고 포르투갈 본국에 종속된 일개 지방으로 강등시키는 조치를 취합니다. 이는 당연히 브라질 측의 극심한 반발을 초래하였고, 브라질에 남아 있던 왕세자 동 페드루Dom Pedro I, 1798-1834는 결국 1822년 9월 7일 브라질의 독립을 선언했으며, 한 달 뒤에는 브라질 황제로 즉위합니다. 이후 포르투갈과 브라질의 공식적인 분리는 1825년 리우데자네이루 조약Tratado do Rio de Janeiro을 통해 승인되지요.

브라질을 상실한 이래 포르투갈은 자유주의자와 절대왕정지지자 사이의 반목과 대립, 그리고 그로 인한 끊임없는 내란과 폭동, 더군다나 영국 · 프랑스 · 스페인 등 주변 강대국들의 개입으로 말미암아 정치, 경제, 사회 모든 면에서 오랜 기간 극도의 혼란을 겪게 됩니다. 이러한 상황은 1847년까지 지속되지요. 그러다 1851년 '국가재건 운동Regeneração'을 시작함으로써 국내 사정이 본격적으로 안정을 되찾고, 영국 등 외국 자본의 투자를 바탕으로 하여 철도 건설, 생산력 증대, 대외무역의 확대 등 뚜렷한 경제 성장도 이룩합니다. 모처럼 만에 도래한 평화와 번영의 시대는 약 40년간 계속됩니다.

하지만 그 이면에는 극심한 빈부격차, 왕실과 정부에 대한 국민들의 불신, 사회주의 · 공화주의와 같은 새로운 혁명적 사상의 전파, 거기다 영국에 대한 경제적 의존도의 심화 등 다양한 문제들이 내포되어 있었습니다. 그리고 포르투갈 내의 여러 사회적 모순들은 시간이 지날수록 해소되기는커녕 하루하루 커져만 갔지요. 그러던 와중에 이반되는 민심에 기름을 붓는 사건이 발생했으니, 이것이 바로 1890년 영국의 최후통첩British Ultimatum 사건입니다.

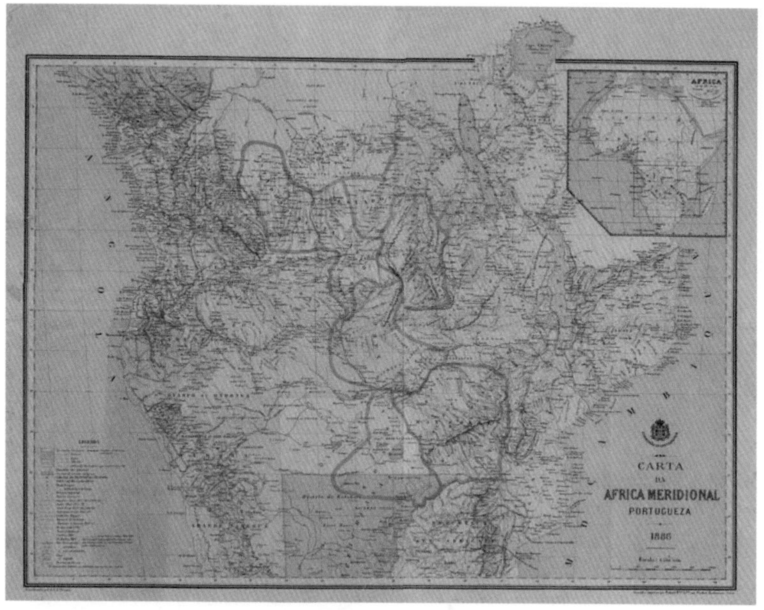

⑥ 장밋빛 지도Mapa Cor de Rosa. 포르투갈은 아프리카 남서부 앙골라로부터 남동부 모잠비크까지 동서로 연결하여 대륙을 횡단하는 식민지를 건설하려고 시도했습니다.

포르투갈은 잃어버린 브라질을 대신할 식민지를 아프리카에 건설하고 해당 지역에 대한 지배권을 더욱 확고히 하고자, 1886년 '장밋빛 지도Mapa Cor de Rosa'를 반포합니다. 이 지도에는 당시 포르투갈 식민지였던 아프리카 남서부 앙골라로부터 남동부 모잠비크까지 동서로 연결하여 대륙을 횡단하는 식민지를 건설하겠다는 장밋빛 미래가 그려져 있었지요. 그런데 장밋빛 지도는 3C 정책[6]의 일환으로 카이로에서 케이프타운까지 남북을 연결하려던 영국의 대외정책과 정면으로 충돌했습니다. 즉, 포르투갈과 영국의 이해가 오늘날의 말라위Malawi 지역을 놓고 대립했던 것이지요. 포르투갈은 국제중재를 통해 이 사안을 해결하기를 원했으나, 영국은 이를 끝내 거부합니다. 그리하여 1890년 1월 11일 영국은 포르투갈 군대에 최후통첩을 보내 아프리카 중부 지역에서 철군할 것을 요구하였고, 이에 포르투갈이 굴복했던 것입니다.

이 사건은 국가의 존엄과 명예에 커다란 손상을 입혔답니다. 포르투갈 국민들의 눈에는 왕정이 조국을 배신한 거나 마찬가지로 보였겠지요. 아무리 힘이 약하기로서니 제대로 싸워 보지도 않고 식민지 소유권을 포기하다니! 분노한 국민들은 국왕 동 카를로스 1세Dom Carlos I, 1863-1908를 맹렬히 비난하였고, 1889년 10월에 즉위하여

⑦ 동 카를로스 1세

6) 영국의 3C 정책은 인도의 캘커타Calcutta, 이집트의 카이로Cairo, 그리고 남아프리카의 케이프타운Cape Town을 잇는 거대한 식민지 시스템을 구축하려던 영국의 대외정책을 의미합니다. 이와는 대척점에 서 있는 것이 제국주의 세력의 후발주자였던 독일의 3B 정책으로, 이는 독일의 베를린Berlin, 오스만 투르크의 수도 비잔티움Byzantium: 이스탄불, 그리고 메소포타미아의 바그다드Baghdad를 연결하여 독일이 발칸반도와 중동까지 세력권을 넓히겠다는 원대한 계획을 뜻합니다.

왕위에 오른 지 겨우 석 달밖에 안 된 그는 시작부터 국민들의 신망을 크게 잃었지요. 이 틈을 타 공화주의자들은 대중적 지지세를 빠르게 확장하는 한편, 왕정 타도를 위한 강력한 반정부 투쟁에 착수합니다. 1891년 1월 31일에는 포르투Porto에서 공화주의자들의 폭동이 발생했다가 진압되는 일도 있었습니다.

리스본 시해 사건

1906년 동 카를로스 1세는 주앙 프랑코João Franco, 1855-1929를 수상에 임명했습니다. 그런데 주앙 프랑코는 곧이어 반대파를 탄압하면서 의회 해산을 시도하였고, 그다음 해인 1907년에는 아예 독재정부까지 구성합니다. 공화주의자들로서는 이제 공공연하게 정부 전복을 기도할 수 있는 최적의 환경이 조성되었지요. 그리고 1907년 말, 프랑스 파리에서는 포르투갈 정치인들과 혁명가들에 의해 왕실을 공격하기 위한 음모가 준비되었는데, 두 명의 암살자로 마누엘 부이사Manuel

⑧ 리스본 시해 사건. 이 그림에서는 암살범이 2명이 아니라 4명인 것처럼 잘못 묘사되어 있습니다.

Buíça와 알프레두 루이스 다 코스타Alfredo Luís da Costa가 선택됩니다.

1908년 2월 1일, 왕실 일가는 마차를 타고 테레이루 두 파수Terreiro do Paço: 궁전 광장를 지나고 있었지요. 그때 첫 번째 암살범이 국왕 동 카를로스 1세를 쏘았습니다. 옆에 있던 왕비 아멜리아Amélia de Orleães[7]는 마차에서 일어나 자신이 지닌 유일한 무기 꽃다발을 들고 암살범에게 저항합니다. 하지만 암살범은 이내 목표물을 왕세자로 바꿔 그의 가슴과 머리에 총격을 가했지요. 그뿐만 아니라 어머니를 보호하기 위해 그들 앞을 막아선 둘째 아들 마누엘Manuel의 팔에도 총상을 입혔습니다.

동 카를로스 1세는 그 자리에서 즉사합니다. 마차가 안전을 확보하기 위해 쏜살같이 질주하는 동안, 왕세자 동 루이스 필리프 역시 치명적인 부상을 입고 피를 흘린 채 자리에 뻗어 있었습니다. 마누엘이 형의 머리를 손수건으로 지혈했지만, 이내 손수건은 피로 홍건히 물들었지요. 이윽고 구조요원들이 마차에서 동 루이스 필리프를 옮기려 할 때 그는 숨을 거두었습니다. 자신의 아버지가 죽은 지 약 20분 뒤의 일이었습니다. 그리고 두 명의 암살범들 역시 경찰에 의해 사살됩니다.

⑨ 왕세자 동 루이스 필리프.
그는 목숨이 붙어 있던 마지막 20분
동안만 국왕으로 재위합니다.

---

7) 그녀의 프랑스식 이름은 아멜리 도를레앙Amélie d'Orléans입니다. 이름에서 알 수 있듯이 그녀는 프랑스 오를레앙 가문 출신으로, 1830년 7월 혁명으로 국왕이 되었다가 이후 1848년 2월 혁명으로 퇴위한 루이 필리프 1세의 증손녀입니다.

당시 포르투갈 법령에 의거할 때, 동 루이스 필리프는 비록 공식적인 절차를 거치지는 않았지만 -당연히 거칠 수도 없었지만- 아버지 동 카를로스 1세의 사망으로 인해 기본적으로 국왕의 자리를 승계했습니다. 그러므로 그는 프랑스의 루이 19세와 더불어 '재위 기간 20분'이라는 동일한 기록을 보유하게 되었지요. 그런데 루이 19세는 최소한 국왕으로서 서명이라도 한 번 해 봤으나, **동 루이스 필리프가 포르투갈 국왕으로서 한 일이라고는 오직 잠시 '생존했다'는 사실뿐이었습니다.**

국왕과 왕세자가 한꺼번에 목숨을 잃은 이 '리스본 시해 사건Lisbon Regicide'으로 인해 왕실은 치명적인 타격을 입었습니다. 이 사건에서 비교적 경미한 부상만을 입었던 마누엘이 18세라는 어린 나이에 동 마누엘 2세Dom Manuel II, 1889-1932로서 즉위했으며, 또한 사건 발생 3일 후인 2월 4일 수상 주앙 프랑코가 해임됩니다. 그러나 동 마누엘 2세의 2년간의 재위 기간 동안 내각이 무려 6차례나 바뀔 정도로 정국은 여전히 혼돈에 빠져 있었고, 새 국왕은 이 사태를 수습할 만한 능력을 가지고 있지 못했지요. 결국 1910년 10월 1일 공화정을 요구하는 대대적인 군중 시위가 발생하였고, 곧이어 10월 3일 공화주의자들의 세력에 군대까지 가담한 혁명으로 이어지자, 동 마누엘 2세는 결국 리스본을 탈출하여 10월 5일 배를 타고 영국으로 망명합니다.

그 결과 포르투갈은 테오필루 브라가Teófilo Braga, 1843-1924를 임시 정부 대통령으로 하는 공화국 체제로 변경되었지요. 그리하여 브라간사 왕정은 막을 내립니다.

가장 짧은 재위 기간을 가진 군주

앞서 언급한 바처럼, 루이 19세와 동 루이스 필리프는 모두 '20분' 동안만 재위했다는 기록상의 공통점이 있습니다. 기네스북 공식 기록에도 루이 19세와 함께 동 루이스 필리프가 가장 짧은 재위 기간을 가진 군주로 등재되어 있지요.

하지만 이처럼 표면적으로 눈에 띄는 '시간' 문제 이외에도, 이 둘에게는 국민들의 신임을 철저히 상실한 부왕父王, 국내 정치의 극심한 분열과 난맥상, 시대적 요구에 대한 왕정 특유의 몰이해沒理解와 같은 수많은 악조건들이 함께 따라다녔지요. 그 하나하나가 전부 왕정의 근간을 뒤흔들 만큼 매우 위태로운 요소들이었지만, 왕정은 실질적인 해결책을 제시하지 못한 채 상황을 더욱 악화시키기만 했습니다. 그리고 그 결과, 가장 극단적인 방식으로 폭발하는 것을 끝내 막지 못했지요.

프랑스에서는 1830년 정통 부르봉 왕가에서 방계 오를레앙 가문Maison d'Orléans으로 왕조 교체가 단행되었고, 포르투갈에서는 1910년 아예 왕정 자체가 폐지됩니다. 그리고 그 격변의 시대 속에서 루이 19세와 동 루이스 필리프는 군주에게 일반적으로 기대되는 오랜 재위 기간과는 완전히 정반대되는 운명을 맞이할 수밖에 없었던 것입니다.

10 독일과 일본, 어떤 국가에게든 공격받을 수 있는 나라?

내가 가진 것은, 그것이 가치 있는 한 당에 귀속된다.
당이 존속하지 않는다면, 국가에 귀속된다.
국가마저 파괴된다면, 더 이상 나의 결정은 불필요하다.
- 아돌프 히틀러Adolf Hitler, 「개인적 유언」 중에서
베를린, 1945. 4. 29. 새벽 4시

① 베를린 함락(1945. 5. 2.). 독일 국회의사당에 소련 국기가 올라감으로써 나치 독일은 종말을 고합니다.

1945년 4월 30일 독일 총통 아돌프 히틀러Adolf Hitler, 1889-1945의 자살. 5월 2일 소련군에 의한 베를린 함락. 그리고 5월 8일 후임 카를 되니츠Karl Dönitz의 무조건 항복. 이로써 연합국Allied Powers은 유럽 전선에서 승리합니다. 이날이 바로 유럽 전승기념일V-E Day입니다. 독일은 소련에 대해서는 그다음 날 항복했기 때문에, 오늘날 러시아를 비롯한 구소련 국가들은 5월 9일을 승리의 날로 기념하고 있습니다.

② 나가사키 원폭 투하(1945. 8. 9.). 두 번의 핵공격으로 일본은 항전 의지를 상실합니다.

이제 세계의 모든 시선은 마지막 남은 추축국Axis Powers, 일본으로 향하게 됩니다. 일본은 허망하고도 무익한 저항을 지속했으나, 미국은 8월 6일 히로시마에 리틀보이Little Boy를, 8월 9일 나가사키에 팻맨Fat Man을 투하하는 것으로 답했습니다. 결국 8월 15일 일본은 무조건 항복을 선언합니다. 그리하여 제2차 세계대전은 연합국의 완전한 승리로 마무리됩니다.

그리고 정확히 75년이 지난 2020년 오늘, 독일과 일본은 세계적인 강대국으로 다시 한번 도약했습니다. 1990년 동서독 통일 후 독일은 EU를 발판으로 사실상 전 유럽의 정치·경제·금융질서를 주도하는 국가로 거듭났으며, 더욱이 2014년 우크라이나 사태 이후 미국과 러시아의 신냉전 구도를 중재하고 갈등을 완화시키는 국제사회의 중재자로서도 그

위상을 드높이고 있습니다. 한편, 세계 3위의 경제력을 자랑하는 일본 역시 미일동맹을 바탕으로 중국에 대한 견제를 강화하면서, 100년 전 그 시절처럼 아시아의 맹주 자리에 올라설 기회를 호시탐탐 엿보고 있지요.

그런데 이런 국제사회의 실력자들을 두고, **어떤 국가에게든 공격받을 수 있는 나라**라니! (일본의 식민 지배를 겪은 우리로서는 행여나 귀가 솔깃할 만한 이야기라고는 하더라도) 도대체 무슨 뜬금없는 소리를 하는 건지 모르겠다고 반문하실 수도 있습니다. 그렇지만 적어도 국제법의 '명문규정상' 전혀 근거 없는 소리는 아닙니다.

구적국 조항: UN헌장 제53조, 제77조, 제107조

UN헌장UN Charter 제53조, 제77조, 제107조는 제2차 세계대전 당시의 추축국 국가들, 즉 구적국舊敵國에 관해 다음과 같은 규정을 두고 있습니다.

UN헌장 제53조

1. 안전보장이사회The Security Council는 그 권한하에 취해지는 집행조치를 위하여 적절한 경우 그러한 지역적 협정이나 지역적 기관을 이용한다. 다만, 안전보장이사회의 승인 없이 지역적 협정하에 또는 지역적 기관에 의해 집행조치가 취해져서는 안 된다. 그러나 동조 제2항에 규정된 어떠한 적국에 대한 조치, 제107조에 따라 허용된 것 또는 어

떠한 적국의 일부에 의한 침략정책의 재개에 대항하는 지역적 협정에 규정된 것은, 관련 정부의 요청에 의해 그러한 국가의 추가적인 침략을 방지할 책임을 당해 기구가 부담할 수 있을 때까지 예외로 한다.

2. 동조 제1항에서 사용된 적국이라는 용어는 제2차 세계대전 동안 본 헌장의 서명국의 적이었던 어떠한 국가에도 적용된다.

제77조

1. 신탁통치제도는 신탁통치협정에 의하여 이 제도하에 둘 수 있는 다음과 같은 범주의 영역에 적용된다.

a. 현재 위임통치하에 있는 영역
b. 제2차 세계대전의 결과로 적국으로부터 분리될 수 있는 영역
c. 행정을 책임지는 국가가 자발적으로 이 제도하에 두는 영역

2. 상술한 범주 내의 어떠한 영역을 신탁통치제도하에서 어떠한 조건에 둘 것인가에 관해서는 차후의 협정으로 정한다.

제107조

본 헌장의 어떠한 규정도 제2차 세계대전 동안 본 헌장의 서명국의 적이었던 어떠한 국가와 관련된 조치로서, 그러한 조치에 대해 책임을

지는 정부가 그 전쟁의 결과로 취했거나 허가한 조치를 무효화하거나 배제하지 않는다.

우리는 이들 규정을 흔히 **'구적국 조항**Enemy State Clause**'**이라고 부르고 있습니다. 다만 과거 11개에 달하던 신탁통치지역이 차례로 독립하여 1994년 팔라우를 마지막으로 현재는 단 하나도 남아 있지 않기에, 이들 조항 가운데 실제 문제되는 것은 제53조와 제107조입니다.

그리고 이처럼 UN헌장은 패전국에 대한 차별 대우와 안전보장이사회의 승인 없는 강제적 집행조치를 공식적으로 허용하고 있지요. 만일 독일이나 일본 같은 구적국들이 새로운 침략전쟁을 준비하는 경우, 각국은 선전포고를 통해 공식적인 전쟁상태에 돌입하거나 안보리를 거치는 등의 복잡한 절차 없이도, UN헌장의 구적국 조항에 따라 그들에 대한 무력공격이 언제든지 가능하다는 것입니다. 그러므로 구적국 입장에서는 이 조항의 존재 자체만으로도 운신의 폭이 크게 제약받는다고 말할 수 있겠지요.

한편, 구적국에는 독일, 일본과 함께 '3국 동맹 조약Tripartite Pact'(1940)의 일원이었던 이탈리아가 대표적으로 포함됩니다. 또한 전쟁 중 추축국에 합류한 불가리아, 핀란드, 루마니아, 헝가리도 여기에 속하며, 아시아 국가들 가운데는 태국이 이에 해당한다고 볼 수 있습니다. 그런데 당시 각각 독일과 일본의 지배 영역이었던 오스트리아와 한국이 구적국에 해당하는지도 논란이 있긴 했지만, 소련 및 동구권을 제외하고는 보통 부정적으로 해석했답니다.

UN헌장의 채택과 구적국 조항의 도입 과정

1941년 8월 14일 미국 루즈벨트 대통령과 영국 처칠 수상이 발표한 '대서양 헌장Atlantic Charter'에서 이른바 "평화 애호peace-loving"라는 단어가 등장하면서, 평화 애호국peace-loving States인 연합국 대對 적국enemy States인 추축국 간에 명확한 대립 · 구분이 시작됩니다.[1] 1943년 10월 미국, 영국, 소련, 그리고 중국이 참여한 '모스크바 회의The Moscow Conference'에서도 평화 애호국과 적국을 구분하는 기조는 지속됩니다. 특히 이 회의에서 발표된 '4대국 선언Declaration of the Four Nations'을 통해, "모든 평화 애호국의 주권 평등의 원칙에 기초한 일반 국제기구a general international organization, based on the principle of the sovereign equality of all peace-loving states"의 창설이 합의되었지요.[2]

그러다 1944년 가을, 향후의 국제질서를 담당하게 될 세계기구 설립을 위한 초안인 '덤버튼 오크스 안Dumbarton Oaks Proposals'이 마련되었는데, 여기에는 구적국 조항과 실질적으로 동일한 내용이 포함되어 있었습니다. 그리고 제2차 세계대전의 종전 즈음인 1945년 4월 25일 샌프란시스코에서 '국제기구에 관한 연합국 회의UNICO'가 개최되어 6월 26일 50개 참가국이 UN헌장에 서명했는데, 구적국 조항 역시 덤버튼 오크스 안에서 약간의 수정만을 거쳐 헌장 내에 명시적으로 도입되었답니다.

---

1) "Atlantic Charter(1941)." The Avalon Project. Documents in Law, History and Diplomacy Homepage.

2) "The Moscow Conference(1943)." The Avalon Project, Documents in Law, History and Diplomacy Homepage.

③ 국제기구에 관한 연합국 회의의 한 장면(1945. 6. 26.).
미국 대표 스테티니우스Edward R. Stettinius 국무장관이 UN헌장에 서명하고 있습니다.
그리고 옆에는 트루먼Harry S. Truman 대통령이 서 있습니다.

오늘날 구적국 조항의 효력과 개정 노력

그렇다면 75년이 지난 오늘날에도 구적국 조항은 적힌 문구만큼 강력한 효력을 지니고 있을까요? 결론부터 말하자면, 그렇지 않습니다. **구적국 조항은 2020년 현재 사문화**死文化**되었다고 보는 것이 일반적 견해입니다.**

미·소 간의 냉전이 종식되고 독일 통일이 달성된 1990년대, 독일과 일본은 본격적으로 구적국 조항을 삭제해 달라고 요구하기 시작합니다. 그 결과 1995년 UN 창설 50주년 기념 회의에서 구적국 조항은 더 이상

쓸모없게 되었으며, 그러므로 이른 시점에 이들 조항의 삭제를 추진한다는 안건이 총회에 상정되었고, 찬성 155표, 기권 3표(북한, 쿠바, 리비아), 그리고 반대는 단 한 표도 없이 사실상 만장일치에 가깝게 통과했습니다. 거기다 UN 창설 60주년 기념으로 2005년 9월 14일-16일 개최된 2005 세계정상회담2005 World Summit에서도 마찬가지로, 헌장 내에 여전히 존재하는 "시대착오적인anachronistic" 구적국 조항을 삭제하기로 재확인하였습니다.

그럼에도 불구하고 UN헌장에는 아직까지 제53조, 제107조가 버젓이 남아 있습니다. 왜냐구요? 한 나라의 헌법을 개정하는 일이 보통 단순다수결 방식으로 통과시키는 일반 법률의 개정보다 훨씬 어렵듯이(경성헌법주의), **국제공동체의 헌법**이라고도 볼 수 있는 **UN헌장**을 개정하는 것 역시 단순 다수결 방식보다 훨씬 더 어려우리라는 것은 충분히 예상할 수 있을 것입니다. 특히 국제사회에서 그 이해관계가 첨예하게 대립하는 국가들 간의 분쟁을 최대한 평화적으로 해결하는 것이 주된 목표인 UN의 특성을 감안한다면 더욱 그렇겠지요.

UN헌장의 개정 절차를 규율하는 제108조의 경우, 총회 구성국의 2/3의 찬성, 그리고 안전보장이사회의 5개 상임이사국(미국, 영국, 프랑스, 러시아, 중국)을 전부 포함한 전체 회원국의 2/3의 비준을 요구합니다. 제109조의 경우는 약간 간소화된 절차를 따르기는 하지만, 최종적으로 안보리 5개 상임이사국을 전부 포함한 전체 회원국의 2/3의 비준을 요건으로 한다는 점은 제108조와 동일합니다. 그리고 **구적국 조항은 아직까지 그와 같은 개정 절차에 돌입한 적이 없기 때문에, 헌장에서 삭제되지 않은 것이 당연합니다.**

그렇다면 오늘날 구적국 조항은 말 그대로 무의미한 제2차 세계대전의 '유물'에 불과할까요? 반드시 그렇게 볼 일만은 아닙니다. 일본과 평화조약 체결, 쿠릴열도Kuril Islands 소유권 문제 등 굵직한 외교적 현안들을 정리해야 하는 러시아는 제107조를 근거로 일본을 압박하고 있습니다. 러시아 외무장관 세르게이 라브로프Sergey Viktorovich Lavrov가 말했듯이, 제2차 세계대전의 결과로 점령한 쿠릴열도는 제107조에 따라 러시아의 주권이 미치는 영토로 귀속되었으며, 평화조약 체결을 위해 이 섬들을 일본에 굳이 반환할 필요가 없다는 것이 현재 러시아의 공식 입장입니다. 그것만 보더라도 구적국 조항은 미약하나마 단순한 상징 이상의 존재감을 드러낸다 할 것입니다.

구적국 조항과 안전보장이사회 상임이사국 확대 논의

그리고 최초의 총회 결의가 나온 지 25년이란 오랜 시간이 지났지만, 그럼에도 불구하고 당장에 구적국 조항이 삭제될 것 같지는 않습니다. 왜냐하면 이들 조항은 또 한 가지 문제와도 결부되어 있으며, 독일과 일본은 그 문제 때문에라도 삭제가 필요한 반면에, 다른 국가들은 그 때문에 상대적으로 미온적인 태도를 보이고 있습니다. 그리고 그 문제란 바로, 안전보장이사회 상임이사국 확대 논의입니다.

UN개혁과 관련하여 가장 중점적으로 제기되는 문제는 안전보장이사회의 개편이며, 그중에서도 특히 상임이사국 숫자를 확대하여 UN 창설 이후 75년간 변화된 국제정세를 적절히 반영하자는 것이 주요 골자입니다. 그런데 새로이 상임이사국으로 편입될 국가로, 독일과 일본은 언제나 1순위를 차지하고 있지요.

그런데 **구적국 조항은 독일과 일본의 상임이사국 진출 문제와 맞물려 있습니다.** 분명 독일과 일본은 제2차 세계대전의 패전국이며, 구적국 조항에 의해 명시된 연합국, 그리고 연합국을 모체로 출발한 UN의 적입니다. UN은 흔히 국제연합國際聯合으로 번역되지만, United Nations의 본래 의미부터가 애초에 추축국에 대항한 국가들의 연합, 즉 연합국입니다. 중국어로는 지금도 联合国연합국으로 표기되고 있을 정도이니까요. **그런데 이런 국가들이 5대 승전국과 안보리에서 동등한 지위를 구성한다는 것 자체가 2차대전 종전 후 형성된 국제질서가 바야흐로 완전히 종식된다는 것을 상징합니다.** 그렇게 된다면 UN의 성격도 과거와는 판이하게 달라지겠지요. 물론, 새롭게 상임이사국의 지위에 오르는 국가들에게는 기존 5대국들의 기득권을 감안하여 거부권을 불허하는 등 일정한 제약이 가해질 수도 있겠으나, 어찌되었든 **독일과 일본의 상임이사국 진출은 국제사회가 이전에는 경험하지 못한 새로운 시대를 맞이한다는 것을 뜻합니다.**

UN개혁은 (1)UN헌장의 개정, (2)안전보장이사회 개편, 그리고 이를 통한 (3)UN개혁의 완수 순서로 진행될 것입니다. 또한 독일과 일본은 그 대응책으로 (1)구적국 조항의 삭제, (2)안전보장이사회 상임이사국 진출, 그리고 이를 통해 (3)2차대전 승전국 중심이 아닌 다극화多極化된 국제질서를 준비할 것입니다.

〈표 5〉 UN개혁의 각 단계별 독일 · 일본의 대응

순서	UN개혁의 각 단계	독일 · 일본의 대응
(1)	UN헌장의 개정	구적국 조항의 삭제
(2)	안전보장이사회 개편	독일 · 일본의 안보리 상임이사국 진출
(3)	UN개혁의 완수	다극화된 국제질서의 시작

이러한 상황을 염두에 둘 때, **구적국 조항의 삭제는 독일과 일본의 상임이사국 진출의 신호탄과 같습니다.** 그렇다면 단순한 총회 결의를 넘어서는 UN헌장의 공식적인 개정, 즉 이들 조항의 삭제는 본질적으로 독일과 일본이 상임이사국에 진출하는 것을 수용할 것인가 여부에 의존한다고 해도 과언이 아닙니다. 그리고 이는 곧 국제 여론의 향배에 달려 있겠지요.

일단 UN에 대한 재정적 기여 측면을 고려하자면, 독일과 일본에 제법 후한 점수를 줄 수 있을 것입니다. 일본의 경우 2019-2021년 UN 정규예산 분담금을 3번째로 많이 부담하고 있으며(8.564%), 독일도 UN 가맹국 가운데 4위에 올라 있지요(6.090%). 이들 국가들의 분담금 비율은 미국(22%), 중국(12.005%)을 제외한 나머지 상임이사국들보다도 훨씬 더 많습니다.

그렇다면 **주변국들과의 관계**는 어떨까요? 먼저, 독일은 꽤 우호적인 관계를 유지하고 있습니다. 과거사 문제와 관련하여 독일은 수십 년간의 진심 어린 사과와 배상 노력 덕분에 국제사회의 신임을 회복한 상태라고 말할 수 있습니다. 특히 역내 경쟁국이자 거부권 행사가 가능한 프랑스도 2019년 아헨 조약Aachen Treaty을 통해 독일의 상임이사국 진출에 협조하기로 결정한 상태입니다.

그러나 일본의 상황은 그리 낙관적이지 않습니다. 우리를 포함하여 일본의 식민 지배를 받았거나 태평양전쟁에서 피해를 입은 국가들의 경우 일본의 상임이사국 진출에 반대하고 있습니다. 특히 과거사에 대한 일본의 형식적 사과와 미온적 대처, 그리고 잊을 만하면 터져 나오는 일본 지도층의 전쟁책임 부인 발언은 상황을 더욱 악화시키고 있지요. 더군다나 일본과 잠재적 적국 관계인 중국은 동아시아의 패권 경쟁에서 우위를 차지하기 위해서라도 일본에게 상임이사국이라는 날개를 달아줄 생각이 거의 없어 보입니다.

그 결과 일본의 상임이사국 진출은 주변국들의 반대 때문에라도 독일보다 쉽지 않으리라 생각합니다.

구적국 조항의 미래는?

역사는 분명 과거를 대상으로 하는 분야입니다. 하지만 역사를 배운다는 것은 단지 과거에 무슨 일이 발생했는지를 암기하는 것이 아니라, 과거를 반추反芻해 현재를 이해함으로써 미래가 어떠한 방향으로 나아갈 것인가를 합리적으로 예측한다는 의미가 담겨 있지요.

구적국 조항의 미래가 어떻게 될 것인지 함부로 단정 짓기는 힘듭니다. 하지만 앞서 언급했듯이 단기적 차원에서 이 문제가 쉽게 결론날 것 같지는 않습니다. 일단 헌장 개정을 위한 까다로운 절차를 거칠 필요가 있으며, 더욱이 독일과 일본의 상임이사국 진출에 대한 국제 여론, 특히 일본에 대한 반발 때문에 이들 조항이 금방 삭제되리라 생각되지는 않는군요.

그렇지만 장기적 차원에서 구적국 조항의 운명은 대략적으로 두 가지 시나리오를 제시할 수 있습니다. 그리고 이는 국제정세의 변동과 직접 결부되어 있는 문제이지요. 첫째는 2014년 우크라이나 사태로부터 시작된 미국-러시아 간의 신냉전 시대가 아슬아슬하게 유지·관리되면서 2020년대 후반-2030년대 초반 시점까지 비교적 오래 지속되는 상황입니다. 만일 이 경우라면 국제사회에서 독일과 일본의 영향력은 그 어느 때보다 더 강해질 것으로 전망합니다. 유럽에서는 서방과 러시아의 완충지대로서 독일의 필요성이 나날이 제고될 것이며, 아시아에서는 미국-일본-호주-인도를 중심으로 중국에 대항하는 인도-태평양 군사동맹의 위상이 더욱 강화되겠지요. 특히 현 트럼프Donald J. Trump 정부에서 시작된 미국의 대對중국 봉쇄정책이 지속되어 중국의 군사적·경제적 고립이 장기화되는 사태가 펼쳐진다면, 중국은 이를 타개하고 역내 협력을 이끌어 내기 위해서라도 일본에 과거보다 훨씬 유화적인 제스처를 취할 수밖에 없을 것입니다. 중국이 국가전략으로 추진하고 있는 대양진출에 성공하려면 일본의 협조나 최소한 묵인은 반드시 필요한 부분이니까요. 국제정세가 그런 식으로 전개되는 한, 독일과 일본은 자신들이 원하는 바를 충분히 확보할 수 있을 것입니다. 물론 그중에서도 첫 번째 단계인 구적국 조항의 삭제는 단지 시간문제일 뿐, 결국은 손에 쥘 수 있겠지요.

그런데 현 국제정세의 흐름을 진단해 볼 때, 첫째 시나리오가 작동하기에는 매우 녹록지 않은 환경인 것도 사실입니다. 그동안 2008년 세계 금융위기, 2010년 유럽 재정위기, 2010년 말 아랍의 봄을 경험하면서 이미 국제사회의 정치·경제 펀더멘털은 심각하게 취약해진 상태이고, 그 이후로도 2015년 유럽 난민위기, 2016년 영국의 브렉시트와 도널드 트럼프 미국 대통령 당선, 그리고 미·중 무역분쟁 등 굵직굵직한 글로벌 이벤트들을 거치면서 국가 간의 합의 정신도 눈에 띄게 퇴색되었습니다. 게다가 온건 양대 정당을 중심으로 한 유럽 정치지형이 2010년대 중반부터 급속도로 붕괴되고 각국에서 민족주의 극우파가 대거 약진하며, 경제대국들이 본격적으로 고립주의정책으로 회귀하려는 움직임까지 보이는 시대적 상황을 관찰할 때, 2010년대 후반부터는 마치 제1차 세계대전 직전의 음산한 기운마저 감돌고 있다고 느껴질 정도였지요.

그러던 와중에 국제정세를 뿌리째 뒤흔들 만한 급변 사태가 발생했습니다. 2019년 말 중국 우한武漢에서 시작되어 전 세계를 강타한 '코로나19COVID-19 대유행 사태'가 바로 그것입니다. 미·중 간의 갈등 양상은 이제 코로나19 확산에 대한 책임 소재를 묻는 공방전으로 이어지고 있으며, 특히 미국 등 서방 세계에서는 이번 사태를 계기로 무역, 금융, 투자, 기술 그리고 인적 교류 등 경제 거의 전 분야에 걸쳐 중국과의 관계를 단절하는 '디커플링decoupling: 탈동조화'을 본격화하고 있지요. 게다가 최근 홍콩, 대만 문제를 둘러싼 미·중 간의 '강대강' 대치는 안 그래도 위태로운 역내 긴장국면을 한층 더 심화시키고 있습니다.

그렇다면 둘째, 신냉전이 격화되어 결국 동유럽이나 남중국해에서 열전熱戰으로 비화되는 상황이 바로 또 하나의 시나리오입니다. 이 경우에는 국제사회의 평화적 분쟁 해결 능력이 완전히 좌초된 상태로서, 이제 1914년과 1939년에 그랬듯이 세력들 간의 힘의 대결만이 남게 됩니다. '서방의 편에 설 것인가, 러시아나 중국의 편에 설 것인가?' 국가의 사활이 걸린 중차대한 결정을 앞두고, 한가롭게 UN개혁 타령하는 나라가 세상천지에 있기나 할까요? 그리고 어쩌면 우리로서도, 우리 자신의 의지와 무관하게 양단간에 결정을 강요받게 될 날이 올지도 모릅니다.

이러한 둘째 시나리오에서 구적국 조항은 모두의 기억에서 잊혀질 것입니다. 그리고 새로운 세계에서, 새로운 승자에 의해, 새로운 구적국 조항이 쓰여지게 될 것입니다.

참 고 문 헌

머리말

김봉철, 「해제: 헤로도토스의 『역사』를 어떻게 읽을 것인가」, 헤로도토스, 김봉철 역, 『역사』, 도서출판 길, 2016., 13-40면.

1. 영화 「10,000 BC」가 현실이 되다?: 터키 괴베클리 테페 유적

[국내문헌]

배철현, 『인간의 위대한 여정: 빅뱅부터 호모 사피엔스까지, 우리가 살아남은 단 하나의 이유』, 21세기북스, 2017., 389-407면.

유현준, 『어디서 살 것인가: 우리가 살고 싶은 곳의 기준을 바꾸다』, 을유문화사, 2018., 193-194면.

조윤수, 『대사와 함께 떠나는 소아시아 역사 문화 산책: 터키에서 본 문명, 전쟁 그리고 역사 이야기』, 렛츠북, 2019., 19-32면.

콜린 엘러드, 문희경 역, 정재승 감수, 『공간이 사람을 움직인다: 마음을 지배하는 공간의 비밀』, 더퀘스트, 2016., 20-23면.

폴 반 편, 원형준/류동현/윤민용/고은별 역, 『고고학의 모든 것』, 루비박스, 2008., 222-223면.

[외국문헌]

Benedict, Peter, "Survey Work in Southeastern Anatolia," in *Prehistoric Research in Southeastern Anatolia I*, ed. by Çambel, Halet/Braidwood, Robert J., Istanbul: Edebiyat Fakuültesi Basimevi, 1980., pp.151-191.

Diamond, Jared, *Guns, Germs, and Steel: The Fates of Human Societies*, New York, London: W. W. Norton & Company, 1999., pp.111-112.

Mill, John Stuart, *On Liberty*, Kitchener: Batoche Books, 2001(1859)., pp.21-23, 33.

Schmidt, Klaus, "Zuerst kam der Tempel, dann die Stadt." Vorläufiger Bericht zu den Grabungen am Göbekli Tepe und am Gürcütepe 1995-1999., Istanbuler Mitteilungen Vol. 50, 2000., pp.5-41.

[언론 보도]

ECONOMY Chosun, 성강현, 2008. 8. 1.,「영화 <10000 BC> 악의 제국 무너뜨린 '사랑의 힘'」, ECONOMY Chosun Home > Magazine > 지난호 살펴보기 > 2008년도 > 46호 2008. 8. 1. > 영화 <10000 BC> 악의 제국 무너뜨린 '사랑의 힘' http://economy.chosun.com/client/news/view.php?boardName=C26&page=123&t_num=3280 (2020. 8. 1.확인.)

한겨레, 김창규, 2008. 4. 25., KISTI의 과학향기 칼럼「영화 10,000 BC의 오류를 알려주마」http://www.hani.co.kr/arti/science/science_general/284130.html (2020. 8. 1. 확인.)

Smithsonian MAGAZINE, "Gobekli Tepe: The World's First Temple?," by Andrew Curry, November 2008. Smithsonian MAGAZINE Home > AT THE SMITHSONIAN > ASK Smithsonian > Gobekli Tepe: The World's First Temple? https://www.smithsonianmag.com/history/gobekli-tepe-the-worlds-first-temple-83613665/ (accessed 1 August 2020)

SLATE, "How Realistic Is 10,000 B.C.?," by Chris Wilson, 17 March 2008, 11:26 AM. Slate Magazine Home > News & Politics > How Realistic Is 10,000 B.C.? https://slate.com/news-and-politics/2008/03/is-10000-b-c-realistic.html (accessed 4 April 2020)

The New Yorker, "Turkey's Ancient Sanctuary," by Elif Batuman, 11 December 2011. The New Yorker Home > Magazine > DEPT. OF ARCHEOLOGY > DECEMBER 19 & 26, 2011 ISSUE > Turkey's Ancient Sanctuary https://www.newyorker.com/magazine/2011/12/19/the-sanctuary (accessed 1 August 2020)

HISTORY, "World's Oldest Monument to Receive a Multi-Million Dollar Investment," by Evan Andrews, Updated: 29 August 2018, Original: 27 January 2016. HISTORY Home > HISTORY STORIES > World's Oldest Monument to Receive a Multi-Million Dollar Investment http://www.history.com/news/worlds-oldest-monument-to-receive-a-multi-million-dollar-investment (accessed 1 August 2020)

[UNESCO 홈페이지]

"Four sites added to UNESCO's World Heritage List," Sunday, 1 July 2018, UNESCO Home > Culture > World Heritage Centre > News & Events > News > Four sites added to UNESCO's World Heritage List https://whc.unesco.org/en/news/1849/ (accessed 1 August 2020)

"Gobekli Tepe," UNESCO Home > Culture > World Heritage Centre > The List > World Heritage List > Gobekli Tepe > Description CC-BY-SA IGO 3.0 https://whc.unesco.org/en/list/1572/ (accessed 1 August 2020)

"World Heritage Committee has inscribed a total of 19 sites," Wednesday, 4 July 2018, UNESCO Home > Culture > World Heritage Centre > News & Events > News > World Heritage Committee has inscribed a total of 19 sites https://whc.unesco.org/en/news/1852/ (accessed 1 August 2020)

2. 바빌론의 결혼 시장: 가난한 젊은 남성에게도 기회를!

[국내문헌]

마르쿠스 툴리우스 키케로, 성염 역, 『법률론』, 한길사, 2007., 59면.

폴케르트 하스, 모명숙 역, 『바빌론 성 풍속사』, 사람과 책, 2003., 11-28면.

헤로도토스, 김봉철 역, 『역사』, 도서출판 길, 2016., 제1권 제178-200장, 177-192면

헤로도토스, 우위펀 편, 강은영 역, 『고대 동서양 문명의 대격돌, 페르시아 전쟁사』, 시그마북스, 2008., 113-129면.

홍익희, 『홍익희의 유대인 경제사 1: 세계 경제의 기원. 고대경제사 上』, 한스미디어, 2015., 113-115면.

김봉철, 「해제: 헤로도토스의 『역사』를 어떻게 읽을 것인가」, 헤로도토스, 김봉철 역, 『역사』, 도서출판 길, 2016., 13-40면.

김유선, 「저출산과 청년 일자리」, KLSI ISSUE PAPER 제8호, 한국노동사회연구소, 2016. 11. 8., 11면.

박선권, 「저출산 관련 지표의 현황과 시사점」, NARS 현안분석 58호, 국회입법조사처, 2019. 6. 4., 10-11면.

손지성, 「한국 빈곤층 남성들의 연애와 결혼 포기에 대한 연구: 빈곤 경험과 생계부양 책임감을 중심으로」, 고려대학교 대학원 사회학과, 석사학위논문, 2017. 7.

유진성, 「사회복지지출이 출산율에 미치는 영향과 시사점: 지방정부의 사회복지지출을 중심으로」, KERI Insight 18-07, 한국경제연구원, 2018. 7. 26., 1-30면.

이철희, 「한국의 출산장려정책은 실패했는가?: 2000년~2016년 출산율 변화요인 분해」, 경제학연구 제66집 제3호, 2018., 5-42면.

통계청, 「2018년 출생통계(확정) 보도자료」, 2019. 8. 28., 4면. 통계청 홈페이지 > 새소식 > 보도자료 > 전체 > 2018년 출생통계(확정) 보도자료 http://kostat.go.kr/portal/korea/kor_nw/1/1/index.board?bmode=read&aSeq=377055 (2020. 8. 1. 확인.)

[외국문헌]

Disraeli, Benjamin, *Tancred; or The New Crusade*, London: Longmans, Green, and Co., 1871., p.378.

Hamermesh, Daniel S., *Beauty Pays: Why Attractive People Are More Successful*, Princeton & Oxford: Princeton University Press, 2011., pp.125-147(Chapter 7).

Rufus, Quintus Curtius, [*History of Alexander*], With an English Translation by Rolfe, John C., Vol. I, Cambridge, Massachusetts: Harvard University Press; London: William Heinemann Ltd, 1971., Book V. i. 36-39.

Bjerk, David, "Beauty vs. earnings: Gender differences in earnings and priorities over spousal characteristics in a matching model," Journal of Economic Behavior & Organization, Volume 69, Issue 3, March 2009., pp.248-259.

"Niko Pirosmani. Short Biographical Information," Nico Pirsmani Home > Biographical Information > Margarita http://www.pirosmani.org/pirosmani/ (accessed 1 August 2020)

3. 황실 여인의 은밀한 복수?: 위나라 패망사와 동진 사마예의 출생의 비밀

[정사(正史) 및 고전 문헌]

房玄齡,『晉書』卷一「宣帝紀」.

房玄齡,『晉書』卷二「景帝紀」.

房玄齡,『晉書』卷二「文帝紀」.

房玄齡,『晉書』卷六「中宗元帝紀」.

房玄齡,『晉書』卷三十一「后妃列傳上」.

司馬光,『資治通鑑』卷七十七「魏紀九」.

沈約,『宋書』卷三十「五行志」.

魚豢 撰, 張鵬一 輯,『魏略輯本』卷第一「文帝紀」(十九条).

魚豢 撰, 張鵬一 輯,『魏略輯本』卷第十「曹爽傳」(傳佚)「鄧颺丁謐畢軌李勝桓範何晏傳」.

魏收,『魏書』卷九十六「司馬叡列傳」.

陳壽,『三國志』卷一「魏書 · 武帝紀」.

陳壽,『三國志』卷二「魏書 · 文帝紀」.

陳壽,『三國志』卷三「魏書 · 明帝紀」.

陳壽,『三國志』卷四「魏書 · 三少帝紀」.

陳壽,『三國志』卷四「魏書 · 三少帝紀」, 裴松之 注『漢晉春秋』.

陳壽,『三國志』卷四「魏書 · 三少帝紀」, 裴松之 注『魏氏春秋』.

陳壽,『三國志』卷五「魏書 · 后妃傳」.

陳壽,『三國志』卷九「魏書 · 諸夏侯曹傳」.

陳壽,『三國志』卷十四「魏書 · 程郭董劉蔣劉傳」.

陳壽,『三國志』卷二十「魏書 · 武文世王公傳」.

陳壽,『三國志』卷二十八「魏書 · 王毌丘諸葛鄧鍾傳」.

陳壽,『三國志』卷二十九「魏書 · 方技傳」.

陳壽,『三國志』卷四十七「吳書 · 吳主傳」.

陳壽,『三國志』卷五十八「吳書 · 陸遜傳」.

이익(李瀷),『성호사설』(星湖僿說) 제26권,「경사문(經史門): 우금지무(牛金之誣)」http://db.itkc.or.kr/inLink?DCI=ITKC_BT_1368A_0270_010_0720_2002_010_XML (2020. 8. 1. 확인.)

정약용(丁若鏞),『여유당전서』(與猶堂全書) 第一集 詩文集, 第十二卷 文集, 論,「拓跋魏論」http://db.itkc.or.kr/inLink?DCI=ITKC_MO_0597A_0120_010_0090_2004_A281_XML (2020. 8. 1. 확인.)

[국내문헌]

김장환,『위진세어: 집석 연구』, 학고방, 2015., 123-124, 188-194, 200-201, 210-212, 217-220면.

나관중, 모종강 편, 송도진 역,『삼국지 1: 정사 비교 고증 완역판』, 글항아리, 2019.

나관중, 모종강 편, 송도진 역,『삼국지 4: 정사 비교 고증 완역판』, 글항아리, 2019.

나관중, 모종강 편, 송도진 역,『삼국지 5: 정사 비교 고증 완역판』, 글항아리, 2019.

나관중, 모종강 편, 송도진 역,『삼국지 6: 정사 비교 고증 완역판』, 글항아리, 2019.

미야자키 이치사다, 임대희/신성곤/전영섭 역,『구품관인법의 연구』, 조합공동체 소나무, 2002., 17-

35, 96-171면.

선뿨권/탄리앙샤오, 정원기/박명진/이현서 역,『삼국지 사전(개정증보판)』, 현암사, 2010.

유의경, 임동석 역,『세설신어 2』, 동서문화사, 2011., 548-550면.

장정일/김운회/서동훈, 삼국지 해제, 김영사, 2003., 545-548, 587-589, 591-592면.

진수, 김원중 역,『정사 삼국지: 오서』, 휴머니스트, 2019.

진수, 김원중 역,『정사 삼국지: 위서 1』, 휴머니스트, 2019.

진수, 김원중 역,『정사 삼국지: 위서 2』, 휴머니스트, 2019.

[외국문헌]

盧弼,『三國志集解』, 中華書局, 1982., 133頁.

Machiavelli, Nicolo, *The Prince*, Written c. 1505., published 1515., Translated by W. K. Marriott, 1908., Rendered into HTML by Jon Roland of the Constitution Society., p.36(Chapter VII).

[인터넷 자료]

「통치체제의 변화」, 동북아역사넷 홈페이지 > 역사교육 > 동아시아의 역사 > 제2장 인구 이동과 문화의 교류 > 율령과 유교에 기반한 통치체제 > 위진남북조와 수·당의 통치체제 > 통치체제의 변화 http://contents.nahf.or.kr/item/item.do?levelId=edeah.d_0002_0030_0010_0030 (2020. 8. 1. 확인)

한국민족문화대백과사전, 「고명(顧命)」, 한국민족문화대백과사전 홈페이지 > 고명(顧命) http://encykorea.aks.ac.kr/Contents/Item/E0003551 (2020. 8. 1. 확인)

한국민족문화대백과사전, 「폐가입진(廢假立眞)」, 한국민족문화대백과사전 홈페이지 > 폐가입진(廢假立眞) minbaek.aks.ac.kr/Contents/Item/E0060104 (2020. 8. 1. 확인)

4. 영국 여왕 엘리자베스 2세는 예언자 무함마드의 후손인가?

[국내문헌]

리처드 플레처, 「초기 중세시대 700~1250」, 레이몬드 카 외, 김원중, 황보영조 역,『스페인사』, 까치글방, 2006., 85-118면.

박은태 편,『경제학사전(개정신판, 12판)』, 경연사, 2014., 189면.

서희석/호세 안토니오 팔마,『유럽의 첫 번째 태양, 스페인』, 을유문화사, 2015., 119-201면.

앙드레 모루아, 신용석 역, 『영국사』, 김영사, 2013.

이언 아몬드, 최파일 역, 『십자가 초승달 동맹』, 도서출판 미지북스, 2010., 25-75면.

찰스 디킨스, 민청기/김희주 역, 『찰스 디킨스의 영국사 산책』, 옥당북스, 2014.

[외국문헌]

Barton, Simon, "Spain in the Eleventh Century," *The New Cambridge Medieval History: Volume IV c. 1024-c. 1198, Part II*, edited by Luscombe, David/Riley-Smith, Jonathan, Cambridge, New York, Melbourne, Madrid, Cape Town, Singapore, Sao Paulo: Cambridge University Press, 2004., pp.154-190.

Fletcher, Richard, *The Quest for El Cid*, New York, Oxford: Oxford University Press, 1991., p.141, 151, 155.

Gambra, Andrés, *Alfonso VI. Cancillería, curia e imperio*, Vol. I: Estudio, León: Centro de Estudios e Investigación San Isidoro, 1997., pp.472-476.

Kennedy, Hugh, *Muslim Spain and Portugal: A Political History of al-Andalus*, London and New York: Routledge, 2014., p.152.

Ladero Quesada, Miguel Angel, "DIAZ DE VIVAR, RODRIGO," *Medieval Iberia: An Encyclopedia*, edited by E. Michael Gerli, New York and London: Routledge, 2003., pp.280-281.

Machiavelli, Nicolo, *The Prince*, Written c. 1505., published 1515., Translated by W. K. Marriott, 1908., Rendered into HTML by Jon Roland of the Constitution Society., p.1(Chapter I).

Reilly, Bernard F., "ALFONSO VI, KING OF LEÓN-CASTILE," *Medieval Iberia: An Encyclopedia*, edited by E. Michael Gerli, New York and London: Routledge, 2003., pp.58-59.

Fierro, Maribel, "Christian Success and Muslim Fear in Andalusī Writings during the Almoravid and Almohad Periods," in *Dhimmis and Others: Jews and Christians and the World of Classical Islam*, edited by Rubin, Uri and Wasserstein, David J., Israel Oriental Studies, Vol. XVII, Winona Lake, Indiana: Eisenbrauns, 1997, p.157.

Sánchez-Pagín, Canal/María, José, "Jimena Muñoz, Amiga de Alfonso VI," Anuario de Estudios Medievales, Vol. 21, pp.16-17.

[언론 보도]

영남일보, 인터넷뉴스부, 2019. 8. 30., [권응상의 '천 개의 도시 천 개의 이야기'] 「스페인 코르도바(Cordoba)」 https://www.yeongnam.com/web/view.php?key=20190830.010370815360001

(2020. 8. 1. 확인.)

조선일보, 주경철, 2020. 1. 22., [주경철의 히스토리아 노바] [7] 「'이슬람과 맹렬한 전투' 스페인 엘시드 영웅담은 가짜다」 http://news.chosun.com/site/data/html_dir/2020/01/21/2020012103630.html (2020. 7. 11. 확인.)

중앙일보, 이희수, 2019. 3. 14., [이희수의 공존의 문명] 「코르도바의 메스키타와 '콘비벤시아 정신'」 https://news.joins.com/article/23410224 (2020. 8. 1. 확인.)

Daily Mail Online, "Is the Queen related to Prophet Muhammad? Historians believe Elizabeth II is a descendant of the founder of Islam after tracing her family tree back 43 generations," by Katie French For Mailonline, Published: 22:14 BST, 6 April 2018 | Updated: 02:13 BST, 7 April 2018. UK Home | Daily Mail Online > News > Is the Queen related to Prophet Muhammad? Historians believe Elizabeth II is a descendant of the founder of Islam after tracing her family tree back 43 generations https://www.dailymail.co.uk/news/article-5587555/Historians-trace-Queens-heritage-Prophet-Muhammad.html (accessed 1 August 2020)

Gulf News, "Is British Queen a descendant of Prophet Mohammad?," by Mick O'Reilly, Published: April 09, 2018 00:38. Gulf News Home > World > Europe > Is British Queen a descendant of Prophet Mohammad? https://gulfnews.com/world/europe/is-british-queen-a-descendant-of-prophet-mohammad-1.2202085 (accessed 1 August 2020)

HISTORY.COM, "Is Queen Elizabeth Related to the Prophet Muhammad?," by Erin Blakemore, Updated: Apr 29, 2019, Original: Apr 11, 2018. HISTORY.COM Home > STORIES > HISTORY STORIES > Is Queen Elizabeth Related to the Prophet Muhammad? https://www.history.com/news/is-queen-elizabeth-related-to-the-prophet-muhammad (accessed 1 August 2020)

The Conversation, "Meet the Muslim princess Zaida, Spanish ancestor of the British royal family," by Rodrigo García-Velasco, May 17, 2018 8.53pm AEST. THE CONVERSATION Home > Australia > Politics + Society > Meet the Muslim princess Zaida, Spanish ancestor of the British royal family https://theconversation.com/meet-the-muslim-princess-zaida-spanish-ancestor-of-the-british-royal-family-96567 (accessed 1 August 2020)

World Bulletin, "How England's royals descend from Andalus," by Ertan Karpazli, 07 Aralık 2013 Cumartesi 15:27, Last Mod: 07 Aralık 2013, 17:39. World Bulletin Home > History > How England's royals descend from Andalus https://www.worldbulletin.net/history/how-englands-royals-descend-from-andalus-h124517.html (accessed 1 August 2020)

[기타 인터넷 자료]

"Member countries," The Commonwealth Home > Member countries https://thecommonwealth.org/member-countries (accessed 1 August 2020)

"Commonwealth realms," The Royal Family Home > The Commonwealth > Commonwealth realms https://www.royal.uk/commonwealth-and-overseas (accessed 1 August 2020)

"The Commonwealth," The Royal Family Home > The Commonwealth > FEATURE: The Commonwealth https://www.royal.uk/commonwealth (accessed 1 August 2020)

"Afṭasid dynasty, Berber dynasty," Written by The Editors of Encyclopaedia Britannica, ENCYCLOPAEDIA BRITANNICA Home > World History > Historic Dynasties & Families > Afṭasid dynasty https://www.britannica.com/topic/Aftasid-dynasty (accessed 1 August 2020)

"Alfonso VI, king of Leon and Castile," Written by Emilio Sáez, ENCYCLOPAEDIA BRITANNICA Home > Politics, Law & Government > World Leaders > Kings > Alfonso VI https://www.britannica.com/biography/Alfonso-VI (accessed 1 August 2020)

"El Cid, Castilian military leader," Written by Peter Edward Russell, ENCYCLOPAEDIA BRITANNICA Home > World History > Military Leaders > El Cid https://www.britannica.com/biography/El-Cid-Castilian-military-leader (accessed 1 August 2020)

"Diamond Jubilee portraits and prayer released," Friday, 17 February 2012., CC BY-SA 4.0, The Governor-General of New Zealand Home > News and events > News archive > 2012 > News and updates > Diamond Jubilee portraits and prayer released https://gg.govt.nz/news/diamond-jubilee-portraits-and-prayer-released (accessed 1 August 2020)

"Diaz, Jimena (fl. 1074-1100)," ENCYCLOPEDIA.COM Home > Women > Encyclopedias almanacs transcripts and maps > Diaz, Jimena (fl. 1074-1100) https://www.encyclopedia.com/women/encyclopedias-almanacs-transcripts-and-maps/diaz-jimena-fl-1074-1100 (accessed 1 August 2020)

"Family relationship of Richard Plantagenet and Princess Diana via Richard Plantagenet," FamousKin.com Home > Richard Plantagenet Genealogy > Famous Kin > Princess Diana https://famouskin.com/famous-kin-chart.php?name=7180+richard+plantagenet&ki

n=6102+diana (accessed 11 August 2020)

Youtube, "Is Queen Elizabeth a Descendant of the Prophet Muhammad?," 11 January 2018, by UsefulCharts https://www.youtube.com/watch?v=QXEC8p7ZCBo (accessed 15 July 2020)

Youtube, "British Monarchy Family Tree (Alfred the Great to Queen Elizabeth II)," 31 December 2019, by UsefulCharts https://www.youtube.com/watch?v=412rjcZ44Rk (accessed 15 July 2020)

5. 영토 없이 더부살이하는 국가? 몰타 기사단

[국내문헌]

김대순,『국제법론(제18판)』, 삼영사, 2015., 395-401, 430-433면.

마이클 해그, 이광일 역,『템플러: 솔로몬의 성전에서 프리메이슨까지, 성전기사단의 모든 것』, 책과함께, 2015., 260-346면.

성낙인,『헌법학(제10판)』, 법문사, 2010., 91-98면.

유시민,『국가란 무엇인가(개정신판)』, 돌베개, 2017., 29-44, 81-100, 277-278면.

이한기,『국제법강의(신정판)』, 박영사, 2004., 157-170면.

정인섭,『신국제법강의 - 이론과 사례(제8판)』, 박영사, 2018., 147-155, 160-161면.

조슈아 키팅, 오수원 역,『보이지 않는 국가들: 누가 세계의 지도와 국경을 결정하는가』, 예문아카이브, 2017., 10-90면.

Cassese, Antonio, 강병근/이재완 역,『국제법(International Law: second edition)』, 삼우사, 2010., 188-190면.

[외국문헌]

Clodfelter, Micheal, *Warfare and Armed Conflicts: A Statistical Encyclopedia of Casualty and Other Figures, 1492-2015*, Fourth Edition, Jefferson, North Carolina: McFarland & Company, Inc. Publishers, 2017., pp.23-27.

Hobbes, Thomas, *Leviathan or the Matter, Forme, & Power of a Common-wealth Ecclesiasticall and Civill.*, London: printed for Andrew Crooke, at the Green Dragon in St. Pauls Church-yard, 1651. Prepared for the McMaster University Archive of the History of Economic Thought, by Rod Hay, pp.76-79(Chapter 13), 103-106(Chapter 17).

Kinross, Lord, *The Ottoman Centuries: The Rise and Fall of the Turkish Empire,* New York: Perennial, 2002., pp.173-179.

Marx, Karl/Engels, Friedrich, *The Communist Manifesto*, With an Introduction and Notes by Gareth Stedman Jones, London: Penguin Books, 2002., p.221.

Sack, John, *Report From Practically Nowhere*, New York: Harper & Brothers, 1959., pp.132-147.

Stenius, Göran, *Vatikanen*, Helsinki, 1947., p.17.

Tenison, E. M., *A Short History of The Order of Saint John of Jerusalem: From its earliest Foundation in A. D. 1014 to the end of the Great War of A. D. 1914-18*, 2nd Edition, London: The Society of SS. Peter and Paul, 1922., pp.84-88.

Weber, Max, "Politics as a Vocation," in *Max Weber's Complete Writings on Academic and Political Vocations*, Edited and with an Introduction by John Dreijmanis, Translation by Gordon C. Wells, New York: Algora Publishing, 2008., p.156.

Theutenberg, Bo Johnson, "The Holy See, the Order of Malta and International Law," Johnny Hagberg, 2003., pp.6-8, 12, 15-19. http://www.theutenberg.se/pdf/The_Holy_See_the_Order_of_Malta_and_International_law.pdf (accessed 1 August 2020)

[몰타 기사단 홈페이지]

"1048 to the present day," Sovereign Order of Malta Home > History > 1048 to the present day https://www.orderofmalta.int/history/1048-to-the-present/ (accessed 1 August 2020)

"1113 Papal Recognition," Sovereign Order of Malta Home > History > 1113 Papal Recognition https://www.orderofmalta.int/history/1113-papal-recognition/ (accessed 1 August 2020)

"Bilateral relations," Sovereign Order of Malta Home > Diplomatic Activities > Bilateral relations https://www.orderofmalta.int/diplomatic-activities/bilateral-relations/ (accessed 2 October 2020)

"Constitutional Charter and Code of The Sovereign Military Hospitaller Order of St. John of Jerusalem of Rhodes and of Malta," Promulgated 27 June 1961, revised by the Extraordinary Chapter General 28-30 April 1997., Title I, Article 3, Par. 1. https://www.orderofmalta.int/wp-content/uploads/2016/07/Sovereign-Order-of-Malta-Constitutional-Charter-and-code.pdf (accessed 1 August 2020)

"Diplomatic Activities," Sovereign Order of Malta Home > Diplomatic Activities https://www.orderofmalta.int/diplomatic-activities/ (accessed 2 October 2020)

"FAQ," Sovereign Order of Malta Home > About the Order of Malta > FAQ https://www.

orderofmalta.int/sovereign-order-of-malta/faq/ (accessed 1 August 2020)

"Hospitaller Mission," Sovereign Order of Malta Home > Humanitarian & Medical Works > Hospitaller Mission https://www.orderofmalta.int/humanitarian-medical-works/hospitaller-mission/ (accessed 1 August 2020)

"Magistral Palace," Sovereign Order of Malta Home > Government > Magistral Palace https://www.orderofmalta.int/government/magistral-palace/ (accessed 1 August 2020)

"Magistral Villa," Sovereign Order of Malta Home > Government > Magistral Villa https://www.orderofmalta.int/government/magistral-villa/ (accessed 1 August 2020)

"Multilateral relations," Sovereign Order of Malta Home > Diplomatic Activities > Multilateral relations https://www.orderofmalta.int/diplomatic-activities/multilateral-relations/ (accessed 1 August 2020)

"Names of the order," Sovereign Order of Malta Home > History > Names of the order https://www.orderofmalta.int/history/names-of-the-order/ (accessed 1 August 2020)

"The Grand Master Fra' Matthew Festing resigns from office," Rome, 28 January 2017. Sovereign Order of Malta Home > News > The Grand Master Fra' Matthew Festing resigns from office https://www.orderofmalta.int/2017/01/28/grand-master-fra-matthew-festing-resigns-office/ (accessed 1 August 2020)

[언론 보도]

중앙일보, 이민정, 2018. 10. 18.,「교황 만난 박용만 뒤에 붙은 의외의 직함, '몰타기사단'」https://news.joins.com/article/23050726 (2020. 8. 1. 확인.)

Associated Press, "Knights of Malta insist on sovereignty amid papal takeover," by Nicole Winfield, 28 January 2017. https://apnews.com/d315219bbead4f77abc62266a935d12b (accessed 1 August 2020)

The Spectator, "Pope seizes power from the Knights of Malta, brutally ending 900 years of their sovereignty," by Damian Thompson, 25 January 2017. https://www.spectator.co.uk/article/pope-seizes-power-from-the-knights-of-malta-brutally-ending-900-years-of-their-sovereignty (accessed 1 August 2020)

[조약문]

"No. 3802. - Convention on Rights and Duties of States adopted by the Seventh International Conference of American States. Signed at Montevideo, December 26th, 1933.," in

League of Nations Treaty Series, Treaties and international Engagements registered with the Secretariat of the League of Nations, Volume CLXV, Nos. 3801-3824, pp.19-43. United Nations Treaty Collection Home > Registration and Publication of Treaties > League of Nations Treaty Series > Volume Search > Volumes of the League of Nations Treaty Series > Registration Numbers: 3801-3824 > View https://treaties.un.org/doc/Publication/UNTS/LON/Volume%20165/v165.pdf (accessed 1 August 2020)

6. 내각은 왜 캐비닛Cabinet인가?

[국내문헌]

앙드레 모루아, 신용석 역,『영국사』, 김영사, 2013., 461-500면.

에크하르트 헬무트,「명예혁명(1688~1689년)」, 페터 벤데 편, 권세훈 역,『혁명의 역사』, 시아출판사, 2004., 48-75면.

찰스 디킨스, 민청기/김희주 역,『찰스 디킨스의 영국사 산책』, 옥당북스, 2014., 580-632면.

페터 벤데,「영국 혁명(1640~1660년)」, 페터 벤데 편, 권세훈 역,『혁명의 역사』, 시아출판사, 2004., 22-47면.

이영우,「영국의 의원내각제에 관한 연구」, 토지공법연구 제62집, 한국토지공법학회, 2013. 8., 421-438면.

정만희,「영국의 의원내각제」, 동아법학 제13호, 동아대학교 법학연구소, 1992., 1-37면.

황태연,「공자의 분권적 제한군주정과 영국 내각제의 기원(1): 윌리엄 템플의 중국 내각제 분석과 찰스 2세의 헌정개혁」, 정신문화연구 제37권 제2호, 한국학중앙연구원, 2014., 213-274면.

황태연,「윌리엄 템플의 중국 내각제 분석과 영국 내각제의 기획 · 추진: 공자의 분권적 제한군주정과 영국 내각제의 기원(2)」, 정신문화연구 제38권 제2호, 한국학중앙연구원, 2015., 123-182면.

황태연,「찰스 2세의 내각위원회와 영국 내각제의 확립: 공자의 분권적 제한군주정과 영국 내각제의 기원(3)」, 정신문화연구 제38권 제3호, 한국학중앙연구원, 2015., 115-151면.

[외국문헌]

Bacon, Francis/Whately, Richard, *Bacon's Essays: with Annotations by Richard Whately*, Fourth Edition, Revised and Enlarged, London: John W. Parker and Son, West Strand, 1858., p.211.

Harris, Tim, "Cooper, Anthony Ashley, first earl of Shaftesbury(1621-1683)," in *Oxford Dictionary of National Biography: In Association With The British Academy: From the earliest times to the year 2000*, Edited by H. C. G. Matthew and Brian Harrison, Volume 13, Constable-Crane, Oxford; New York: Oxford University Press, 2004., pp.199-217.

Hume, David, *The History of England: from the Invasion of Julius Caesar to The Revolution in 1688*, in Six Volumes, Volume VI, Based on the Edition of 1778, with the Author's Last Corrections and Improvements, LibertyClassics, 1983., p.362.

Jellinek, Georg, *Allgemeine Staatslehre*, Dritte Auflage, Berlin: Verlag von Julius Springer, 1929., S.701.

Ogg, Frederic Austin, *English Government and Politics*, Second Edition, Thoroughly Revised, New York: The Macmillan Company, 1947., pp.45-47.

Phillips, O. Hood, *The constitutional law of Great Britain and the Commonwealth*, London: Sweet & Maxwell, 1957., pp.229-231.

Rushworth, John, *Historical Collections: Abridg'd and Improv'd. From April 1646. to January 1648.*, Vol. VI. and Last, London, 1708., p.608.

Taylor, Hannis, *The Origin and Growth of the English Constitution, Part I. The Making of the Constitution*, Boston and New York: Houghton, Mifflin and Company, London: Sampson Low, Marston, Searle & Rivington, The Riverside Press, Cambridge, 1890., pp.603-611.

Temperley, H. W. V., "Inner and Outer Cabinet and Privy Council, 1679-1783," The English Historical Review, Vol. 27, No. 108, Oxford University Press, Oct., 1912., p.685, 688.

[언론 보도]

서울경제, 권홍우, 2019. 10. 16., [오늘의 경제소사] 「블랙 리스트, 찰스 2세의 보복」 https://www.sedaily.com/NewsVIew/1VPJNNRPCF (2020. 8. 1. 확인.)

중앙일보, 하현옥, 2019. 2. 25., [분수대] 「블랙리스트 '먹칠'」 https://news.joins.com/article/23394595 (2020. 8. 1. 확인.)

[사전 및 인터넷 자료]

"cabinet," Cambridge Dictionary Home > Dictionary > cabinet https://dictionary.cambridge.org/dictionary/english/cabinet (accessed 1 August 2020)

"cabinet," Merriam-Webster Dictionary Home > Dictionary > cabinet https://www.merriam-webster.com/dictionary/cabinet (accessed 1 August 2020)

"cabinet," Oxford Learner's Dictionaries Home > Dictionaries > cabinet https://www.

oxfordlearnersdictionaries.com/definition/english/cabinet (accessed 1 August 2020)

"Let's Organize the History of 'Cabinet'," Merriam-Webster Dictionary Home > Words At Play > Let's Organize the History of 'Cabinet' https://www.merriam-webster.com/words-at-play/cabinet-word-history-and-meanings (accessed 1 August 2020)

"Anthony Ashley Cooper, 1st earl of Shaftesbury," Written by K. H. D. Haley, ENCYCLOPAEDIA BRITANNICA Home > Politics, Law & Government > Law, Crime & Punishment > Lawyers, Judges & Jurists> Anthony Ashley Cooper, 1st earl of Shaftesbury https://www.britannica.com/biography/Anthony-Ashley-Cooper-1st-earl-of-Shaftesbury (accessed 16 August 2020)

"Sir William Temple, Baronet," Written by The Editors of Encyclopaedia Britannica, Home > Politics, Law & Government > International Relations > Diplomats https://www.britannica.com/biography/Sir-William-Temple-Baronet (accessed 2 October 2020)

"Thomas Osborne, 1st duke of Leeds," Written by The Editors of Encyclopaedia Britannica, ENCYCLOPAEDIA BRITANNICA Home > World History > Age of Revolutions > Thomas Osborne, 1st duke of Leeds https://www.britannica.com/biography/Thomas-Osborne-1st-duke-of-Leeds (accessed 1 August 2020)

7. 프랑스 대혁명의 물줄기를 비틀어 버린 '암살의 천사'

[국내문헌]

고종석, 『여자들』, 도서출판 개마고원, 2009., 68-75면.

노명식, 『프랑스 혁명에서 파리 코뮌까지, 1789~1871』, 책과함께, 2011., 118-179면.

리처드 잭스, 윤영호 역, 『백과사전이나 역사 교과서엔 실리지 않은 세계사 속의 토픽』, 도서출판 가람기획, 2001., 95-113면.

미하엘 바그너, 「프랑스혁명(1789~1799년)」, 페터 벤데 편, 권세훈 역, 『혁명의 역사』, 시아출판사, 2004., 104-125면.

알베르 소불, 최갑수 역, 『프랑스혁명사』, 교양인, 2018.

양지열, 『그림 읽는 변호사: 양지열 변호사의 그림 속 법 이야기』, 현암사, 2016., 279-296면.

장 마생, 양희영 역, 『로베스피에르, 혁명의 탄생』, 교양인, 2005.

주명철, 『오늘 만나는 프랑스 혁명』, 소나무, 2013.

예지민, 「샤를로트 코르데의 혁명재판」, 한국교원대학교 대학원 역사교육전공 석사학위논문, 2011. 8.

[외국문헌]

Defrance, Eugène, *Charlotte Corday et la Mort de Marat*, Paris: Mercure de France, 1909., p.405.

Hanson, Paul R., *Provincial Politics in the French Revolution Caen and Limoges, 1789-1794*, Baton Rouge and London: Louisiana State University Press, 1989., p.139.

Lamartine, Alphonse de, *Histoire des Girondins*, Bruxelles: Meline, Cans et Compagnie; Livourne: même maison; Leipzig: J. P. Meline, 1847., pp.663-665.

Laqueur, Walter, *A History of Terrorism: with a new introduction by the author*, New Brunswick, New Jersey: Transaction Publishers, Third printing, 2002., p.169.

Mathiez, Albert, *The French Revolution*, Translated from the French by Catherine Alison Phillips, London: Williams and Norgate Limited, 1927., pp.343-350.

Rousseau, Jean-Jacques, *Emile or On Education*, Introduction, Translation, and Notes by Allan Bloom, New York: Basic Books, 1979(1762)., p.358, 360.

Schama, Simon, *Citizens: A Chronicle of the French Revolution*, London: Penguin Books Ltd., 2004., pp.619-635.

Whitham, John Mills, *Men and Women of the French Revolution*, New York: The Viking Press, 1933., pp.152-184.

[언론 보도]

부산일보, 이춘우, 2018. 12. 13., [밀물썰물] 「상퀼로트의 귀환」 http://www.busan.com/view/busan/view.php?code=20181213000287 (2020. 8. 1. 확인.)

서울경제, 권홍우, 2016. 12. 19., 「혁명의 시작부터 몰락까지… '아시냐(Assignat)'」 https://www.sedaily.com/NewsVIew/1L5B1DZXZC (2020. 8. 1. 확인.)

8. 총구 앞에 선 두 라이벌, 해밀턴과 버

[국내문헌]

론 처노, 서종민, 김지연 역, 『알렉산더 해밀턴: 현대 자본주의 미국을 만든 역사상 가장 건설적인 정치가』, 21세기북스, 2018.

운노 히로시, 송태욱 역, 『역사를 비틀어버린 세기의 스캔들』, 북스넛, 2011., 356-362면.

콜린 에번스, 이종인 역, 『라이벌: 세계사의 흐름을 바꾼 역사 속 10대 앙숙들』, 이마고, 2008., 86-114면.

홍익희, 『월가 이야기: 현란하게 변화하는 금융기법의 비밀』, 한스미디어, 2014., 330-339면.

[외국문헌]

Biddle, Charles, *Autobiography of Charles Biddle: Vice-President of the Supreme Executive Council of Pennsylvania, 1745-1821.*, ed. James S. Biddle, Philadelphia: E. Claxton and Company, 1883., p.303.

Howe, Daniel Walker, *What Hath God Wrought: The Transformation of America, 1815-1848*, New York: Oxford University Press, 2007., pp.66, 275-276.

Kline, Mary-Jo, "Aaron Burr," in Purcell, L. Edward, *Vice Presidents: A Biographical Dictionary*, Fourth Edition, New York: Facts On File, Inc.: An imprint of Infobase Publishing, 2010., pp.25-33.

Lipset, Seymour Martin, *Political Man: The Social Bases of Politics*, Garden City, New York: Doubleday & Company, INC., 1960., p.292.

Northrop, Henry Davenport, *Our Greater Country being a Standard History of the United States from the Discovery of the American Continent to the Present Time*, Philadelphia, PA.: National Publishing Company, 1901., 506-507.

Parton, James, *The Life and Times of Aaron Burr: Lieutenant-Colonel in the Army of the Revolution, United States Senator, Vice-President of The United States, etc.*, Enlarged Edition, with Numerous Appendices, Containing New and Interesting Information, Vol. II., Boston: Houghton Mifflin Company, The Riverside Press, Cambridge, 1888., p.170, 322.

Smith, Adam, *The Theory of Moral Sentiments*, edited by D. D. Raphael and A. L. Macfie, Indianapolis: Liberty Fund, 1984., p.64.

Vail, Philip, *The Great American Rascal: The Turbulent Life of Aaron Burr*, New York: Hawthorn Books, INC., 1973., p.0.

Witcover, Jules, *The American Vice Presidency: From Irrelevance to Power*, Washington, D.C.: Smithsonian Books, 2014., pp.31-40.

[서신 및 인터넷 자료]

더벨, 김화진, 2018. 12. 31., 「JP모간체이스의 역사」 https://www.thebell.co.kr/free/content/ArticleView.asp?key=201812210100036440002244&lcode=00 (2020. 8. 1. 확인.)

"Aaron Burr, 3rd Vice President (1801-1805)," United States Senate Homepage > Art & History > People > Officers & Staff > Vice President of the United States (President of the Senate) > Burr, Aaron > Aaron Burr, 3rd Vice President (1801-1805) https://www.senate.gov/about/officers-staff/vice-president/VP_Aaron_Burr.htm (accessed 1 August 2020)

"Aaron Burr," United States Senate Homepage > Art & History > Sculpture > Senate Vice Presidential Bust Collection > Aaron Burr https://www.senate.gov/artandhistory/art/artifact/Sculpture_22_00003.htm (accessed 1 August 2020)

Burr, Aaron, "To Joseph Alston. Washington, March 8, 1802.," in Davis, Matthew L., *Memoirs of Aaron Burr with Miscellaneous Selections from His Correspondence*, Vol. II., New York: Harper & Brothers, 1837., pp.183-185.

Cooper, Charles D., "Enclosure: Charles D. Cooper to Philip Schuyler [23 April 1804]," National Archives Homepage > America's Founding Documents > Founders Online > Enclosure: Charles D. Cooper to Philip Schuyler [23 April 1804] https://founders.archives.gov/documents/Hamilton/01-26-02-0001-0203-0002 (accessed 1 August 2020)

Hamilton, Alexander, "From Alexander Hamilton to Oliver Wolcott, Junior, 16 December 1800.," National Archives Homepage > America's Founding Documents > Founders Online > From Alexander Hamilton to Oliver Wolcott, Junior, 16 December 1800. https://founders.archives.gov/documents/Hamilton/01-25-02-0131 (accessed 1 August 2020)

Troup, Robert, "Robert Troup to Rufus King, 2 Sept. 1799," in Kline, Mary-Jo/Ryan, Joanne Wood, *Political Correspondence and Public Papers of Aaron Burr*, Vol. I, Princeton, New Jersey: Princeton University Press, 1983., p.410.

9. 국왕 폐하의 재위 기간은…… 20분

[국내문헌]

강석영/최영수, 『스페인 · 포르투갈사(완전 개정판)』, 대한교과서주식회사, 2005., 578-603면.

김용재/이광윤, 『포르투갈 · 브라질의 역사문화기행』, 부산외국어대학교출판부, 2000., 75-82면.

노명식, 『프랑스 혁명에서 파리 코뮌까지, 1789~1871』, 책과함께, 2011., 278-315면.

악셀 쾨르너, 「1830년 7월 혁명: 프랑스와 유럽」, 페터 벤데 편, 권세훈 역, 『혁명의 역사』, 시아출판사, 2004., 126-154면.

이주은, 『스캔들 세계사 2: '피의 여왕'에서 금발 미녀의 유래까지 비정하고 매혹적인 유럽 역사 이야기』, 파피에, 2014., 69-84면.

[외국문헌]

Dictionary of Political Economy, Edited by R. H. Inglis Palgrave, Vol. II. F-M, Palgrave Macmillan, 1896., p.645.

Machiavelli, Nicolo, *The Prince*, Written c. 1505., published 1515., Translated by W. K. Marriott, 1908., Rendered into HTML by Jon Roland of the Constitution Society., pp.2-3(Chapter II).

Mackenzie-Stuart, A. J., *A French King at Holyrood*, Edinburgh: John Donald Publishers Ltd., 1995., pp.135-137.

Price, Munro, *The Perilous Crown: France Between Revolutions, 1814-1848*, London: Macmillan, 2007., pp.160-161, 181-188.

Saraiva, José Hermano, *Portugal: A Companion History*, Edited and expanded by Ian Robertson and L. C. Taylor, Manchester: Carcanet, 1997., pp.105-106(IX. Monarchical Constitutionalism, Chapter 46. 'The end of the monarchy').

[언론 보도 및 인터넷 자료]

아틀라스, 2019. 3. 14.,「5년 임기로 순서대로 돌아가는 말레이시아 국왕」http://www.atlasnews.co.kr/news/articleView.html?idxno=45 (2020. 8. 1. 확인.)

오피니언뉴스, 김인영, 2018. 10. 4., [10/5 오늘]「포르투갈 왕정 종식…무능과 내분 결과」https://www.opinionnews.co.kr/news/articleView.html?idxno=11579 (2020. 8. 23. 확인.)

The Telegraph, "King for a day: who was the shortest-reigning monarch?," by Victoria Lambert, 16 January 2015. The Telegraph Home > News > UK News > The Royal Family > King for a day: who was the shortest-reigning monarch? https://www.telegraph.co.uk/news/uknews/theroyalfamily/11351228/Who-was-the-shortest-reigning-monarch.html (accessed 1 August 2020)

"Shortest reign of a monarch," Guinness World Records > Search Results > Shortest reign of a monarch https://www.guinnessworldrecords.com/world-records/shortest-reign-of-a-monarch (accessed 1 August 2020)

"The 20-Minute King," in Travel Trivia, 28 February 2017. https://www.gct.com/community/the-inside-scoop/travel-trivia/the-20-minute-king (accessed 1 August 2020)

10. 독일과 일본, 어떤 국가에게든 공격받을 수 있는 나라?

[국내문헌]

김대순, 『국제법론(제18판)』, 삼영사, 2015., 1469-1472, 1627면.

이한기, 『국제법강의(신정판)』, 박영사, 2004., 483면.

정인섭, 『신국제법강의 - 이론과 사례(제8판)』, 박영사, 2018., 824면.

나인균, 「UN헌장의 적국조항과 한반도」, 국제법학회논총 제43권 제1호(통권 제83호), 대한국제법학회, 1998., 85-89면.

박진완, 「국제법의 헌법화와 유럽의 인권보장체제」, 법제(2016년 12월), 법제처, 2016., 36-75면.

[외국문헌]

Blumenwitz, Dieter, "Enemy States Clause in the United Nations Charter," in *Encyclopedia of Public International Law*, Vol. 10, Rudolf Bernhardt ed., Amsterdam: North-Holland Publishing Company, 1987., pp. 145-147.

Hitler, Adolf, "Marriage Certificate, Private Will and Political Testament of Adolf Hitler," 29 April 1945., United States Department of State. Office of the Secretary. Series: Personal Papers of Adolf Hitler, 1939 - 1/20/1966. Record Group 242: National Archives Collection of Foreign Records Seized, 1675 - 1958 https://catalog.archives.gov/id/6883511 (accessed 1 August 2020)

United Nations, "Repertory of Practice of United Nations Organs, Supplement No. 10 (2000-2009), Vol. 6, Art. 108 and 109," paras. 12-15. http://legal.un.org/repertory/art108_109/english/rep_supp10_vol6_art108_109.pdf (accessed 1 August 2020)

[조약문 및 결의]

"Atlantic Charter(1941)," The Avalon Project. Documents in Law, History and Diplomacy Homepage > 20th Century Documents : 1900 - 1999 > Atlantic Charter; 1941 https://avalon.law.yale.edu/wwii/atlantic.asp (accessed 1 August 2020)

"The Moscow Conference(1943)," The Avalon Project, Documents in Law, History and Diplomacy Homepage > Document Collections > World War II - Documents; 1940-1945 > Moscow Conference https://avalon.law.yale.edu/wwii/moscow.asp (accessed 1 August 2020)

"The United Nations Dumbarton Oaks Proposals for a General International Organization," Department of State Publication 2297, Conference Series 66, Washington, D.C.: U.S. Government Printing Office, 1945., pp.1-7.

"Treaty between the Federal Republic of Germany and the French Republic on Franco-German Cooperation and Integration," 22 January 2019., Art. 8(2). France Diplomatie Home > Country Files > Germany > France and Germany > Franco-German Treaty of Aachen https://www.diplomatie.gouv.fr/en/country-files/germany/france-and-germany/franco-german-treaty-of-aachen/ (accessed 1 August 2020)

"UN Charter Art. 53." Codification Division Publication: Repertory of Practice of United Nations Organs Homepage > Charter of the United Nations > Chapter VIII — Regional arrangements > Article 53 http://legal.un.org/repertory/art53.shtml (accessed 1 August 2020)

"UN Charter Art. 77." Codification Division Publication: Repertory of Practice of United Nations Organs Homepage > Charter of the United Nations > Chapter XII — International Trusteeship System http://legal.un.org/repertory/art77.shtml (accessed 1 August 2020)

"UN Charter Art. 107." Codification Division Publication: Repertory of Practice of United Nations Organs Homepage > Charter of the United Nations > Chapter XVII — Transitional Security Arrangements > Article 107 http://legal.un.org/repertory/art107.shtml (accessed 1 August 2020)

"UN Charter Art. 108 and 109." Codification Division Publication: Repertory of Practice of United Nations Organs Homepage > Charter of the United Nations > Chapter XVIII — Amendments > Articles 108 and 109 http://legal.un.org/repertory/art108_109.shtml (accessed 1 August 2020)

United Nations Department of Public Information, "2005 WORLD SUMMIT OUTCOME," September 2005. 2005 WORLD SUMMIT > 2005 WORLD SUMMIT OUTCOME > UPDATING THE UN CHARTER https://web.archive.org/web/20050929095839/http://www.un.org/summit2005/presskit/fact_sheet.pdf (accessed 1 August 2020)

United Nations General Assembly, "Report of the Special Committee on the Charter of the United Nations and on the Strengthening of the Role of the Organization," Resolution No. 50/52, 11 December 1995. https://legal.un.org/docs/?symbol=A/RES/50/52 (accessed 1 August 2020)

United Nations General Assembly, "Scale of Assessments for the Apportionment of the Expenses of the United Nations," Resolution No. 73/271, January 4, 2019. https://undocs.org/en/A/RES/73/271 (accessed 1 August 2020)

United Nations General Assembly, "2005 World Summit Outcome," Resolution No. 60/1, 15 September 2005., para. 177. https://undocs.org/A/RES/60/1 (accessed 1 August 2020)

[언론 보도]

시사저널, 변창섭, 1997. 4. 24.「유엔 안보리 개혁, 공염불 되는가」http://www.sisajournal.com/news/articleView.html?idxno=87990 (2020. 8. 1. 확인.)

중앙시사매거진, 최병일, 202007호(2020.06.17), [특별기획|와이드 분석]「미·중 패권전쟁의 시나리오」https://jmagazine.joins.com/monthly/view/330357 (2020. 8. 1. 확인.)

VOA 한국어, 박영서/김정우, 2020. 6. 20.,「트럼프, 중국과 관계 단절 경고…미군 아프간 병력 1단계 감축 이행」https://www.voakorea.com/world/world-today/trump-china (2020. 8. 1. 확인.)

Global Research, "Germany, Italy, Japan and the UN Charter's "Enemy State Clause": Obstacle to an Asian and European Peace?," by Dr. Christof Lehmann, 24 June 2015. https://www.globalresearch.ca/germany-italy-japan-and-the-un-charters-enemy-state-clause-obstacle-to-an-asian-and-european-peace/5457761 (accessed 1 August 2020)

Independent, "Japan fights to lose UN 'enemy' tag," From Terry McCarthy in Tokyo, Thursday 24 September 1992. https://www.independent.co.uk/news/world/japan-fights-to-lose-un-enemy-tag-1553305.html (accessed 1 August 2020)

Tass - Russian News Agency, "Russia's sovereignty over Kuril Islands not negotiable, says Lavrov," 14 January 2019. https://tass.com/politics/1039800 (accessed 1 August 2020)

The Japan Times, "U.N. Charter's anachronistic enemy state clauses," by Hitoki Den, 19 January 2017. https://www.japantimes.co.jp/opinion/2017/01/19/commentary/japan-commentary/u-n-charters-anachronistic-enemy-state-clauses/ (accessed 1 August 2020)

이 미 지 출 처

1. 영화 「10,000 BC」가 현실이 되다?: 터키 괴베클리 테페 유적

① "The extinct Mammoth, related to the Indian Elephant," by J. Smit, in Westell, W. Percival, *The Book of the Animal Kingdom: Mammals*, London: J. M. Dent & Sons, LTD., New York: E. P. Dutton & Co.. 1910., Plate. II.

② "Poster for 10,000 BC (2008)," Copyright Warner Bros. 2008. https://upload.wikimedia.org/wikipedia/en/b/bf/Ten_thousand_b_c.jpg (accessed 1 August 2020)

③ "Göbekli Tepe, Şanlıurfa," photo by Teomancimit, 6 September 2011, CC BY-SA 3.0 https://upload.wikimedia.org/wikipedia/commons/d/d5/G%C3%B6bekli_Tepe%2C_Urfa.jpg (accessed 1 August 2020)

④ "Gobekli Tepe, Urfa," photo by Teomancimit, 6 September 2011, CC BY-SA 3.0 https://upload.wikimedia.org/wikipedia/commons/2/2b/Gobekli_Tepe_2.jpg (accessed 1 August 2020)

2. 바빌론의 결혼 시장: 가난한 젊은 남성에게도 기회를!

① "Marble bust of Herodotos, 2nd century A.D.," Metropolitan Museum of Art, Gift of George F. Baker(1891), CC0 1.0 Universal (CC0 1.0) Public Domain Dedication https://www.metmuseum.org/art/collection/search/245829 (accessed 1 August 2020)

② "The Babylonian Marriage Market," painting by Edwin Long. 1875. https://upload.wikimedia.org/wikipedia/commons/7/75/Babylonian_marriage_market.jpg (accessed 1 August 2020)

③ "L'Entrée d'Alexandre le Grand dans Babylone," painting by Charles Le Brun, 1665., Musée du Louvre, Paris. https://upload.wikimedia.org/wikipedia/commons/c/c1/Charles_Le_Brun_-_Entry_of_Alexander_into_Babylon.JPG (accessed 1 August 2020)

④ 통계청, 「2018년 출생통계(확정) 보도자료」, 2019. 8. 28., 4면. 통계청 홈페이지 > 새소식 > 보도자료 > 전체 > 2018년 출생통계(확정) 보도자료 http://kostat.go.kr/portal/korea/kor_nw/1/1/index.board?bmode=read&aSeq=377055 (2020. 8. 1. 확인.)

⑤ "Hanging Gardens of Babylon," mistakenly attributed to Maarten van Heemskerck (1498-1574), 19th century. http://www.plinia.net/wonders/gardens/hgpix1.html (accessed 1 August 2020)

3. 황실 여인의 은밀한 복수?: 위나라 패망사와 동진 사마예의 출생의 비밀

① "A portrait of Cao Cao(曹操畫像)," from Sancai Tuhui(三才圖會), Wang Qi(王圻), c. 1607. https://upload.wikimedia.org/wikipedia/commons/archive/5/57/20190115133712%21Cao_Cao_scth.jpg (accessed 1 August 2020)

② "Thirteen Emperor Scroll(歷代帝王圖卷): Cao Pi(曹丕), Emperor Wen of Wei(魏文帝)," Yan Li-pen(閻立本), 7th century, Boston Museum of Fine Arts. https://upload.wikimedia.org/wikipedia/commons/7/78/Cao_Pi_Tang.jpg (accessed 1 August 2020)

③ "Portrait of the general and statesman Sima Yi," from a Qing Dynasty edition of The Romance of the Three Kingdoms. https://upload.wikimedia.org/wikipedia/commons/5/5a/SimaYi.jpg (accessed 1 August 2020)

4. 영국 여왕 엘리자베스 2세는 예언자 무함마드의 후손인가?

① "Diamond Jubilee portraits and prayer released," photo by Julian Calder, Friday, 17 February 2012., CC BY-SA 4.0, The Governor-General of New Zealand Home > News and events > News archive > 2012 > News and updates > Diamond Jubilee portraits and prayer released https://gg.govt.nz/news/diamond-jubilee-portraits-and-prayer-released (accessed 1 August 2020)

② "Portrait of Henry VII of England(1457-1509)," painting by Unknown artist Netherlandish artist, 1505., National Portrait Gallery, London. https://upload.wikimedia.org/wikipedia/commons/0/0d/Enrique_VII_de_Inglaterra%2C_por_un_artista_an%C3%B3nimo.jpg (accessed 1 August 2020)

③ "Miniatura que representa al rey Alfonso VI de León(1047-1109)," Forma parte del Tumbo A de la catedral de Santiago de Compostela. https://upload.wikimedia.org/wikipedia/commons/5/5a/AlfonsoVI_of_Castile.jpg (accessed 1 August 2020)

④ "Jura de Santa Gadea," painting by Marcos Hiráldez Acosta, 1864., Palacio del Senado de España, Madrid. https://upload.wikimedia.org/wikipedia/commons/9/90/Jura_de_Santa_Gadea.jpg (accessed 1 August 2020)

5. 영토 없이 더부살이하는 국가? 몰타 기사단

① The frontispiece of *Leviathan* by Thomas Hobbes; engraving by Abraham Bosse, 1651. https://

upload.wikimedia.org/wikipedia/commons/a/a1/Leviathan_by_Thomas_Hobbes.jpg (accessed 1 August 2020)

② "The Siege of Acre," painting by Dominique Papety, c. 1840. https://upload.wikimedia.org/wikipedia/commons/1/1b/SiegeOfAcre1291.jpg (accessed 1 August 2020)

③ "Sultan Suleiman II. im Profil, Halbfigur," painting by Titian, c. 1530., Kunsthistorisches Museum Wien. https://upload.wikimedia.org/wikipedia/commons/e/e9/EmperorSuleiman.jpg (accessed 1 August 2020)

④ "Painting of the Battle of Lepanto of 1571," painting by H. Letter (active late 16th century), late 16th century, National Maritime Museum, London. https://upload.wikimedia.org/wikipedia/commons/e/e0/Battle_of_Lepanto_1571.jpg (accessed 1 August 2020)

⑤ "Bonaparte au Pont d'Arcole," painting by Antoine-Jean Gros, 1796., Palace of Versailles, Versailles. https://upload.wikimedia.org/wikipedia/commons/f/f0/1801_Antoine-Jean_Gros_-_Bonaparte_on_the_Bridge_at_Arcole.jpg (accessed 1 August 2020)

6. 내각은 왜 캐비닛Cabinet인가?

① "The execution of King Charles I," by unknown artist, c. 1649, NPG D1306, National Portrait Gallery, London. https://upload.wikimedia.org/wikipedia/commons/9/9b/The_execution_of_King_Charles_I_from_NPG.jpg (accessed 1 August 2020)

② "Portrait of Charles II in Garter Robes," painting by John Michael Wright, c. 1660-1665, NPG 531, National Portrait Gallery, London. https://upload.wikimedia.org/wikipedia/commons/5/51/King_Charles_II_by_John_Michael_Wright_or_studio.jpg (accessed 1 August 2020)

③ "Portrait of James II of England(1633-1701) with Garter Collar," painting by Peter Lely, c. 1650-1675, gift from William Hesketh Lever(1916), Bolton Museum and Art Gallery, Lancashire, United Kingdom. https://upload.wikimedia.org/wikipedia/commons/9/99/James_II_by_Peter_Lely.jpg (accessed 1 August 2020)

7. 프랑스 대혁명의 물줄기를 비틀어 버린 '암살의 천사'

① "La Mort de Marat," painting by Jacques-Louis David, 1793., Musées Royaux des Beaux Arts de Belgique, Bruxelles. https://upload.wikimedia.org/wikipedia/commons/a/aa/Death_of_Marat_by_David.jpg (accessed 1 August 2020)

② "Charlotte Corday à Caen en 1793," painting by Tony Robert-Fleury (1837-1912), 1874., Musée Bonnat-Helleu, Bayonne. https://upload.wikimedia.org/wikipedia/commons/0/01/Tony_Robert-Fleury_-_Charlotte_Corday_%C3%A0_Caen_en_1793.jpg (accessed 1 August 2020)

③ "Portrait of Jean-Paul Marat," painting by Joseph Boze(1745-1826), 1793., Musée Carnavalet, Paris. https://upload.wikimedia.org/wikipedia/commons/3/36/Jean-Paul_Marat_-_portrait_peint_par_Joseph_Boze.jpg (accessed 1 August 2020)

④ "Portrait of Charlotte Corday," painting by Jean-Jacques Hauer(1751-1829). https://upload.wikimedia.org/wikipedia/commons/6/68/Charlotte_Corday.PNG (accessed 1 August 2020)

⑤ "Carlota Corday 1889," painting by Arturo Michelena, 1889. https://upload.wikimedia.org/wikipedia/commons/6/63/Carlota_Corday_1889_by_Arturo_Michelena.jpg (accessed 1 August 2020)

⑥ "Charlotte Corday," painting by Paul-Jacques-Aimé Baudry, 1860., musée d'Arts de Nantes, Nantes, France. https://upload.wikimedia.org/wikipedia/commons/c/ce/Charlotte_Corday.jpg (accessed 1 August 2020)

8. 총구 앞에 선 두 라이벌, 해밀턴과 버

① "Duel between Alexander Hamilton and Aaron Burr, After the painting by J. Mund." in Lord, John, *Beacon Lights of History*, Volume XI. American Founders, New York: James Clarke and Co., 1902., p.211.

② "Alexander Hamilton," painting by John Trumbull, c. 1805., Gift of the Ford Motor Company(1962), White House Historical Association (White House Collection) https://artsandculture.google.com/asset/dwEqB1Eg2s_kpw (accessed 1 August 2020)

③ "Portrait of Aaron Burr," painting by John Vanderlyn, 1802., Gift of Dr. John E. Stillwell, New-York Historical Society. http://www.alexanderhamiltonexhibition.org/about/pop_preview/downloads/A107_BurrPortrait_1931_58.jpg (accessed 1 August 2020)

④ "John Adams," painting by Gilbert Stuart, c. 1800-1815., Gift of Mrs. Robert Homans, National Gallery of Art, Washington. https://www.nga.gov/collection/art-object-page.42933.html (accessed 1 August 2020)

⑤ "Thomas Jefferson," painting by Rembrandt Peale, 1800., Gift of Mr. and Mrs. Paul Mellon(1962), White House Historical Association (White House Collection) https://artsandculture.google.com/asset/thomas-jefferson/mAHX2Ukt6ZU0KA (accessed 1 August 2020)

⑥ "Duel between Burr and Hamilton," in Northrop, Henry Davenport, *Our Greater Country being a Standard History of the United States from the Discovery of the American Continent to the Present Time*, Philadelphia, PA.: National Publishing Company, 1901., p.506.

9. 국왕 폐하의 재위 기간은…… 20분

① "Napoleon II, also known as Franz, Duke of Reichstadt," painting by Leopold Bucher, 1832., Malmaison, Musée national des châteaux de Malmaison et Bois-Préau. https://upload.wikimedia.org/wikipedia/commons/4/4a/Le_duc_de_Reichstadt.jpg (accessed 1 August 2020)

② "L'Exécution de lady Jane Grey en la tour de Londres, l'an 1554," painting by Paul Delaroche, 1833., National Gallery, London. https://upload.wikimedia.org/wikipedia/commons/c/cb/PAUL_DELAROCHE_-_Ejecuci%C3%B3n_de_Lady_Jane_Grey_%28National_Gallery_de_Londres%2C_1834%29.jpg (accessed 1 August 2020)

③ "Charles X en habits de sacre," painting by François Gérard, 1825., Museo Nacional del Prado, Madrid, Spain. https://upload.wikimedia.org/wikipedia/commons/f/fc/Charles_X_of_France_by_Fran%C3%A7ois_Pascal_Simon_G%C3%A9rard.jpg (accessed 1 August 2020)

④ "La liberté guidant le peuple," painting by Eugène Delacroix, 1830., Musée du Louvre, Paris. https://upload.wikimedia.org/wikipedia/commons/5/5d/Eug%C3%A8ne_Delacroix_-_Le_28_Juillet._La_Libert%C3%A9_guidant_le_peuple.jpg (accessed 1 August 2020)

⑤ "Louis-Antoine d'Artois, duc d'Angoulême," painting by Henri-Pierre Danloux, c. 1796., Palace of Versailles, Versailles. https://upload.wikimedia.org/wikipedia/commons/1/1a/Louis-Antoine_d%27Artois%2C_duc_d%27Angouleme.jpg (accessed 1 August 2020)

⑥ "Versão original do Mapa Cor de Rosa," Sociedade de Geografia, 1886., National Library of Portugal, Lisbon, Portugal. https://upload.wikimedia.org/wikipedia/commons/6/65/Mapa_Cor-de-Rosa.jpg (accessed 1 August 2020)

⑦ "D. Carlos I de Portugal," photo by unknown photographer, 1907 or earlier, given by Martin Plaut(2012), National Portrait Gallery, London. https://upload.wikimedia.org/wikipedia/commons/2/2c/King_Carlos_I_of_Portugal_-_National_Portrait_Gallery.png (accessed 1 August 2020)

⑧ "L'attentat de Lisbonne," Le Petit Journal, 1908., Bibliothèque nationale de France. https://upload.wikimedia.org/wikipedia/commons/9/99/L%27attentat_de_Lisbonne.jpg (accessed 1 August 2020)

⑨ "Luís Filipe, Prince Royal of Portugal," photo by unknown photographer, 1907 or before,

National Portrait Gallery, London. https://upload.wikimedia.org/wikipedia/commons/3/3d/Lu%C3%ADs_Filipe%2C_Prince_Royal_of_Portugal.jpg (accessed 1 August 2020)

10. 독일과 일본, 어떤 국가에게든 공격받을 수 있는 나라?

① "Raising a flag over the Reichstag," photo by Yevgeny Khaldei, 2 May 1945., Ministry of Defence of the Russian Federation Homepage (http://mil.ru), CC BY 4.0 http://mil.ru/winner_may/history/more.htm?id=11925131@cmsArticle (accessed 1 August 2020)

② "Photograph of the Atomic Cloud Rising Over Nagasaki, Japan," photo by Charles Levy, 9 August 1945., Office for Emergency Management. Office of War Information. Overseas Operations Branch. New York Office. News and Features Bureau. 12/17/1942-9/15/1945 https://catalog.archives.gov/id/535795 (accessed 1 August 2020)

③ "Secretary of State Edward R. Stettinius, Chairman of the Delegation to the United Nations Conference on International Organization (UNICO), Signing United Nations Charter," photo by OWI(Office of War Information) Photographer, Nick Parrino, 26 June 1945., Office for Emergency Management. Office of War Information. Overseas Operations Branch. New York Office. News and Features Bureau. 12/17/1942-9/15/1945 https://catalog.archives.gov/id/100310937 (accessed 1 August 2020)

찾 아 보 기

라

마

바

사

아

자

차

카

타

파

하